国家社科基金重大委托项目
中国社会科学院创新工程学术出版资助项目

中国民族地区
经济社会调查报告

总顾问　陈奎元
总主编　王伟光

甘肃裕固族聚居区卷

本卷主编　王希恩

中国社会科学出版社

图书在版编目(CIP)数据

中国民族地区经济社会调查报告·甘肃裕固族聚居区卷／王延中主编；
王希恩分册主编 . —北京：中国社会科学出版社，2015.5
ISBN 978 – 7 – 5161 – 5698 – 8

Ⅰ.①中…　Ⅱ.①王…②王…　Ⅲ.①裕固族 – 民族地区经济 – 经济
发展 – 调查报告 – 甘肃省②裕固族 – 民族地区 – 社会发展 – 调查报告 –
甘肃省　Ⅳ.①F127.8

中国版本图书馆 CIP 数据核字(2015)第 048598 号

出 版 人	赵剑英	
策划编辑	宫京蕾	
责任编辑	宫京蕾	
责任校对	董晓月	
责任印制	李寡寡	

出　　版	中国社会科学出版社	
社　　址	北京鼓楼西大街甲 158 号	
邮　　编	100720	
网　　址	http://www.csspw.cn	
发 行 部	010 – 84083685	
门 市 部	010 – 84029450	
经　　销	新华书店及其他书店	

印刷装订	北京市兴怀印刷厂
版　　次	2015 年 5 月第 1 版
印　　次	2015 年 5 月第 1 次印刷

开　　本	710×1000　1/16
印　　张	17.75
插　　页	2
字　　数	302 千字
定　　价	66.00 元

《21 世纪中国少数民族地区经济社会发展综合调查》
项目委员会

顾问委员会

总 顾 问 陈奎元

学术指导委员会

主 任 王伟光

委 员（按姓氏笔画为序）

丹珠昂奔　李　扬　李培林　李　捷　陈改户　武　寅
赵胜轩　　郝时远　高　翔　黄浩涛　斯　塔

专家委员会

首席专家 王延中

委 员（按姓氏笔画为序）

丁卫东　丁　宏　丁　赛　　马　援　王　平　王希恩
王　锋　开　哇　车明怀　　扎　洛　方　勇　方素梅
尹虎彬　石玉钢　龙远蔚　　卢献匾　田卫疆　包智明
吐尔干·皮达　朱　伦　色　音　刘正寅　刘世哲
刘　泓　江　荻　赤列多吉　李云兵　李红杰　李克强
吴大华　吴　军　何星亮　　张若璞　张昌东　张继焦
陈建樾　青　觉　郑　堆　　赵立雄　赵明鸣　赵宗福
赵剑英　段小燕　姜培茂　　聂鸿音　晋保平　特古斯
俸代瑜　徐　平　徐畅江　　高建龙　黄　行　曹宏举
曾少聪　管彦波　毅　松

项目工作组

组 长 扎洛孙懿

成 员（按姓氏笔画为序）

丁　赛　孔　敬　刘文远　刘　真　李凤荣　李益志
宋　军　陈　杰　周学文　程阿美　管彦波

总　序

　　实践的观点是马克思主义哲学最基本的观点，实事求是是马克思主义的活的灵魂。坚持一切从实际出发、理论联系实际、实事求是的思想路线，是中国共产党人把马克思主义基本原理与中国实际相结合，领导中国人民进行社会主义革命和社会主义建设不断取得胜利的基本经验。改革开放以来，在实事求是、与时俱进思想路线指导下，中国特色社会主义伟大事业取得了举世瞩目的伟大成就，中国道路、中国经验在世界上赢得广泛赞誉。丰富多彩的成功实践推进了中国化马克思主义的理论创新，也为哲学社会科学各学科的繁荣发展提供了坚实沃土。时代呼唤理论创新，实践需要哲学社会科学为中国特色社会主义理论体系的创新发展做出更大的贡献。在中国这样一个统一的多民族的社会主义国家，中国特色的民族理论、民族政策、民族工作，构成了中国特色社会主义的重要组成部分。经济快速发展和剧烈社会转型，民族地区全面建成小康社会，进而实现中华民族的伟大复兴，迫切需要中国特色民族理论和民族工作的创新，而扎扎实实开展调查研究则是推进民族研究事业适应时代要求、实现理论创新、服务发展需要的基本途径。

　　早在 20 世纪 50 年代，应民族地区的民主改革和民族识别之需，我国进行了全国规模的少数民族社会历史与语言调查，今称"民族大调查"。这次大调查搜集获取了大量的有关民族地区社会历史的丰富资料，形成300 多个调查报告。在此次调查的基础上，整理出版了 400 余种、6000 多万字的民族社会历史建设的巨大系统工程——《民族问题五种丛书》，为党和政府制定民族政策和民族工作方针，在民族地区开展民主改革和推动少数民族经济社会的全面发展提供了重要的依据，也为新中国民族研究事业的发展奠定了坚实的基础。

半个多世纪过去了，如今我国边疆民族地区发生了巨大而深刻的变化，各民族逐渐摆脱了贫困落后的生产生活状态，正在向文明富裕的现代化社会迈进。但同时我们也要看到，由于历史和现实的原因，各民族之间以及不同民族地区之间经济社会的发展依然存在着很大的差距，民族地区经济发展不平衡性问题以及各种社会问题、民族问题、宗教问题、生态问题，日益成为推动民族地区经济社会发展必须着力解决的紧迫问题。深入民族地区开展长期、广泛而深入的调查研究，全面了解各民族地区经济社会发展面临的新情况、新问题，科学把握各民族地区经济社会发展趋势，是时代赋予民族学工作者的使命。

半个多世纪以来，中国社会科学院民族学与人类学研究所一直把调查研究作为立所之本。1956 年成立的少数民族语言研究所和 1958 年成立的民族研究所（1962 年两所合并），从某种意义上讲，就是第一次民族大调查催生的结果。作为我国多学科、综合性、国家级的民族问题专业研究机构，民族所非常重视田野调查，几代学人已在中国各民族地区近 1000 个点进行过田野调研。20 世纪 90 年代，民族所进行了第二次民族地区典型调查，积数年之功完成了 20 余部调研专著。进入新的历史时期，为了更好地贯彻党中央对我院"三个定位"的要求，进一步明确今后一个时期的发展目标和主攻方向，民族所集思广益，经过反复酝酿、周密论证，组织实施了"21 世纪初中国少数民族地区经济社会发展综合调查"。这是我国民族学研究事业发展的迫切需要，也是做好新时期民族工作的前提和基础。

在充分利用自 20 世纪 50 年代以来开展的少数民族社会历史与语言调查相关研究成果的基础上，本次民族大调查将选择 60—70 个民族区域自治地方（包括城市、县旗或民族乡）作为调查点，围绕民族地区政治、经济、社会、文化、生态五大文明建设而展开，计划用 4—5 年的时间，形成 60—70 个田野调查报告，出版 50 部左右的田野民族志专著。民族调查是一种专业性、学科性的调查，但在学科分化与整合均非常明显的当代学术背景下，要通过调查研究获得开拓性的成果，除了运用民族学、人类学的田野调查方法外，还需结合社会学问卷调查方式和国情调研、社会调查方式，把静态与动态、微观与宏观、定量分析与定性分析、典型与一般有机结合起来，突出调查研究的时代性、民族性和区域性。这是新时期开展民族大调查的新要求。

　　立足当代、立足中国的"民族国情"，妥善处理民族问题，促进各民族平等团结，促进各民族地区繁荣发展，是中国特色社会主义的重要任务。"21世纪初中国少数民族地区经济社会发展综合调查"作为国家社科基金特别委托项目和中国社会科学院创新工程重大项目，希望立足改革开放以来少数民族地区的发展变化，围绕少数民族地区经济社会发展，有针对性地开展如下调查研究：（1）民族地区经济发展现状与存在问题调查研究；（2）民族地区社会转型、进步与发展调查研究；（3）西部大开发战略与民族问题调查研究；（4）坚持和完善民族区域自治制度调查研究；（5）民族地区宗教问题调查研究；（6）民族地区教育与科技调查研究；（7）少数民族传统文化与现代化调查研究。

　　调查研究是加强学科建设、队伍建设和切实发挥智库作用的重要保障。基础研究与应用对策研究是现代社会科学不可分割的有机统一的整体。通过全面深入系统的调查研究，我们冀望努力达成以下几个目标：一是全面考察中国特色民族理论、民族政策的探索和实践过程，凝练和总结中国解决民族地区发展问题、确立和谐民族关系、促进各民族共同繁荣发展的经验，把握民族工作的一般规律，为未来的民族工作提供坚实的理论支撑，为丰富和发展中国特色社会主义理论体系做出贡献。二是全面展示改革开放特别是进入21世纪以来民族地区经济社会发展的辉煌成就，展示以"平等、团结、互助、和谐"为核心内容的新型民族关系的当代发展状况，反映各族人民社会生活的深刻变化，增强各民族的自豪感、自信心，建设中华民族共同体，增强中华民族凝聚力。三是深入调查探寻边疆民族地区经济社会发展中存在的问题，准确把握未来发展面临的困难与挑战，为党和国家全面了解各民族发展现状、把握发展趋势、制定未来发展规划提供可靠依据。四是通过深入民族地区进行扎实系统的调研，搜集丰富翔实的第一手资料，构筑我国民族地区社会发展的基础信息平台，夯实民族研究的基础，训练培养一支新时代的民族问题研究骨干队伍，为民族学研究和民族地区未来发展奠定坚实的人才基础。

　　我们深信，参与调查研究的每一个专家和项目组成员，秉承民族学人类学界前辈学人脚踏实地、不怕吃苦、勤于田野、精于思考的学风，真正深入民族地区、深入田野，广泛汇集干部群众的意见、倾听干部群众的呼声，通过多种方式方法取得丰富的数据资料，通过科学严谨的数据分析和系统深入的理论研究，一定会取得丰硕的成果。这不仅会成为新世纪我国民族学与人类学学科建设的一个重要里程碑，也一定会为党和政府提供重要决策参考，为促进我国民族理论和民族工作的新发展，为在民族地区全面建成小康社会，为实现中华民族的伟大复兴做出应有的贡献。

王伟光

目　录

绪　论

　　裕固族是我国人口较少的少数民族之一，据第六次全国人口普查结果显示仅为1.43万人。裕固族的历史可溯源至春秋战国时期我国的北方民族"丁零"、南北朝隋唐时期的"回纥"、宋代的"黄头回纥"、元代及其以后的"撒里畏兀儿"。明代初年"撒里畏兀儿"由嘉峪关以西迁至现在的祁连山北麓，延绵至今。裕固族原自称"尧乎尔"，1953年经本族协商，正式将族名确定为与"尧乎尔"音近的"裕固"，取汉语"富裕巩固"之意。[①]

　　裕固族是甘肃省特有的少数民族，主要聚居在甘肃省肃南裕固族自治县和酒泉市肃州区的黄泥堡裕固族民族乡。肃南裕固族自治县是全国唯一的裕固族自治县，聚居了裕固族90%的人口，辖属张掖市，因地处肃州（今酒泉）以南而得名，位于甘肃省西北部，河西走廊中部，祁连山北麓一线，东西长650公里，南北宽120—200公里，总面积23887平方公里。

　　肃南县地分东部、中西部和北部三块，其中北部的明花乡即与酒泉的黄泥堡乡相邻。黄泥堡乡的裕固族人口虽然不多，却是裕固族的两大聚居地之一。由于历史的原因，裕固族聚居区内除了裕固族外，还有蒙古、藏等少数民族和汉族。截至2012年末，肃南县总人口3.75万人，少数民族人口2.11万人，占56.57%，其中裕固族10152人，占26.98%，占全县少数民族人口的48.11%。黄泥堡裕固族乡是酒泉市肃州区唯一的少数民族乡。现全乡总人口1650人，有裕固、汉、蒙古、藏等多个民族，其中裕固族占全乡总人口的62%。

　　有关裕固族的研究自中华人民共和国成立前即已开始，影响较大者如

---

　　① 《裕固族简史》修订本编写组：《裕固族简史》，民族出版社2008年版，第12页。

王日蔚的《唐后回鹘考》、岑仲勉的《明初曲先阿端安定罕东四卫考》、李符桐的《回鹘西迁以来盛衰考》、《撒里畏兀儿部族考》、《祁连山麓黄番概况》等。这些研究主要集中在历史领域，探求裕固族的族源。中华人民共和国成立后，有关裕固族的研究逐步增多。20世纪五六十年代，配合裕固族名称的确立、民族政策的落实以及全国性少数民族社会历史调查的开展，裕固族社会历史和语言文化得到一次较全面的调查。根据调查，1963年完成了《裕固族简史简志合编》（初稿）和《裕固族专题调查报告汇集》的编写并铅印发行。以这两份成果为基础，1983年甘肃人民出版社出版了《裕固族简史》，1987年出版了《裕固族、东乡族、保安族社会历史调查》。改革开放以后，裕固族的研究全面展开，成果丰硕。2001年，民族出版社出版了由钟进文主编的《中国裕固族研究集成》一书，该书对20世纪中国裕固族研究的主要成果，尤其是改革开放后的成果分历史、宗教、语言、文学、民俗、艺术、教育人口、社会调查和其他9个类别做了介绍。进入21世纪之后，裕固族研究向更宽广的领域展开，研究成果涉及经济、考古、历史、人类学、民俗学等多种学科。2008年和2009年，作为"民族问题五套丛书"一部分的《裕固族简史》、《裕固族、东乡族、保安族社会历史调查》和《肃南裕固族自治县概况》完成了修订并出版。2012年由钟进文、郭梅编著，宁夏人民出版社出版的《中国裕固族》一书，以民族学的视角对裕固族的历史，尤其是富有特色的民族文化做了多层面的叙述。

已有研究成果为裕固族及其聚居区的历史发展留下了珍贵记录，也为进一步的研究打下了良好基础。但相对而言，这些研究过于集中在历史和传统文化领域，涉及经济、政治和社会发展的成果相对较少，对现实问题尤其是进入21世纪以来的发展变化研究不够。

中华人民共和国成立后，特别是改革开放以来，裕固族地区经济社会发展取得了巨大进步，生活面貌发生了历史性改变。1998年，肃南裕固族自治县成为甘肃省首批跨入小康行列的少数民族自治县。裕固族也是继朝鲜族后，我国第二个整体实现九年制义务教育的少数民族。进入21世纪之后，受惠于西部大开发、国家扶持人口较少民族特殊政策等一系列优惠政策的推动，经过不懈努力，裕固族地区继续取得经济社会发展的巨大进步。然而，随着快速发展，一系列问题接踵而至，特别是因气候变暖及过度开发引起的生态环境持续恶化问题，经济方式转型、产业结构调整，以及传统文化衰退和传承问题，等等。这些成就和问题，不论是学术研究的需要，还是用于进一步发展的参考借鉴，都需要以调查为基础进行分析和记录。

2013 年初，国家社会科学基金特别委托项目、中国社会科学院"创新工程"重大专项"21 世纪初中国少数民族地区经济社会发展调查"正式立项，"21 世纪初裕固族聚居区经济社会综合调查"作为其中的一个子项目也随之立项。基于裕固族及其聚居区的历史和 20 世纪的基本状况已由《裕固族简史》、《裕固族、东乡族、保安族社会历史调查》和《肃南裕固族自治县概况》等所承载，改革开放之初的发展也在上述成果的修订中得到了展现，故本课题的设计是以 21 世纪以来裕固族聚居区的发展状况为主，以便与上述研究成果形成一种自然接续的关系。由此拟体现出两个特点：其一，广泛涉及裕固族地区经济、政治、文化、社会、生态建设的各个方面；其二，以进入 21 世纪以来的现实问题为主，强调材料数据的最新状态。具体内容设定为：

1. 经济发展的成就和问题，分阶段、分类别地对裕固族聚居区的经济和社会发展基本状况，包括规划、进程和结果的数据作出统计和展示，同时对存在的问题作出评析。

2. 政治文明建设的成就和问题，对两个聚居区的政治建构、法制建设、机构改革、民族关系状况等作出叙述，介绍成绩，分析问题并找出解决途径。

3. 文化建设的成就和问题。展示 21 世纪以来裕固族聚居区传统文化的保护和弘扬，精神文明建设成就，包括文化基础设施的建设和完善，群众文化活动的开展等，揭示存在的问题，提出解决问题的建议。

4. 社会文明建设的成就和问题。说明裕固族聚居区在包括民族教育在内的各级各类教育、社区变革、就业培训和安排、医疗和养老保障、新农村（牧区）建设等方面的成就，分析存在的问题和解决途径。

5. 生态文明建设的成就和问题。说明在经济建设的同时，裕固族聚居区在保护生态环境、处理经济发展和生态保护方面的成就和经验，同时揭示生态建设方面存在的严重问题和挑战，分析解决问题的途径。

2013 年 7 月，"21 世纪初裕固族聚居区经济社会综合调查"正式开始实施。在上级主管部门和相关地区领导的支持下，在当地干部群众的大力协助和帮助下，本课题组深入肃南裕固族自治县和黄泥堡裕固族乡，走遍了裕固族聚居区的所有乡镇及相关部门，通过座谈、访谈、问卷调查和查阅等方式收集掌握了大量第一手资料，之后通过分析、研究和写作，最终形成了这本研究报告。本报告以八章的篇幅分别对上述设定的五大内容做了比较全面的展示，但着重阐述了以下主要问题和观点。

一　经济发展的成就及经济结构的变化

由于生产关系的变革以及民族区域自治等各项民族政策的全面恢复和落实，改革开放以后至20世纪末裕固族聚居区的经济发展取得了巨大的历史成就。肃南裕固族自治县的国内生产总值总体上逐年增加，并保持了高速增长态势，绝对数从1978年的683万元，增加到了1999年的21814万元，增长了31.9倍。随着社会主义市场经济体制的确立，肃南县的第二、第三产业得到了快速发展，到20世纪末，原来农牧业一家独大的产业格局发生明显变化。但经济总量较小，仅占全省的0.22%。在当时张掖地区的五市一县中排名最后，与周边县（市）的发展差距非常明显。与此同时，肃南县的经济发展仍以农牧业为主，工业和服务业的发展水平还很低，尤其服务业发展非常缓慢。

21世纪以来，西部大开发促进了民族区域自治制度活力的进一步释放，国家扶持少数民族经济社会发展的各项优惠政策进一步增多，已有政策得到进一步贯彻落实。裕固族聚居区的经济发展相比改革开放初期至20世纪末期进一步加快，各项经济指标的增长速度都有了不同程度的提高，经济总量和综合实力大为增强。十多年来，裕固族聚居区的城乡基础设施显著改善，现代畜牧业、工业和旅游业快速发展，成为地方经济发展的主要推动力量。工业经济发展速度尤其迅猛，工业主导型的经济格局得以确立和进一步发展。第二产业、第三产业的发展相继超过第一产业，非公有制经济的发展逐步超过公有制经济，成为地方经济的主要构成。21世纪之前，以农牧业为主导的产业结构和以公有制为主体的所有制结构发生了历史性改变。同时，地方财政收支呈现出逐年增加的态势，生态环境持续恶化的趋势得到有效遏制，农牧民人均纯收入和城镇居民可支配性收入逐年提高，城镇化进程和新农村（牧区）建设有序推进，城乡面貌焕然一新，各族群众的生活水平显著提高。裕固族聚居区各族人民在现代化进程中实现了历史性跨越。

二　经济发展的特点及差距

裕固族聚居区经济发展的成就是巨大的，但与省内各民族自治县、周边各县（区）以及全省和全国的发展水平相比，既有优势，也有差距，表现出这样几个特点：

一是经济增长速度较快，但经济总量较小。在甘肃省各民族自治地方中，肃南县的 GDP 已经明显处于前列，却低于其所在的张掖市其他县区的水平，排在最后一位。值得欣慰的是，肃南经济增长的势头非常强劲，发展速度不但高于张掖市其他各县区，也高于张掖市、甘肃省和全国平均水平。在甘肃其他民族自治地方中，仅低于阿克塞哈萨克族自治县。这个特点预示了肃南赶超其周边县市的希望。

二是各产业发展不平衡。肃南县第二产业在国民经济中所占比例和增长速度均高于其所属的张掖市其他县区、甘肃省和全国平均水平，在甘肃省各民族自治地方中也处于前列。但第三产业在国民经济中所占比例和增长速度却低于张掖市其他县区、甘肃省和全国平均水平，在甘肃省各民族自治地方中也居于后列。

三是居民收入水平差距明显。肃南农牧民人均纯收入在甘肃省各民族自治地方中居于前列，也高于张掖市其他县区，甚至也高于张掖市、甘肃省和全国平均水平；但城镇居民人均可支配性收入却远低于全国平均水平，也低于甘肃省平均水平，在甘肃各民族自治地方中也处于较低水平。牧民的收入水平总体上要高于农民。如聚居于酒泉市黄泥堡地区和明花乡从事农业种植的家庭，经济收入水平总体上要低于大河乡、康乐乡、祁丰藏族乡、皇城镇等牧区。

上述比较说明了成就，也显示了差距和问题。裕固族聚居区存在的问题，既是发展中的问题，也需要通过发展来解决。但这种发展只能是以人为本，全面协调可持续的发展。坚定不移地贯彻科学发展观是解决问题的根本。依此，针对裕固族聚居区存在的问题，我们认为应着重在以下几个方面作出努力。

一是将生态文明建设放在突出位置，合理开发利用自然资源。二是完善基础设施条件，进一步改善农牧区经济发展环境。三是加快发展现代畜牧业，努力促进农牧民增收。四是坚持走新型工业化道路，提高工业经济发展质量。五是充分发挥地方特色和民族特色，加快旅游产业发展。六是发挥比较优势，加快发展特色高附加值产业。七是加大牧民定居工程实施力度，加快小集镇建设和城镇化进程。八是加快民生事业发展，不断提高人民生活水平。

在裕固族地区作出更大努力的同时，国家也应该给予更多的投入和支持，尤其应切实着眼于构筑西部生态安全屏障的大局，从政策、资金、项目等各个方面给予裕固族聚居区生态环境保护与建设更大的扶持，加大农牧民生产生活基础设施建设力度，落实和改进对民族地区的税收优惠政策等。

三　行政体制改革和基层自治的创新

裕固族聚居区在人大、政协和党组织建设等方面都取得了很大成绩。而作为我国的一级地方政权，裕固族地区与国家的政治体制改革同步，也在相应领域进行了改革调整，比如改革各级政府机构、推进事业单位岗位设置和绩效工资制度、事业单位用人公开招考和新录用人员全员聘用、完善和规范特殊急需人才引进绿色通道、全面落实机构编制实名制管理、激发和增强机关单位工作活力提高行政效能等。特别是 2004 年，肃南县委县政府在政府机构改革中根据本县实际和适应可持续发展的需求，按照精简、务实、高效的原则，从有利于提高服务水平和民族团结出发，有计划地进行了乡镇一级区划调整：即按照弱合于强、小合于大的原则，将全县原有的 6 区 1 镇 23 个乡合并为 2 镇 6 乡。同时，为加强党的领导和加强基层政权建设，健全了乡镇党政机构和事业单位结构。肃南的乡镇区划调整，有效地提高了行政管理效能，整合和优化了各类资源配置，巩固了基层政权基础，在实现政府职能转变和加强行政管理工作方面取得了重要进展。

为了深化和完善村级组织规范化管理，实现加强党的领导与充分发扬民主、严格依法办事的有机统一，确保村级组织工作制度化、民主化、科学化、规范化，一些乡村不断创新工作方法。例如，2009 年大河乡在全乡农牧村积极推行重大事项决策的"四议两公开"工作法：即凡是村级重大事务和与农牧民群众切身利益相关的事项，都要按照党支部会议提议、"两委"会议商议、党员大会审议、村民代表会议或村民会议决议和决议公开、实施结果公开的决策程序实施。这一工作法取得了良好效果，得到了上级的肯定和推广。此外，为完善民主选举、民主决策、民主管理、民主监督的基层自治制度，肃南县举办了村干部培训班，建立了村委会组织台账，深入开展村民自治示范乡（镇）、村创建活动，扩大基层群众的自治范围。

随着肃南县游牧民定居和危旧房改造项目的实施，进城定居的农牧民日渐增多。大河乡位于肃南县中部，全乡辖17个行政村，聚居有裕固、藏、汉、土、回、蒙古6种民族，以牧为主，近年来进城人口已达2100多人，占全乡农牧民总数的67.3%。他们远离原来的行政村和牧业点，分散居住于县城各社区和城乡结合部，居住状况复杂，传统的行政体制和服务模式已难以满足需要。为了在这些集中定居区内便于管理、减少农牧民办事程序、降低行政成本，2011年10月大河乡成立了进城农牧民便民服务中心。即通过划分片区、包村负责、入户联系等方式，把进城农牧民定居区和城郊村划分为若干个网格进行管理。每个片区都驻派干部，组成联系服务小组，设有便民服务办事窗口，直接提供咨询、办证、审批、领证等服务事项，推进社保、新农合、农牧村低保等惠农政策的落实，确保为辖区定居的农牧民群众提供全覆盖联系与全方位服务。这一网格化管理是大河乡为了对进入肃南县城定居的本乡农牧民进行管理和服务，结合外地经验在实践探索中形成的行政体制创新。虽然只是针对一部分定居农牧民的服务，但体现了高效、低成本、惠民、便民的精神，受到了广大群众的欢迎。

四　民族法制建设和民族干部工作

肃南裕固族自治县成立于1954年。1989年5月4日《肃南裕固族自治县自治条例》正式颁行。《肃南裕固族自治县自治条例》是根据宪法、民族区域自治法的基本原则，参照《甘肃省实施民族区域自治法的若干规定》的精神，结合当地政治、经济、文化特点制定的。但进入21世纪以后，随着改革开放的持续推进和县情的重大变化，特别是在宪法和民族区域自治法先行进行了修改的背景下，肃南县自治条例的修改工作便也提上了日程。

整个修改工作于2003年开始，经过学习考察、制订方案；重点修订、征求意见；上下沟通、规范完善等三个阶段，八易其稿，终于经甘肃省第十一届人民代表大会常务委员会第十六次会议批准，自2010年8月10日起施行。在自治条例修改过程中，党委领导、人大指导、政府承办、各方参与，广泛征求社会各方面特别是基层群众的意见，反复讨论，使立法工作具有坚实的群众基础。修改后的自治条例紧密结合自治县的实际，注重突出民族自治地方特色，在基础设施建设、财政税收、矿产资源开发管理、生态环境保护、民族干部培养等方面更加体现了自治县的特殊情况。例如，针对该县行政区域界线长，接壤地区多，边界纠纷时有发生的情况，在修改中增加了"自治县行政区域界线一经确定受法律保护，未经法定程序，不得变动"的规定。又如，为了使县内丰富的矿产资源、水能资源和旅游资源得到合理有序开发，自治县在境内的马蹄乡、祁青地区分别设立了马蹄旅游景区管理委员会和祁青工业园区管理委员会。但是这些机构不具备行政执法主体资格，难以在辖区内有效行使行政执法权。为了维护这类地区的合法权益，自治条例在修改中规定："自治机关可以根据工作需要，依照法律法规和规章的规定，授权或委托具有管理公共事务职能的符合相关条件的组织，在授权或委托的范围内行使行政执法权。"

此外，在财政管理方面，自治条例在修改中增加了"各民族乡除享受省市安排的发展资金外，自治县应每年给每个民族乡补助五至十万元，用于民族乡的建设事业"的内容，这是对《甘肃省实施〈中华人民共和国民族区域自治法〉若干规定》的贯彻落实，并在其基础上加大了对民族乡的支持力度，同时，明确规定了民族乡发展资金的额度范围，增强了自治条例的可操作性。关于培养和使用少数民族干部，修改中增加了"有计划地推荐优秀少数民族干部到上级国家机关或发达地区交流、挂职或任职"的规定。同时为了吸引和稳定各类专业技术人才，在修改中规定"在自治县专业技术职称评聘中，适当放宽职称评聘的外语、计算机应用能力考试条件。副高级和中级专业技术职务的结构比例由自治县自行核定"，"凡户籍在自治县居住十年以上的汉族公民，其子女在升学、就业时与少数民族人员的子女享有同等待遇"等。这些规定对于鼓励专业人员积极参加自治县各项社会事业建设，加快人才强县进程，维护民族团结正在产生重要的促进和保障作用。

以自治条例修改为标志的民族法律法规的不断完善和各项扶持政策的出台，对于保障少数民族平等权利、维护民族团结、促进民族地区经济建设和发展发挥了积极作用，但在一些方面仍然存在问题和差距。主要体现在两个方面：一是有些民族政策不能与时俱进，政策调整滞后。肃南县的干部群众反映，随着形势的变化，以往的一些特殊照顾政策已经不适应现今的情况，但新的替代政策却未能及时出台，或出台后的政策不够具体。二是部分扶持政策未能落实。如按照甘肃省的规定将肃南县纳入藏区扶持范围，比照藏区享受扶持政策。但其中的"公益性建设项目取消县级政府配套资金"等政策并没有得到落实。

20世纪50年代初，肃南县的各级各类干部只有152名。随着自治县的建立和发展，全县干部数量逐渐增多，1964年全县干部有675人，1974年全县干部数量为944人，1984年全县干部增至1310人。进入21世纪，肃南县干部队伍更加壮大，年龄结构、文化程度、专业知识等都有了明显的变化。到2012年，全县各类干部总数已增加到2174人，文化程度显著提高，大专以上学历的占88.3%，年龄更趋于年轻。肃南自治县建立时，少数民族干部只有85人，占全县干部总数的55.9%，此后，少数民族干部数量逐渐增多，但所占比重有所下降，尤其是六七十年代，少数民族干部比重下降很明显，20世纪80年代以后，少数民族干部比重逐渐回升，到2012年全县各类少数民族干部1169人，占干部总人数的53.8%，基本接近自治县建立时的比重。但是，仍然存在少数民族干部比例没有达到其人口比例；干部的结构不合理，缺乏经济管理人才和专业技术人才，尤其是缺乏高层次、高技能人才；视野相对狭窄等问题。此外，对当地出身的少数民族干部的培养和使用还不够。

五　民族关系的和谐与边界纠纷的处理

中华人民共和国成立前，生活在祁连山区的各族人民在政治上受歧视，在经济上受剥削，社会动荡不安，民族关系紧张。中华人民共和国成立后，这里的民族关系发生了根本的变化。进入21世纪以来，为了加强民族团结，构筑更加和谐的民族关系，肃南县坚持开展民族政策和民族团结教育，相继制定了《关于建设民族团结进步县的意见》、《关于进一步开展民族团结进步创建活动的决定》、《关于深入开展两个共同示范区示范点创建活动的通知》等文件，坚持每年5月开展民族团结进步宣传周，8月开展民族团结进步宣传月，广泛宣传"三个离不开"思想，积极开展民族团结进步创建活动，2009 年获得全省"民族团结进步模范集体"荣誉称号。

裕固族地区由于各民族杂居，不同民族之间的宗教信仰相近，这为当地民族之间的通婚提供了条件。如今肃南县的族际通婚非常普遍，族外婚已成为各族婚姻的主流。这是该县民族关系和谐的一个突出表现。此外，在不同民族通婚后，一般情况下汉族与少数民族结婚的后代倾向于选择少数民族身份，裕固族与非裕固族结婚的后代倾向于选择裕固族身份。这说明，裕固族地区的族际通婚并没有导致少数民族的汉化，也没有削弱当地自治民族的主体地位。总体上族际通婚是民族政策产生的积极效果，有利于民族关系的和谐。

裕固族聚居区地形地貌复杂、边界犬牙交错、飞地型政区多，这一地理特点使草场和边界纠纷颇具历史渊源，成为影响民族团结和地方稳定的重要隐患。21 世纪以来，肃南县着力打造"平安边界"，通过与周边县区建立关系联谊、工作联动、情报联通、矛盾纠纷联调、治安问题联防、文化联办、责任联究等"七大工作机制"，促进了优势互补、互惠互利、共谋发展的睦邻友好关系，基本维护了这一地区的稳定。历史和现实的长期实践，已经为肃南县提供了处理辖区边界纠纷的丰富经验。

其一，勘定界线，依法治界，夯实边界地区稳定的工作基础。边界纠纷的根本原因是行政区域界线不清，界线管理无法可依。为从根本上解决行政边界争议，1989—2002 年，国务院全面勘定了我国省、县两级行政区域界线。1989 年 6 月，根据《国务院关于勘界试点工作的批示》，甘肃省将肃南裕固族自治县列入县级试点单位。经过 12 年的努力，截至 2001 年 12 月，勘定了自治县与周边甘、青两省 15 个县市的行政区划界线 1551 公里，县内区、乡级行政界线和村、场级权属界线 12865 公里。行政区域界线的勘定，从根本上结束了因界线不清导致纠纷频发、严重影响界线附近地区群众生产生活甚至生命财产安全的历史，为依法治界奠定了基础。但是，由于历史、民族、宗教和经济利益等原因，勘界后，一些干部群众仍然积怨难消，在暂未划定界线的地区，甚至已经划定界线的地区，因资源开发、放牧等问题仍发生了不少纠纷，有的甚至引发了群体事件。因此，必须通过政府强有力的领导和各部门的相互配合和扎实工作，充分调动各方面的积极因素，认真细致做好基层干部群众的思想工作，使依法管理界线、守法经营的观念深入人心，才能有效化解矛盾纠纷，巩固勘界结果。

其二，转变观念，加强领导，探索边界地区稳定的长效机制。边界稳定工作要与时俱进，树立正确的调处矛盾纠纷的新思路和新观念，将纠纷处理从单纯的调处向双边的多领域合作转变，从被动管理向预见性管理转变，从垂直型处理向横向协作转变。

在肃南，界线管理是一项长期的任务，是地方政府的一项重要职能。重视界线管理与关注民生、维护边界稳定、落实科学发展观、促进新农村建设密不可分。各级党委、政府把加强界线管理，创建平安边界，始终放在重要位置，高度重视解决界线管理工作中的问题。在遇到重大矛盾纠纷时，主要领导亲自过问，安排调处工作；建立健全了责任制和联合检查制度，保证了有章可循。同时，在人员和经费方面也给予了足够的重视与支持，保证了有人干事、有钱办事。近年来，肃南县各级政府广泛开展了与友邻市县区建立友好关系和创建平安边界活动，有关乡镇也与省内外周边相邻乡镇建立了友好关系，开展了互访活动。2003 年以来，肃南县和民乐县成立了维护边界稳定联络小组，制定了《民肃两县边界维稳协调联系小组工作制度》和《民肃两县关于民乐牲畜进山放牧工作制度》，极大地提高了两县干部群众做好边界稳定工作的积极性和责任心，有力促进了边界地区的社会稳定，为两县人民营造了一个宽松的外部发展环境。

2000 年以来，肃南县领导及时排查调处人民内部矛盾，亲临现场做群众思想工作，相关部门各司其职认真解决问题，上下联动，较好地调处了一些矛盾冲突。然而，由于肃南地域广阔，临界地段长，尤其是随着经济开发、人口扩张等，当地生态环境趋于恶化，草原和耕地面积日趋萎缩，因此争草、争地、争水等纠纷事件仍时有发生。但事实证明，只要在纠纷处理中坚持"实事求是、顾全大局、互谅互让"的原则，诚心相待，遇事多协商、多沟通，就能化解或减少矛盾，共建和谐、维护稳定。

六　教育发展和其他民生的改善

裕固族地区近代以来最早的学校是 1938 年依附于当地部落的佛教寺院创办的，但至 1949 年，6 所小学仅有 77 名学生。中华人民共和国成立后，裕固族聚居区的学校教育全面起步，从肃南裕固族自治地方建立到 20 世纪 80 年代之前的 20 多年间，肃南建立起了从幼儿园、小学、初中到高中的基础教育体系；而截至 20 世纪末，肃南县已有各类学校 58 所，现代学校教育基本实现了对全县学龄人口的全覆盖，裕固族成为我国第二个整体实现九年制义务教育的少数民族。步入 21 世纪后，随着改革开放和现代化的推进，裕固族聚居区人民的教育观念从读书识字不做"睁眼瞎子"，向通过教育改变命运，追求接受高质量教育转变。肃南县通过不断调整中小学布局，优化县域教育资源配置，使办学质量得到提高。特别是利用 2004 年肃南县行政区划调整、撤区并乡的机会，经过有计划的调整，大大减少了各级各类学校的数量，由步入 21 世纪时全县的 43 所学校，经过调整减少为 2013 年的 13 所。这些学校以寄宿制学校为主，标准化程度大大提高。黄泥堡乡的教育发展也经历了从无到有的过程。目前，黄泥堡裕固族乡有全日制小学 1 所，但各项教学指标不断提升。小学的升学率、巩固率、毕业率均已达到 100% 。

　　裕固族地区的教育事业在成功发展的同时，也面临着不少的问题，如寄宿制教育使得儿童较早脱离家庭，带来了家庭亲情的淡漠和民族传统文化传承的断裂，中学教育的高中教学质量不高，职业教育形不成规模等。

　　1949 年以前裕固族聚居地区的社会经济长期处于停滞不前的状态，人民生活极度贫困。中华人民共和国成立后，各族人民得到解放，生活逐步得到改善。21 世纪以来，肃南县的城乡居民收入增长很快，农牧民的人均纯收入从 2000 年的 3608 元增长到 2011 年的 8062 元，增加了 1.23 倍；城镇居民人均可支配收入由 2000 年的 4173 元增长到 2011 年的 12568 元，增加了 2.01 倍。这种增长的绝对数大大超过了历史上任何一个时期，是肃南县人民生活水平提高的直接反映。但从城乡居民收入增长的幅度比较来看，农牧民与城镇居民的差距又进一步扩大了。所以，如何更快地提高农牧民的收入水平，尽快缩小城乡差距是肃南在未来发展中切实需要解决的问题。

　　21 世纪以来肃南县城乡居民的消费结构也发生了很大变化。十多年来，肃南农牧民的居住消费和交通通信消费在整个消费支出中所占比重都有了跳跃性的增加，这是与肃南牧民定居工程的实施和城镇化的推进相对应的，也是他们生活水平大幅度提升的直观反映。但食物消费所占比重，即"恩格尔系数"基本维持在 38% 上下。这个数字虽然比较稳定，却仍然是一个生活水平较低的指标。所以要降低这个指标，即为提高农牧民的生活水平仍需作出更多的努力。

　　肃南县各族人民生活水平在整体得到提高的同时，也体现出不同职业、阶层和城乡之间的差距。比如，农牧民的消费支出成本明显要高于城镇居民，农牧民在医疗保健类的支出也要大于城镇居民。这实际上正是农村医疗保障制度还不如城镇普及和完善的一种反映。可以相信，随着农村医疗保障制度的普及和完善，这种差距会缩小乃至消除。

　　中华人民共和国成立以后，裕固族聚居区的卫生、预防、保健事业都从无到有得到建立和发展。到1990年时肃南县既已建立了县、区、乡、村四级医疗卫生网络。进入21世纪后，新型农牧村合作医疗逐步实施。至2007年22866名农牧民参加新型农牧村合作医疗，占肃南县农牧业人口的95%。肃南县在2008年和2009年分别启动实施了农牧村和城镇居民社会养老保险制度，于2010年10月1日和2011年7月1日被列为全国第二批新农保试点县和全国首批城镇居民社会养老保险试点县。经过不断探索，肃南县建立起了功能完善、覆盖城乡全体居民的养老保险体系。

　　裕固族地区的社会保障事业虽然取得了巨大的进步，但限于发展条件，仍存在着一些问题和困难，尤其在医疗保障方面更是如此。主要是：医疗卫生设施建设投入不足；由于投入不足，硬件设施不够，部分业务不能正常展开；由于待遇问题，近些年来肃南县的医务人才流失比较严重，存在人才青黄不接，后继乏人的现象；受各种因素影响癌症等恶性疾病多发；因病致贫问题比较突出等。

七　文化建设和特色旅游的开发

　　裕固族是一个有着悠久历史和灿烂文化的民族。中华人民共和国成立以后，随着经济的发展，裕固族聚居区的文化事业也相应得到很大的发展：进入21世纪以来，随着西部大开发战略和各项利好政策的实施，文化建设进入了全面繁荣的新时代。广大文化工作者按照"挖掘整理，发扬光大"的创作思路，创作、编排、出版了大量的歌舞、书籍、光盘，组织参加了包括全国青年歌手电视大奖赛、第29届奥林匹克运动会开幕式和闭幕式演出等在内的大型演出活动。获得了包括少数民族文艺作品最高奖"黑骏马"奖、全国"祖国颂"征文大奖赛一等奖等在内的大量奖项。21世纪以来，裕固族聚居区政府大力推进节庆文化、广场文化、校园文化、社区文化、企业文化和牧区文化建设，举办各类文艺演出、民族赛歌会、民族传统服装服饰表演、专题演讲及知识竞赛、图书类服务宣传、优秀影片展映、文物与艺术作品精品展览以及各类群众性辅导培训等形式多样的文化活动。积极开展"三下乡"活动，持续实施"知识工程"，开展图书馆宣传服务活动和全民读书活动。积极开展非物质文化遗产保护工作，加大对境内文物的保护和普查力度。以文化阵地为依托，努力探索文化产业化发展道路，不断拓展服务范围，增强产业功能。立足"裕固族风情，祁连风光，石窟艺术"三大优势，结合"特色文化旅游年"等相关活动，为扩大对外文化交流，打造裕固族品牌起到了积极的促进作用。裕固族地区的文化建设虽然取得了很大成绩，但公共文化服务经费不足、文化发展后发优势不足、人才匮乏、队伍不稳定又成为进一步发展的制约因素。

　　裕固族有丰富的以多元交融为特点的民俗文化，以萨满教为基础的信仰文化和独具魅力的民间文学，但现代化的发展潮流对以游牧生产方式为基础的裕固族传统文化带来了全面的冲击：民族语言的使用环境没有了，裕固族语言在慢慢消失；与之相伴的是民间文学的濒临消亡，传统的居住、饮食、服饰、丧葬及节庆文化也都发生着迅速改变。为挽救民族传统文化的迅速流失，肃南县将裕固族传统文化保护工作纳入党委政府的目标责任书。县政府每年确定1—2个目标，要求文化主管部门和有关单位，专门就传统文化保护工作进行深入调查研究，确定工作目标和重点，由人大、政协监督。为加强领导，成立了由县委、县政府分管领导担任组长、文化单位有关人员组成的自治县非物质文化遗产保护领导小组，成立了裕固族文化研究室等一批专门保护机构。肃南县教体局制定了开展双语教学的指导意见，积极向省教育厅争取，将"双语"教材纳入了免费教科书。在学校利用本民族教师资源，开展了裕固语、藏语和蒙语教学，从幼儿园到中小学都开设了课时不等的民族语言课，使少数民族学生尽量掌握本民族语言，学习运用母语进行日常交流对话。但是因地域广阔、交通不便，制约了文化遗产普查征集工作的开展；此外从事文化遗产保护工作的专业人才匮乏，开展系统的传统遗产保护和传承困难很大。

　　裕固族地区有以祁连山为代表的地文景观，以"七一"冰川为代表的水文景观，以康隆寺狩猎场为代表的生物景观，以马蹄寺为代表的历史文化遗产，有淳朴的裕固族民俗民风，旅游资源十分丰富。进入21世纪以来，肃南县确定了"山水肃南，裕固家园"的旅游发展战略，始终重视对旅游业的投入。2012 年肃南旅游业综合收入占全县 GDP 的 11.15%。
旅游业发展逐步实现了向产业化转变，奠定了旅游业进一步发展的扎实基
础。但目前来看，肃南县的旅游产品类型单一，深度开发不足，参与性产
品少，创意缺乏，资源利用效率不高。同时，旅游景点之间的关联度、整
体性不足。产品开发模式趋同，不同地区的地域文化特色未能转换成资源
的竞争力，从而导致资源的整体合力不足。这些都是有待改进和提高
之处。

八　生态环境保护的加强及存在的问题与矛盾

　　裕固族聚居的祁连山地区原本是一个万木葱茏、气象万千的美丽家
园，但与其他地方一样，在现代化发展中这一地区也正经历着生态恶化的
持续过程。到 20 世纪末，祁连山雪线上升，冰川后退，有效降雨减少，
地表径流来水不足，大部分小沟小河断流，部分井泉干涸，森林涵养水源
调节气候作用下降。每到汛期，来势凶猛的洪水夹杂着大量泥石流顺山而
下，水土大量流失，植被遭到破坏。部分地区干旱严重，地下水位明显下
降，草原沙化、退化、盐碱化，虫、鼠害化加剧。生态环境的恶化，使得
沙漠向绿洲推进，农区向牧区推进，牧区向林区推进，雪线向山峰推进，
森林和草原缩减，水质恶化，生物资源减少，风沙性气候增多，空气污染
加重。

　　生态环境的恶化受制于全球气候变暖的大环境，也有肃南地区发展过
程中的人为因素。第一，人畜增长过快和草原超载过牧，同时草场综合治
理不力，草地生产能力处于低水平。第二，不合理开垦造成了祁连山的草
原退化、沙化，特别是在无保护和灌溉条件下的开垦，对生态的影响最
大。第三，水资源开发和利用粗放无序。第四，人类活动范围、频度和强
度不断增大。

　　为了遏制生态环境的恶化，肃南县及黄泥堡乡政府做了长期的努力，
采取了一系列政策措施，包括退牧还草、退耕还林、生态移民和牧民定居
等。裕固族地区各乡镇也都根据自己的实际情况，将发展经济与生态建设
结合起来，形成了各自的特色。经过努力，裕固族地区的生态建设已取得
了巨大的成绩，成效显著，但还存在一些困难和问题，主要是：在生态建
设上国家投入不足，还需要更多的资金支持；牧民定居以后转产就业不

足，后续产业开发滞后；生态建设的基础设施建设还有较大的差距。

中华人民共和国成立前，裕固族地区的工业几近空白，而经过 60 多年的发展，肃南县初步形成了以工业为主的地方经济格局。这一格局促进了裕固族地区的经济社会的跨越性发展，但也造成和加剧了当地生态环境的恶化。裕固族地区生态环境的恶化是与工业经济的发展密不可分的。

进入 21 世纪以来，肃南县十分重视生态环境的治理，以加快产业结构优化升级为主线，以项目建设为推动力，企业技术改造和自主创新能力得到加强，逐渐形成了以循环经济为目标的工业发展路子。他们设想建立清洁生产管理体系和推进机制，推广以"节水、降耗、减污和资源循环利用"为核心的清洁生产和循环利用技术，引导企业实施清洁生产、发展循环经济。肃南县目前正努力遵循生态规律和经济发展规律，把环境保护、资源合理开发和高效生态产业发展有机结合起来，促进全县逐步走上经济、社会、生态相互协调和相互促进的发展道路。然而，这些设想尽管充分贯彻了科学发展的精神，但在国家严格的生态保护政策制约下，其具体实施仍将面临很大的困难。一方面要发展经济，另一方面要保护生态环境，这是现代化进程中普遍的两难选择。如何处理好两者的关系，考验着裕固族地区政府和人民的智慧。

上述论述和全书的完成，使本课题的设想基本得以实现。在此，我们展示了裕固族地区的巨大进步，也展示了其中的问题和差距。裕固族地区是中国少数民族地区发展的一个缩影。这里的进步，使我们看到了少数民族和民族地区灿烂美好的未来；而存在的问题和差距又使我们深感实现美好梦想还有很艰巨的路程要走，但中华民族的进步和希望从来都是从艰苦的路径中走出来的，更加美好的未来也只有通过更加艰苦不懈的努力才能实现。

第一章

经济发展的世纪跨越

与中国其他少数民族地区一样，裕固族聚居区曾经历了旧时代的所有历史磨难。中华人民共和国成立开启了裕固族地区现代发展的纪元，而改革开放则推动了经济社会快速发展的巨轮。自 1978 年至 21 世纪前十多年的时间里，裕固族地区在国内生产总值、地方财政、人均收入和城镇化等方面实现了全面的腾飞，经济社会发展随世纪交替实现了时代的跨越。这一跨越，是裕固族地区人民共同奋发努力的结果，也是当地政府因地制宜的谋划领导以及国家各项扶持政策支持和推动的结果。

一 传统经济结构和发展状况

（一）中华人民共和国成立前裕固族的传统生产方式

中华人民共和国成立前，封建牧主经济和地主经济在裕固族聚居区社会中并存。国民党政府通过封建部落制度、保甲制度对裕固族人民进行统治，部落头目、寺院上层、牧主和地主等统治阶级，凭借占有大量生产资料，对贫苦牧民、农民和牧工进行残酷剥削。这一时期，聚居于现今肃南裕固族自治县境内的裕固族主要从事传统生计方式——畜牧业，"农业、狩猎、采集、手工业、运输等都属副业性质，民族内部商品交换不发达，铁制生产工具、粮食及生活必需品多由汉族地区输入"[1]。聚居于现今酒泉市黄泥堡裕固族乡境内的裕固族，由于同汉族人民长期相处，经济往来密切，逐渐学会了务农，农业在经济生活中居主导地位，畜牧业逐渐成为

---

[1] 《裕固族简史》编写组：《裕固族简史》，甘肃人民出版社 1983 年版，第 58 页。

副业，农业生产技术、经营方式与当地汉族基本相同。

在生产资料占有上，据统计，中华人民共和国成立之前，部落头目、寺院上层和牧主占有裕固族聚居地"45%以上的牲畜，42%以上的草场"。这些"草场大都是冬春场，部落公有草场占30%左右，主要是夏秋场。公有草场名义上部落成员都可放牧，实际上贫苦牧民由于牲畜少，没有驮畜，往往搬入公场时，肥美的草头已被牧主的牲畜吃光了。一般牧民只占有全部草场的18%左右"①。大部分牧民只有少量草场，或完全没有草场，依附于部落头人、寺院上层和牧主生活。在农区，土地、牲畜、水源等农业生产资料主要掌握在地主手中，农民只占有少量的贫瘠土地，大部分农民没有土地，以为地主做雇工为生。"解放前肃南裕固族地区共有农田三千余亩，大部分为牧主和寺院占有"，黄泥堡地区"共有裕固族七十四户，四百九十三人，耕地面积三千三百多亩"，但占总户数百分之四的地主家庭，人均占有耕地二十五亩，占总户数近百分之六十的富农和中农，人均占有耕地七亩，而贫农家庭人均耕地仅为二点七亩，雇农家庭则没有耕地。②

牧业生产主要以畜养羊（绵羊、山羊）、牛（牦牛、犏牛、黄牛）、马、骆驼为主，同时有少量的驴、骡。在牧区人民的生活中，绝大部分生产和生活资料，依赖于牲畜和畜产品的供给。供居住用的帐篷、毛毡，穿的衣服、靴袜，日常饮食的肉、奶，作为生产生活工具的毛绳、褡裢③、皮口袋等都是用畜产品制成的。牲畜还是乘骑和驮运的重要工具。裕固族聚居区的草场包含高山灌丛草场、草甸草场、草原草场、半荒漠草场、荒漠草场和沙窝草场等六个类别。④ 由于居住地域不同，游牧业、半定居游牧业在裕固聚居区并存，其中以游牧形式从事牧业者占大多数。游牧业家庭每年根据季节变化，全家老小携带帐篷随着畜群流动。半定居游牧的家庭一般冬春两季定居在海拔相对较低的地区，夏秋两季则游牧于海拔相对较高的草场。而在河西走廊腹地的荒漠草场和沙窝草场地区，一些半定居游牧家庭除了放牧之外，还从事少量的农业种植。

---

① 国家民族事务委员会：《中华各民族——裕固族》，见 http://www.seac.gov.cn/col/col566/index.html。

② 参见《裕固族简史》编写组《裕固族简史》，甘肃人民出版社1983年版，第71、72页。

③ 指系搭在马背、牛背上用来驮运东西的袋子。

④ 参见《肃南裕固族自治县概况》（修订本）编写组《肃南裕固族自治县概况》（修订本），民族出版社2009年版，第10、11页。

　　尽管牧业是裕固族赖以生存的主要生计方式，牧民们传承并掌握着祖先们留下来的丰富畜牧经验，但受封建主义生产关系和社会生产力发展水平制约，这一时期裕固族牧业发展水平非常落后，主要表现为：

　　一是牲畜管理非常原始。不注重改善畜圈设施，木杆、石块围成的简易畜圈经常不能防止牲畜乱跑，亦受野兽、风雪侵袭。牧养以混群为主，因不同牧畜喜食牧草和生长规律不同，混群导致牧畜生长缓慢，畜疫易互相传染，威胁牧畜产出。牧畜繁殖主要依赖于自然交配、繁殖，没有人工培育和品种改良，羊羔、牛犊的成活率一般较低，仅达30%—40%，稍遇灾害只能达20%左右，牧畜的净增率很低。①

　　二是草场利用十分粗放。草场不论公私，都属于自然放牧，乱放乱牧、过牧现象普遍存在。草场的人工培育，牧草的改良无从谈起。因过牧导致草场、牧草退化的现象，冬春两季缺草的现象比较普遍，牧畜因缺少牧草而死亡的现象亦为常见。

　　三是基本无力应对草场病害和畜疫防治。草原上的蝗虫、地鼠、哈拉、狼、黑鹰对牲畜和草原危害极大，但由于牧主经济各自为阵，这些兽害一直得不到有效遏制。在畜疫防治上，没有防疫设备和药物，牧畜得病，只能依赖简易的土办法治疗，基本没有畜疫预防措施，牲畜因病死亡现象比较严重。

　　农业生产主要以种植小麦、青稞、洋芋、大麦、油菜、大豆、玉米为主，亦种植少量的糜子、胡麻、蚕豆、豌豆等农作物。聚居于酒泉市黄泥堡地区的裕固族农业生产水平较之肃南地区发达，但仍非常落后。土地一般实行轮歇，少量土地能得到灌溉。农作物产量很低，小麦亩产150—200斤，糜、谷亩产100多斤。半定居游牧的牧民，从1930年前后开始兼营少部分农业。这些牧民主要聚居于现今的水关、喇嘛湾、青龙、寺大隆等地（上述地理名称为村庄名），主要种植的农作物为青稞、大麦、洋芋、油菜、胡麻等。但耕作技术非常原始，茬种茬收，大多数田地不施肥，有一些甚至为"撞田"，即播下种子后，便撒手不管，只待收获季节去收割，收成完全靠自然条件决定。因而，生产方式较之黄泥堡地区更为粗放，收成更低。

　　副业在裕固族的经济生活中占有重要地位。从事牧业的裕固族，主要

---

① 《裕固族简史》编写组：《裕固族简史》，甘肃人民出版社1983年版，第62页。

以狩猎和采集为主要副业。狩猎主要以鹿、獐子、猞猁、熊、豹、狐狸、野马、青羊、黄羊、大头羊等为对象,狩猎区域主要位于现今康乐乡境内的寺大隆、杨哥和大河乡境内的松木滩等地,狩猎工具主要有汉族地区输入的土枪、火枪、"快枪"以及兽夹、套索等。猎获物除肉供食用外,皮张主要用于交换农产品和其他生活用品。采集的对象主要包括蘑菇、大黄、羌活以及其他一些中药材,牧民主要用采集到的这些土特产,在汉族地区换取日常生活用品。聚居于黄泥堡地区从事农业的裕固族,主要以养羊、编织为副业。羊毛、羊皮等畜产品主要供出售,用蒿子、芨芨草编织的席、筐、房笆主要供生产生活自用,少量用于出售或与牧民交换畜产品。

由于中华人民共和国成立前裕固族聚居地交通闭塞,商业发展非常滞后。这里"既没有专门从事商品制造的手工业工匠,也没有形成本民族统一的商品市场"①。商品交换大多为以物易物,只有少部分的交易是通过货币完成的。商品交换主要是牧民用畜产品、副业产品与农民的农产品、手工产品交换。汉族地主、商人经常到裕固族地区通过不等价交换,重利盘剥裕固族牧民。裕固族牧民中也有一些小商小贩,通过低价收购牧民的牲畜和畜产品,拿到农区以较高价格出售,又贩回粮食、清油、盐巴、茶叶等货物,卖给牧民,从中赚取利润。但这种现象并不普遍,商品流通在裕固族聚居地仍然十分困难。

(二) 民主改革和社会主义经济制度的建立

1954 年 2 月和 4 月,肃南裕固族自治县和黄泥堡裕固族乡相继成立,裕固族人民不仅政治上获得了当家做主的权利,而且社会经济也得到了较快的发展。1956 年,党和政府根据肃南县的特点和群众的要求,采取"慎重稳进"的方针,逐步实行了民主改革和社会主义改造。

中华人民共和国成立前,肃南裕固族聚居地区的草原分为部落公有、寺院占有和私人占有三种情况。1952 年,在少数民族聚居的牧业区,政府开始实行牧主牧工两利政策,同时逐步取消牧主的封建特权,鼓励牧民的生产积极性,以发展畜牧经济。是年,为帮助牧民合理解决草场问题,肃南县各乡成立了乡草原管理委员会,在有利于生产和民族团结的原则下,通过各族代表和各阶层人士的协商,初步调剂了草场。草场纠纷得到

① 任正实:《裕固族经济史》,硕士学位论文,中央民族大学,2012 年,第 62 页。

初步缓解，但由于剥削关系的存在，矛盾远没能根除。由于存在着草原私有制和草场租佃的剥削关系，民主改革的头等大事就是统一草原管理。1955 年冬，草原统一管理试点工作开始，第一批试点共有 44 户牧民，这些牧户的冬春季牧场全部被私人占有，其中有 6 户占有大量草场，29 户没有草场，9 户租用草场，经过统一管理，合理安排，44 户牧民的 8260 只（头）牲畜都有了足够的草场。在试点取得成功的基础上，肃南县于 1956 年春天召开了政治协商会议和各族人民代表大会，经各界各阶层代表充分协商，通过了《肃南裕固族自治县草原统一管理协议和草原管理办法》。协议规定："打破草原私有界限，划分四季牧场，废除租佃关系，全县草原实行统一管理，按照需要量分配给牧民使用。"[①] 同时，县上还成立了由各界各阶层代表组成的县草原管理保畜委员会，基层各乡、区公所相应也成立了草原管理保畜委员会。这一重大的民主改革，改变了草原上乱放乱牧的现象，基本消除了草场纠纷，受到了广大牧民群众的热烈拥护，也为开展大规模的互助合作化运动创造了有利条件。

在党的过渡时期总路线指引下，1954 年之后，肃南全县掀起了合作化运动的高潮。1955 年，肃南县第一个裕固族牧业互助组——安立邦互助组成立。[②] 互助组内各户私有牧场实行连片统一放牧，经过科学组织，劳动力大为节省，优越性得以显现，其后短短数月，全县就组织起常年性互助组 152 个。党和政府因势利导，于 1956 年试办起 4 个初级牧业合作社，至 1957 年底，全县已建起 4 个初级牧业社，7 个初级农业社，互助组 143 个，入社入户总户数达到全县总户数的 80%。在全县开展互助合作化运动的同时，党和政府实行赎买政策，对牧主经济进行了社会主义改造，吸收牧主参加公私合营牧场，牧主及家属都参加牧业劳动，牧场付给劳动报酬，对牧主的牲畜，按类分等级折价入股，每年发给一定的红利。1957 年，肃南县在祁丰藏族聚居地办起了全县第一个公私合营牧场。1958 年上半年，又相继在现今的明花、康乐、大河、马蹄等乡境内建立了 4 个公私合营牧场。此时，全县共建立初级牧业社和农业社 54 个，公私合营农场 5 个，国营牧场 5 个，入社户数达到全县总户数的 99% 以上。继实现合作化之后，1958 年 10 月，先后成立了 5 个人民公社（基本上是

①《肃南裕固族自治县概况》（修订本）编写组：《肃南裕固族自治县概况》（修订本），民族出版社 2009 年版，第 10、44 页。

② 钟敬文、郭梅：《中国裕固族》，宁夏人民出版社 2012 年版，第 338 页。

一区一社），全县 2042 户农牧民全部入社，实现了公社化。① 至此，裕固族完成了民主改革和社会主义改造，肃南县境内的牧主经济全部纳入了社会主义经济的轨道。

民主改革和社会主义改造的完成，从根本上改变了肃南裕固族的经济生产方式，把分散的、自然经济性质的个体农牧业改造成了社会主义性质的集体农牧业。广大贫苦农牧民翻身做主，不再遭受部落头目、封建牧主、地主和寺院上层的剥削，成为社会主义事业的建设者和自己生活的主人。民主改革和社会主义改造期间，由于初步推行了一系列科学放牧的技术，牧业生产得到了大发展。至 1958 年，全县牲畜头数增加到 36 万多只（头），为中华人民共和国成立初期的 4 倍多；农田饲料地达 13000 余亩，林副业和狩猎也有了发展，草原上呈现出人畜两旺、欣欣向荣的欢腾景象。② 同年，肃南县也因畜牧业生产获得丰收，荣获国务院颁发的奖状。③

酒泉市黄泥堡裕固族聚居地区，于 1951 年开始进行土地改革，1952—1953 年进行了土改复查和查田定产工作，土改后，颁发了土地房产所有权证。1954 年黄泥堡裕固族乡成立，1956 年完成民主改革，其后成立了高级农业生产合作社。1958 年聚居于此地的裕固族实现了农牧业生产的合作化和对牧主经济的社会主义改造，建立了人民公社。

此外，1952 年肃南县供销合作社成立，民族贸易活动开始有组织、有计划地发展起来。1954 年，肃南县城至元山子 60 公里的公路通车。同年 2 月，肃南裕固族自治县人民卫生院设立。4 月，肃南县设立了收音站，开始收音并播放中央人民广播电台的节目。1956 年，民贸公司成立，职工总人数达到 66 人，民族贸易进一步发展。1958 年 10 月，肃南建起了自治县的第一个民族工业企业——皮毛加工厂。同月，在红湾寺修建起了全县第一座柴油发电站，结束了肃南县城煤油灯照明的历史。

随着裕固族聚居区民主改革和社会主义改造的完成，裕固族的经济发展步入了一个崭新的阶段。

（三）社会主义建设的成就及挫折

进入社会主义阶段后，制约裕固族经济社会发展的封建生产关系被破

---

① 《肃南裕固族自治县概况》（修订本）编写组：《肃南裕固族自治县概况》（修订本），民族出版社 2009 年版，第 45、46 页。

② 同上书，第 46 页。

③ 钟敬文、郭梅编著：《中国裕固族》，宁夏人民出版社 2012 年版，第 338 页。

除，民族区域自治制度得以确立，裕固族农牧民群众从事农牧业生产的积极性空前提高。其间经济领域虽然受到了"左"的错误的影响，但生产生活基础设施建设和工农业生产发展仍然取得了一系列成就，为改革开放后经济社会的大发展奠定了必要的基础。主要表现在如下几个方面：

一是公路和通车桥梁实现了从无到有，从单一公路到联结周边地、县和县内各乡的路网初步形成。从1953年修筑肃南县第一条公路——元肃公路（甘新公路酒泉地区元山子至肃南县城红湾寺）起，至1978年，肃南县相继修筑了马皇公路（甘新公路武威地区马营沟至皇城）、肃白公路（肃南县城至青海省祁连山县白泉门村）、黎康公路（大肋巴至康乐）、大水公路（大河至水关）和大杨公路（大岔牧场至康乐杨哥村）5条公路，其间同时建成钢混结构公路桥梁6座。[①]

二是水利工程实现了从无到有，从起步到多方位发展的变化。中华人民共和国成立前，肃南裕固族聚居区没有水利工程设施。从1958年起，肃南县先后修建了金畅河水库、马莲沟水库和皇城水库，有效地解决了部分地区草原、农田、鹿场农饲地的灌溉和人畜饮水问题，也产生了防洪抗旱、水力发电的功效。塘坝建设也起步于1958年，据统计，至1981年底，共建成塘坝12座，总库容45万立方米，解决了900多人、1.8万头牲畜的饮水问题，4060亩农饲地和550亩草原得到有效灌溉。[②] 与此同时，还建成了一些饮水渠道和机井，有效地解决了干旱地区草原和农业区的人畜饮水问题。

三是现代化邮政、电信设施实现了从无到有的变化。1958年以前，肃南县没有严格意义上的现代化民用邮政通信事业，与外界的邮件往来依靠人背畜驮，地方党委和政府对外电信联络依靠一部租用的军用无线电台。1958年，肃南县开通了途径大河、元山子至张掖地区的汽车邮路，其后，又相继开通了张掖至马蹄、皇城、清水、明花、祁峰、大河、康乐等乡的邮路，投递路线基本覆盖了县内所有区、乡、村。同时，也是从1958年开始，架通了与张掖地区及县内大部分区、乡的有线电话线路，结束了肃南裕固族人没有现代邮政、电信事业的历史。

四是城镇建设实现了从无到有的变化。肃南县城红湾寺镇，在建县前

---

① 参见甘肃省肃南裕固族自治县地方志编纂委员会《肃南裕固族自治县志》，甘肃民族出版社1994年版，第175—178页。

② 同上书，第153—156页。

只有一座藏传佛教寺院，一所小学和不多的几户居民。1954 年，肃南自治县成立后，确定红湾寺为县政府驻地，并开始了逐年建设，对外通车公路、邮电线路和自来水、照明电路等基础设施工程相继建成。至 1978 年前后，这里已经发展成为一个初具规模的小城镇。

农牧业生产发展方面的成就主要表现为牧业产出量、农业耕地面积和亩产量都发生了历史性的变化。肃南县总体上坚持了"以牧为主，围绕畜牧业发展多种经营"的方针。在牧业生产中，地方政府有针对性地逐年统一组织开展牧畜品种改良、科学繁育、病疫防治，进行草原病虫害防治、草原保护、围栏封育、修建羊舍、畜棚、放牧员宿舍等，使牧业生产条件逐步得到改善，牧业产出量发生巨大变化。据统计，1954 年，肃南裕固族自治县成立时，全县饲养的各类牲畜为 19.3 万头（只），绒毛、肉类、鲜奶产量分别为 22.94 万千克、35.79 万千克和 71.56 万千克。到了 1978 年 6 月末，全县牲畜总数达到 75.32 万头（只），绒毛、肉类、鲜奶产量分别达到 104.9 万千克、168 万千克和 108.9 万千克。[①] 农业生产方面，通过改良土壤、开垦荒地、兴修水利、选用优良作物品种等措施，肃南县的耕地面积由 1949 年的 4000 多亩，增加到了 1978 年的 40000 多亩（包括轮歇地），农作物亩产量，由中华人民共和国成立初期的 80 多斤提高到 1978 年的 200 多斤。[②]

工商业发展方面的成就也表现为从无到有的变化。历史上，肃南县没有现代化意义上的工业，有的只是简单的家庭手工业。1958 年肃南县第一家民族工业企业——皮毛加工厂成立，结束了肃南县没有工业的历史。其后又相继建成了肃南县皮毛加工厂、地毯厂、洗毛厂、民族用品厂、农机厂、被服厂、印刷厂、食品加工厂、饲料加工厂、燃料公司、医药公司、和大岔乳品厂、灰大阪煤矿，以及一些小型水电站。至 1978 年，全县工商企业发展到 30 多家，累计完成工业产值 210.7 万元，实现利润 22.09 万元，固定资产总额达到 220.67 万元。[③] 总体上讲，这些厂矿企业虽然总数不多，规模不大，种类不够齐全，而且由于受计划经济体制制约和生产技术、设

---

① 甘肃省肃南裕固族自治县地方志编纂委员会：《肃南裕固族自治县概况》（修订本），民族出版社 2009 年版，第 108 页。

② 参见甘肃省肃南裕固族自治县地方志编纂委员会《肃南裕固族自治县志》，甘肃民族出版社 1994 年版，第 143、144 页。

③ 参见甘肃省肃南裕固族自治县地方志编纂委员会《肃南裕固族自治县概况》（修订本），民族出版社 2009 年版，第 110 页。

备条件的限制，发展非常缓慢，在地方经济发展中只占很小的比例，地方
丰富的矿藏、水电资源和畜产品资源没有得到充分利用，许多企业在改革
开放后都相继倒闭。但它们的建立和发展，还是为当时肃南县地方经济的
发展和人民生活水平的提高发挥了重要作用，其历史贡献不容忽视。

　　这一时期，"左"的错误对裕固族聚居区经济发展的消极影响也是非
常严重的。"左"的错误造成的社会混乱和对党的民族政策的破坏，严重
打击了裕固族群众从事农牧业生产的积极性。"大跃进"运动中，一味追
求高产，"以牧为主"的方针被破坏，重农轻牧、以农挤牧、滥垦草原等
错误做法使农牧业生产受到严重影响。其后在"农业学大寨"运动中，
不考虑裕固族聚居区的自然条件，盲目地向"榜样"学习，弃牧开荒，
结果不但没种好粮食，还使大片草场受到损害。后来虽经退耕还牧，但植
被至今仍没有得到很好的恢复。"文化大革命"期间，厂矿企业正常的生
产秩序遭到破坏，刚刚起步的地方工业也几近瘫痪。

二　改革开放至 20 世纪末的历史进步

（一）改革开放带来的生产关系变革

　　同全国一样，裕固族聚居区的改革开放始于党的十一届三中全会之
后。1979 年，肃南裕固族自治县在牧业生产中先后推行"两定一奖"，即
定工、定产，超产奖励的生产责任制；在农业种植和牧草饲料的生产中实
行"五定一奖"，即定劳力、定地亩、定工分、定产量、定耕畜，超产奖
励、减产受罚的生产责任制。生产责任制是肃南裕固族自治县在农区推行
家庭联产承包责任制和在牧区推行牧草、牲畜双承包责任制的过渡形式。
到 1980 年前后，生产责任制在牧区和农业区得到普遍推行。

　　1981 年 10 月，当时的明海乡（按今天的行政区划，明海乡已划入明
花乡之内）所属的 4 个农业村率先推行了土地包干到户的政策，这一做
法在全县产生了连锁反应，到 1984 年底，全县 95 个生产队全部实行了双
包（包产到户和包干到户）责任制。酒泉市黄泥堡乡于 1983 年完成了 10
个生产队的家庭联产承包责任制。[①] 在牧区推行牧草、牲畜双承包责任制

---

　　① 参见酒泉市黄泥堡乡党委、政府办公室《黄泥堡裕固族乡经济社会发展情况报告》，
2013 年 7 月 23 日。

方面，肃南县委在"两定一奖"的基础上，于1984年11月派出两个工作组，对大河区韭菜沟乡和康乐区红石窝乡基层干部、群众对牲畜作价归户的要求和意见进行了充分调研，同时参照了当时青海省海南藏族自治州的做法，制定了《关于牲畜作价归户中若干问题的规定》。随后肃南县全面开展了牲畜作价归户、草场承包到户的生产责任制。农牧业生产承包责任制在裕固族聚居区的确立，完全打破了先前"人民公社"时期"大锅饭"式的生产和分配方式。

在农牧业生产方式发生转变的同时，裕固族聚居区的工商企业，尤其是乡镇企业得到蓬勃发展。经过改革开放十年的发展，至1990年底，肃南县的乡镇企业总户数达到了153户，从业人数2917人，总产值达到1273.49万元，县办公有制企业总户数达到了46户，年产值为2088万元。① 与此同时，个体经济也得到了恢复和发展。1985年底，肃南县境内个体工商户恢复经营的约有50家。而到1990年底，个体工商户总数已增加到了421家，注册资金达到463万元。② 从业人数也从1985年的53人，增加到了1990年的230人和1999年的514人，15年间增长了近10倍。③ 酒泉市黄泥堡裕固族乡也于1988年开始发展乡镇企业、扶持专业大户，鼓励乡镇科技人员下乡承包经营，开发农村资源，农村经济得到了恢复和发展。

在个体、民营经济得到大力发展的同时，国营企业的经营管理方式也发生了重大变化。从1978年起，肃南县按照中央"调整、巩固、整顿、提高"的总方针，制定、颁布了一系列条例、法规，逐步扩大了国营企业的自主经营权，推行了经济责任制和承包、租赁经营责任制。在企业管理体制上，实行了厂长负责制和经理负责制。在收入分配上，实行职工工资与经济效益相挂钩的政策。经营管理方式的变化，不但增强了企业和职工从事生产经营活动的积极性，也使得企业发展的活动大为增强。至20世纪末期，随着社会主义市场经济制度的确立，肃南县大部分国营企业因经营不善而倒闭，但经营状况好的都完成了从生产型企业向生产经营型企

---

① 甘肃省肃南裕固族自治县地方志编纂委员会：《肃南裕固族自治县志》，甘肃民族出版社1994年版，第165页。

② 参见《肃南裕固族自治县概况》（修订本）编写组《肃南裕固族自治县概况》（修订本），民族出版社2009年版，第171页。

③ 参见肃南裕固族自治县统计局编《肃南裕固族自治县统计年鉴（2011年）》，2012年6月，第42、51页。

业的转变。

（二）改革开放至 20 世纪末的经济发展成就

由于生产关系的变革大大解放了生产力，民族区域自治制度和各项民族政策的全面恢复和落实，改革开放以后至 20 世纪末裕固族聚居区社会经济发展取得了巨大历史成就。

一是工农业生产快速发展。据统计，1978 年肃南裕固族自治县的农业生产总值为 460 万元，工业生产总值为 58 万元，到 1999 年，农业生产总值达到了 9752 万元，工业生产总值达到了 6618 万元，分别增长了 20.2 倍和 113.1 倍。在工农业生产总值大幅度增加的同时，工农业产品产量得到了显著增加。其中粮食作物总产量由 1978 年的 4532 吨，增加到了 1999 年的 12690 吨，增加了 1.8 倍；牛羊肉总产量由 1980 年的 1625 吨，增加到了 3981.3 吨，增加了 1.45 倍；油料产量由 1978 年的 124 吨，增加到了 1999 年的 516 吨，增加了 3.16 倍。[①] 全部工业企业个数由 1978 年的 30 个，增加到了 1999 年的 310 个，增加了 10.3 倍。而且，由于农业机械化程度、用电量和化肥施用量的显著变化，农业生产的现代化水平也得以稳步提高（见表 1 - 1）。

表 1 - 1　　1978—1999 年肃南裕固族自治县农村机械与用电量的变化

	1978 年	1999 年	增长倍数
农村机械总动力（万千瓦）	1.3	4017	3090.0
农村用电量（万千瓦时）	60	803.6	13.4

数据来源：依据《肃南裕固族自治县统计年鉴（2011 年）》有关数据计算。

二是国内生产总值总体上保持了高速增长的态势。国内生产总值是衡量和反映一个地区经济总体实力的一项重要指标。从改革开放至 20 世纪末，肃南裕固族自治县的国内生产总值总体上逐年增加，并保持了高速增长态势，绝对数从 1978 年的 683 万元，增加到了 1999 年的 21814 万元，增长了 31.9 倍。

三是农牧业独大的产业格局发生明显变化，第二产业得到了较快的发展。国民经济各产业门类的构成比例是衡量地方经济发展水平与质量的重

---

① 参见肃南裕固族自治县统计局编《肃南裕固族自治统计年鉴（2011 年）》，2012 年 6 月，第 42、51 页。

要标志。改革开放之前，肃南裕固族自治县的产业结构表现为农牧业经济的"一家独大"，商品经济极不发达，工业、服务业发展水平极为有限。反映在产业结构中，就表现为第一产业比重畸高，而第二、第三产业比重很低。但随着改革开放的深入和商品经济的发展，尤其是随着社会主义市场经济体制的确立，肃南县的第二、第三产业得到了快速发展。到20世纪末，原来农牧业"一家独大"的产业格局已发生明显变化（见表1-2）。

表1-2　　　1978—1999年肃南裕固族自治县产业结构变化情况表

	1978年	1999年	增长的绝对数和比例
国内生产总值（万元）	683	21814	21131
第一产业生产总值（万元）	460	9769	9309
第二产业生产总值（万元）	58	6618	6560
第三产业生产总值（万元）	165	5427	5262
三类产业的比例（％）	67.4：8.4：24.2	44.8：30.4：24.8	-22.6、22.0、0.6

数据来源：依据《肃南裕固族自治县统计年鉴（2011年）》有关数据计算。

　　酒泉市黄泥堡地区的裕固族改革开放前主要从事农业生产，农村家庭联产承包责任制实行后，黄泥堡裕固族乡党委和政府逐步确定了"稳定粮食种植面积，努力提高亩产，增加粮食总产；扩大经济作物种植，开展多种经营，增加农民经济收入；加快劳动力转移，大力发展二、三产业"的经济发展方针。到20世纪末，种植业、养殖业、劳务输转逐步成为支撑全乡经济发展的三大主导产业。①

　　四是地方财政收支同步增长，固定资产投资规模逐年扩大。地方财政收支状况与社会固定资产投资情况是反映地方经济发展水平的两项重要指标。改革开放初期至20世纪末，裕固族聚居区的财政收支情况总体上呈现出逐年增加的态势，固定资产投资规模也不断增加。1978年，肃南县的地方财政收入和支出分别为210.0万元、503万元，社会固定资产投资总额为151.0万元，1999年地方财政收入和支出分别达到776.0万元、2097.0万元，社会固定资产投资总额达到4477.0万元（见图1-1）。财政收支总额和社会固定资产投资总额的大幅度增加，尤其是用于生产生活基础设施建设的固定资产投资总额的大幅度提高，极大地改善了人民群众

---

① 参见酒泉市黄泥堡乡党委、政府办公室《黄泥堡裕固族乡经济社会发展情况报告》，2013年7月23日。

的生产生活条件，促进了全县经济社会的持续快速发展。

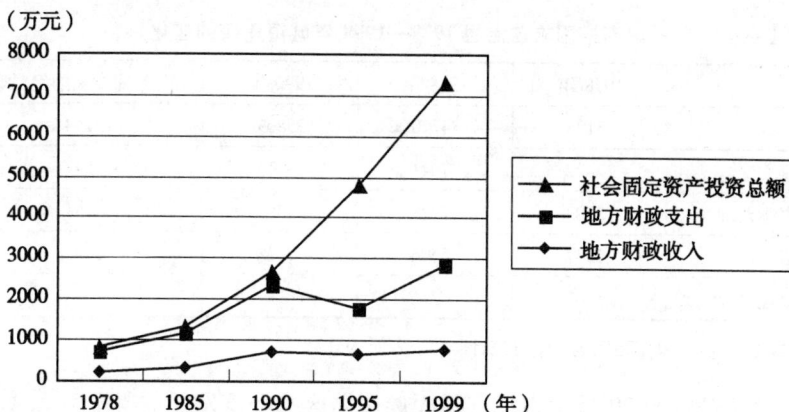

（万元）

**图1-1　肃南县1978—1999年地方财政收支与社会固定资产
投资总额变化图**

注：上图数据依据《肃南裕固族自治县统计年鉴（2011年）》有关数据计算。

五是人均年收入水平逐步提高。提高人民生活水平和质量，是经济发展的根本目的和意义所在。而农牧民人均纯收入和城镇职工人均可支配性收入的情况是衡量其生活水平变化的重要依据。改革开放初期至20世纪末，随着裕固族聚居区社会经济的快速发展，群众收入水平总体上逐年提高，贫困人口大幅度减少，农牧民群众的温饱问题得到有效解决，有相当一部分群众的生活甚至达到了小康水平。据统计，1978年，肃南县的农牧民人均纯收入为273元，城镇职工人均货币工资为587元，城乡居民储蓄存款余额为176万元。1999年，农牧民人均纯收入达到971元，增长了3.56倍；城镇职工人均货币工资达到1865元，增长了3.18倍；城乡居民储蓄存款余额达到1514万元，增长了8.6倍，幅度显著。①

六是城镇化逐步推进。城镇化是衡量一个现代化发展水平的重要指标。改革开放初期至20世纪末，随着裕固族聚居区农业现代化步伐的加快和工商业的快速发展，农业人口向非农业人口转移的速度明显增加，农业人口呈现出逐年缓慢下降的趋势，而人口的城镇化率则从1978年的7.7%，增加到了1999年的21.5%（见表1-3）。这一时期，肃南裕固族自治县的总人口只增加了2744人，但非农业人口的增加却比较明显，从

① 参见肃南裕固族自治县统计局编《肃南裕固族自治县统计年鉴（2011年）》，2012年6月，第44、52页。

1978 年的 5303 人，增加到了 1999 年的 9594 人，净增 4291 人。

表 1 – 3　　　肃南裕固族自治县 1978—1999 年城镇化率的变化

	1978 年	1988 年	1999 年	22 年间增长的绝对数
总人口	33125	34770	35869	2744
农业人口	27822	27041	26275	– 1547
非农业人口	5303	7729	9594	4291
城镇人口	2547	5586	7728	5181
城镇化率（%）	7. 7	16. 1	21. 5	13. 8

数据来源：《肃南裕固族自治县统计年鉴（2011 年)》。

　　改革开放至 20 世纪末期，裕固族聚居区的经济发展取得了巨大成就。但由于受自然环境、区位条件、发展基础、国家区域发展战略等因素的影响，裕固族聚居区的总体经济发展水平与周边各县市，以及甘肃省和全国民族自治地方平均水平相比，都存在着程度不同的差距。主要表现为：

　　一是经济总量较小，占全省和所在地区的比例很低。1999 年甘肃省的 GDP 为 931. 98 亿元，肃南县的 GDP 为 2. 052 亿元，仅占全省的0. 22%。[1] 而且，其经济总量不但在全省 87 个县、市（区）中排名靠后，在当时张掖地区的五市一县中排名也为最后一位，与周边县（市）的发展差距非常明显（见表 1 –4）。

表 1 – 4　　　　　1999 年张掖地区各县（市）经济总量比较

	张掖地区	张掖市	肃南县	民乐县	临泽县	高台县	山丹县
GDP 总值（元）	590245	238092	20520	85551	70420	70401	99611
所占比例（%）	100. 0	40. 5	3. 5	14. 7	12. 1	12. 0	17. 2

数据来源：《甘肃年鉴（2000 年)》的有关数据计算。

　　二是第一产业比重大，第二、第三产业发展迟缓。1999 年肃南县 GDP 产业构成中，第一、第二、第三产业的比重依次为 44. 8%、30. 4% 和 24. 8%，而同期全国民族自治地方 GDP 产业构成中，第一、第二、第三产业的构成比重依次为 29. 2%、36. 7% 和 34. 1%[2]，甘肃省 GDP 产业

---

① 参见甘肃年鉴编委会《甘肃年鉴（2000 年)》，中国统计出版社 2000 年版，第 30、405 页。
② 参见《民族统计年鉴（2000 年)》，文献来源 http://www. e56. com. cn/publish/dianzi/2000/main2000. htm。

构成中，第一、第二、第三产业的构成比重依次为 20.52%、45.47% 和
34.01%。① 其第一产业比重比全国民族自治地方和甘肃省分别高 15.6 和
24.28 个百分点，而第二、第三产业均低于全国民族自治地方和甘肃省的
水平（见图 1－2）。而且从改革开放初期至 20 世纪末，肃南县第三产业
占 GDP 的比重仅从 1978 年的 24.2% 增加到了 1999 年的 24.8%，22 年间
增加比重仅为 0.6 个百分点。这表明，至 20 世纪末，肃南裕固族自治县
的经济发展仍以农牧业为主，工业和服务业的发展水平还很低，尤其服务
业发展非常缓慢。

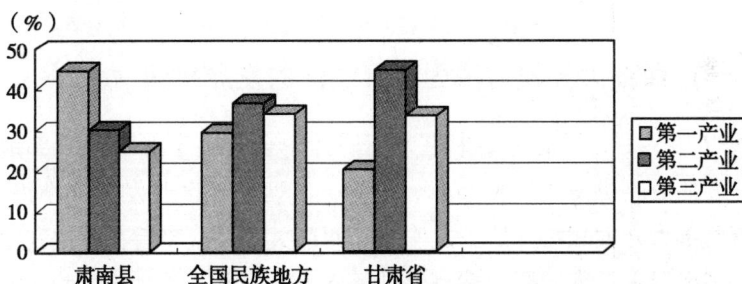

**图 1－2　1999 年肃南县 GDP 构成比例与全国民族
自治地方、甘肃省的比较**

数据来源：据《肃南裕固族自治县年鉴（2011 年）》、《民族统计年鉴
（2000 年）》和《甘肃年鉴（2000 年）》有关数据计算。

三是地方财政入不敷出，财政自给率低。由于经济总量较小，且第
二、第三产业发展滞后，使得肃南县的地方财政收入来源后劲乏力，地方
财政收入远不能负担财政支出需求，财政自给率不高。1999 年，肃南县
地方财政收支总额分别为 776 万元和 2097 万元，财政自给率为 37.0%。
而同期全国民族自治地方的财政收支总额分别为 437.2 亿元和 1003.8 亿
元，财政自给率为 46.92%②；甘肃省的财政收支总额分别为 103.0 亿元
和 147.79 亿元，财政自给率为 69.7%。③ 可以看出，虽然甘肃省、全国
民族自治地方的地方财政收入都不足以负担财政支出的需求，差额部分需
依赖中央财政的转移支付，但肃南县的财政自给率均低于甘肃省和全国民

---

① 参见甘肃年鉴编委会《甘肃年鉴（2000 年）》，中国统计出版社 2000 年版，第 30 页。

② 参见《民族统计年鉴（2000 年）》，资料来源 http：//www.e56.com.cn/publish/dianzi/
2000/main2000.htm。

③ 参见甘肃年鉴编委会《甘肃年鉴（2000 年）》，中国统计出版社 2000 年版，第 31 页。

族自治地方，差距分别为 32.7 和 9.92 个百分点，差距非常明显。

四是生态环境问题突出，草原退化速度加快。裕固族聚居区虽然地域辽阔，动植物和矿藏资源丰富，但与甘肃省和全国民族自治地方的总体情况相比，生态环境总体上更为脆弱。由于受全球气候变暖以及经济发展的影响，裕固族聚居区的生态问题突出，尤其是草原退化非常严重。生态环境恶化严重影响了裕固族聚居区的可持续发展和人民生活水平的提高。

三　21 世纪以来的经济发展战略

（一）西部大开发与裕固族聚居区的发展机遇

1999 年 9 月召开的中共中央十五届四中全会决定对我国西部地区实施大开发的战略决策。2000 年 1 月，国务院西部地区开发领导小组成立，标志着西部大开发战略开始正式实施。西部大开发战略旨在解决我国区域之间经济发展不平衡问题，也对促进民族地区发展有着直接的影响。

按照中央的总体部署，西部大开发战略分为三个阶段：一是奠定基础阶段。2001—2010 年，重点是调整结构，搞好基础设施、生态环境、科技教育等基础建设，建立和完善市场体制，培育特色产业增长点，使西部地区投资环境初步改善，生态和环境恶化得到初步遏制，经济运行步入良性循环，增长速度达到全国平均增长水平。二是加速发展阶段。2011—2030 年，在前段基础设施改善、结构战略性调整和制度建设成就的基础上，进入西部开发的冲刺阶段，巩固提高基础，培育特色产业，实施经济产业化、市场化、生态化和专业区域布局的全面升级，实现经济增长的跃进。三是现代化阶段。2031—2050 年，在一部分率先发展地区增强实力，融入国内国际现代化经济体系自我发展的基础上，着力加快边远山区、落后农牧区开发，普遍提高西部人民的生产、生活水平，全面缩小差距。[1]

国家在实施西部大开发的同时，作为这一战略配套工程的扶持包含裕固族在内人口较少民族加快发展的相关政策与规划，以及关于支持青海等省藏区经济社会发展的若干意见及相关政策规划也相继出台。在这样的一种时代背景下，裕固族聚居的肃南裕固族自治县和酒泉市黄泥堡裕固族乡

---

① 参见国务院发展研究中心《西部开发三个阶段》，《领导决策信息》2000 年第 46 期。

所面临的经济社会发展机遇是全方位的和空前的。

（二）经济发展战略及其调整

2000 年是中央实施西部大开发战略的开局之年。裕固族聚居区的经济发展在 21 世纪初面临着诸多利好形势和机遇，但正如上述，面临的问题和差距也是十分突出的。在此背景下，肃南县制定的国民经济和社会发展第十个五年计划（2001—2005）的总体思路是："立足自治县畜牧、矿产、土地、能源、旅游五大资源优势，建成五大基地，走好五条路子。"具体来讲为："一是充分发挥丰富的畜牧资源优势，建成畜牧业基地，走好以牛羊肉及鹿产品深加工为主的畜产品系列开发的路子；二是充分发挥丰富的矿藏资源优势，建成矿业基地，走好以铜、钨、钼、石灰石、煤为主的采、选、冶系列深加工的路子；三是充分发挥丰富的旅游资源优势，建成旅游基地，以县城为中心，以马蹄、祁丰为两翼，加大马蹄寺、东柳沟旅游景区和康隆寺国际狩猎场建设力度，开发具有地方特色的旅游产品，走好旅游开发的路子；四是充分发挥丰富的水能资源优势，建成能源基地，以西流水、小孤山、月牙崖、红湾三号水电站建设为主，走好能源开发的路子；五是充分发挥丰富的土地资源优势，建成农业综合开发基地，开发农产品，搞好深加工，尤其是要抓好药材、葡萄、速生人工林、人工种草等基地的建设，走好农牧结合的路子。"[①]

依此确定的其后五年的重点努力方向为：以草原、林业和农业生态环境保护与建设为重点，加快农牧业发展。以公路改造和新建、水利设施建设、农村电网改造、小城镇建设为重点，加快基础设施建设。以产权制度改革为突破口，搞活地方民族工业、旅游、商贸流通等领域的各类企业，建设一批骨干财源。以巩固提高第一产业、加强优化第二产业、大力发展第三产业为重点，通过改革和完善所有制结构，大力发展非公有制经济。同时依靠科技进步，扶持地方企业开发、生产名优产品，扩大市场占有率，壮大地方经济实力。

"十一五"时期，我国对外开放和经济体制改革进一步深化，经济社会发展转型进入关键期。西部大开发战略实施五年后，其经济效益和社会效益明显显现。科学发展、经济发展方式转变、生态环境建设与保护、和

---

① 参见肃南裕固族自治县人民政府《肃南裕固族自治县国民经济和社会发展"十五"计划及 2010 年规划纲要》，2001 年 1 月。

谐社会建设、全面建设小康社会等成为这一时期全国经济社会发展的关键词。

在此大背景下，肃南县确定的国民经济和社会发展"十一五"计划总体思路是："以科学发展观统领经济社会发展全局，围绕全面建设小康社会和构建和谐社会目标，依托资源优势，加快项目建设，全力实施工业强县、畜牧富民、城镇建设和旅游产业开发三大战略，着力构建水能、矿产、畜产品三大基地；依靠科技进步，促进经济增长方式转变，实现资源大县向经济强县、传统畜牧业向现代畜牧业的转变；加快基础设施和生态环境建设，促进经济与社会、城镇与牧区、人与自然的协调发展。"

依此确定的其后五年的加快经济发展的重点努力方向为：以水能、矿藏和畜产品资源为依托，以项目建设为突破口，工业园区为平台，技术创新为动力，优势企业为龙头，大力实施工业强县战略，构建工业主导型的经济格局。以增加农牧民收入为核心目标，按照建基地、兴产业、富农牧民的思路，进一步调整产业结构，推动农牧村经济发展，实现草原围栏化、饲草生产基地化、牲畜品种优良化、畜群越冬暖棚化、舍饲养殖规划化、疫病防治科学化、畜牧产品标准化，努力建设现代畜牧业生产格局。坚持适度超前的原则，加快交通、水利、能源、通信等基础设施和生态环境的建设与保护，夯实经济可持续发展的基础。完善小集镇规划，加快牧民定居工程步伐，努力提高城乡居民生活质量。立足历史文化、草原森林风光、地质景观、大漠戈壁、民族风情等特殊优势资源开发，深入挖掘民族民间文化潜力，多方位、多层次地开展一些民族民俗文化节庆活动，打好民族文化旅游品牌。同时，还打算不断加强五大旅游景区的基础设施建设，全力打造四大旅游精品项目。①

"十二五"时期，中央把深入实施西部大开发战略放在了全国区域发展总体战略规划中的优先位置，进一步完善了财政、税收、投资、金融、产业等方面对西部地区加快发展的扶持政策。在此背景下，国务院先后出台的《关于进一步支持甘肃经济社会发展的若干意见》、《关于扶持人口较少民族发展的第二个五年规划》、《中西部地区承接产业转移的指导意见》和批复实施的《甘肃省循环经济总体规划》，以及甘肃省出台的《关于推进全省藏区跨越式发展和长治久安的实施意见》等政策文件，都为

① 参见肃南裕固族自治县人民政府《肃南裕固族自治县国民经济和社会发展第十一个五年规划纲要》，2006 年 1 月 12 日。

裕固族聚居区的经济发展提供了新的政策机遇。

依此政策机遇和已有的基础，肃南县确定的国民经济和社会发展"十二五"计划的总体思路为："立足建设西部生态安全屏障、甘肃高原绿色畜产品基地、河西走廊工业和清洁能源基地、丝绸之路黄金旅游线上的新亮点，做强以高山细毛羊为主打产品的生态畜牧业、以矿产品精深加工和清洁能源开发为重点的民族工业、以祁连风光和裕固文化为品牌的特殊旅游业，加快推进工业经济强县、绿色畜牧名县、生态文明示范县、旅游文化特色县、民族团结进步县建设步伐，努力推动自治县社会经济跨越式发展。"①

以此确定的五年重点努力方向为：立足河西走廊工业和清洁能源基地，优化工业布局，加快资源开发，发展园区经济和通道经济，努力建设工业经济强县。立足甘肃高原绿色畜产品基地，完善生产设施和服务体系，发展现代畜牧业，努力建设绿色畜牧业名县。立足西部生态安全屏障，加强生态环境保护，建设生态补偿实验区，推进节能减排，努力建设生态文明示范县。立足丝绸之路黄金旅游线上新亮点，加快旅游基础设施和产业体系建设，打造旅游特色文化精品，努力建设旅游文化特色县。

上述"十五"、"十一五"和"十二五"经济发展战略的变化，清楚地反映了21世纪以来肃南裕固族自治县经济发展重心不断调整的轨迹。"十五"时期的经济发展战略，紧密贴合了裕固族聚居区在畜牧、矿产、土地、能源、旅游五个方面的传统优势，反映出农牧业和基础设施建设在这一时期的突出地位，是其经济发展的重点着力方向，也反映出这一时期肃南县的经济发展重心仍处于"增强基础"阶段。

这一思路在"十一五"时期的经济发展战略中则出现了重大变化，那就是在发展规划中首次提出了要建设工业强县和构建工业主导型经济的发展目标。将工业作为肃南经济发展的主导型产业，标志着当地经济发展由主要依靠牧业，逐渐地转变为依靠农牧业、工业和旅游业，最终到依靠工业的历史性转变。这在裕固族聚居区经济发展史上具有划时代的意义。

肃南县"十五"时期经济发展的战略重点在于强基础，"十一五"时期经济发展战略重点为构建工业主导型经济，这种经济发展战略上的调整变化，是与国家西部大开发战略的阶段性目标一致的。但有所不同的是，

①　肃南裕固族自治县人民政府：《肃南裕固族自治县国民经济和社会发展第十二个五年规划纲要》，2011年4月20日。

国家西部大开发战略提出的要用十年时间来完成的"强基础"过程，在肃南县只用了一个五年计划的时间便基本完成了。

肃南县"十二五"的发展规划，仍将工业作为经济发展的主要方向，但相比此前的一个重大变化是把生态环境保护和治理提到了前所未有的高度，提出要把这里建设成西部地区的生态安全屏障，建成生态环境保护的示范县。经济发展战略的这种变化和调整，首先是顺应国家经济发展大局的结果。因为 2010 年 5 月，《国务院办公厅关于进一步支持甘肃经济社会发展的若干意见》正式出台，从国家战略层面上明确提出要在"祁连山生态补偿区，实行强制性保护，建立生态补偿机制"；提出将"加大祁连山冰川和生态系统保护力度。启动实施祁连山生态环境保护和建设规划。加快推进退牧还草、天然林保护等重点生态工程，在重点生态脆弱区和重要生态区继续稳步推进退耕还林工程建设，巩固退耕还林还草成果，加强自然保护区建设管理。科学实施人工增雨雪，加强对森林、草原、湿地、荒漠等生态系统和野生动植物资源的保护，逐步恢复和增强水源涵养能力。逐步将祁连山自然保护区核心区的农牧民转为生态管护人员，加快缓冲区农村剩余劳动力转移。研究建设祁连山生态补偿试验区"①。

其次是由肃南县已有经济发展基础和现状决定的，因为"十一五"时期，草原生态环境的持续退化和祁连山天然森林面积的持续减少，已经成为严重制约肃南县经济社会可持续发展的瓶颈。同时，"十二五"规划提出要把肃南建设成为甘肃省的高原绿色畜产品基地、河西走廊的工业和清洁能源基地和丝绸之路黄金旅游线上的新亮点，这都是与生态环境保护和治理直接相关的。所以，突出生态环境建设符合时代要求，符合肃南发展实际，是一个值得称道的战略定位。

酒泉市黄泥堡裕固族乡，由于自然条件、历史、人口规模等原因，一直以来是个以农牧业为生计的民族乡。全乡境内没有国有、集体、民营和外资企业，只有为数不多的几家个体户经营日用百货零售、餐饮、农产品贩运等。2000 年以前，地方经济发展主要依靠农业种植、养殖业和畜牧业。其后，随着国家"退牧还草"政策的实施，畜牧业逐渐退出了当地裕固族的经济生活。西部大开发战略和 2001 年国家扶持人口较少民族加

---

① 国务院办公厅：《关于进一步支持甘肃经济社会发展的若干意见》（国办发〔2010〕29 号），见中央政府门户网站 http：//www.gov.cn/zwgk/2010 -05/06/content_ 1600275.htm。

快发展政策的实施为黄泥堡乡的快速发展提供了历史机遇。基于自然条件和已有的发展基础，黄泥堡乡在"十五"所确定的发展目标主要是加快道路交通、农业水利设施、农村电网、人畜饮水工程等基础设施建设，改善农村经济发展的条件；稳步发展农业种植、养殖业和劳务输转，努力实现农民增收。经济发展战略的重点是增强农村经济发展基础。"十一五"的发展目标，除了延续"十五"时期的内容外，还提出了加快小集镇建设和新农村建设，但确定的重点发展内容没有发生变化。通过近十年的发展，黄泥堡裕固族乡的生产生活基础设施大为改善，种植业、养殖业和劳务经济成为该乡的三大支柱产业。2011 年，黄泥堡裕固族乡在其"十二五"规划中提出将继续发展种植业、养殖业和劳务经济三大支柱产业，但与以往有所不同的是，首次提出将依托国家扶持人口较少民族发展的政策机遇，加快发展舍饲畜牧业和通过招商引资发展农牧产品加工业的任务。这也是该乡发展值得期待的一个产业前景。

四　21 世纪以来的经济增长及主要特点

（一）"十五"期间的经济增长及特点

肃南县在"十五"规划中提出的经济增长目标为：国内生产总值到 2005 年达到 4 亿元，年均增速为 12.2%，比"九五"末增长 77.8%；农业增加值到 2005 年达到 1.16 亿元，年均增速为 4%，比"九五"末增长 20.8%；工业增加值到 2005 年达到 0.8 亿元，年均增速为 7%，比"九五"末增长 40.5%；财政收入到 2005 年达到 0.5 亿元，年均增速为 5.2%，比"九五"末增长 26.6%；社会消费品零售总额到 2005 年达到 0.95 亿元，年均增速为 3.5%；农牧民人均纯收入到 2005 年达到 0.5 万元，年均增速为 6.7%。[①]

这一规划的执行结果是："十五"期间，肃南县的 GDP、财政收入和支出、农牧民人均纯收入、城镇居民可支配性支出及社会消费品零售总额都呈现出逐年增加的态势（见表 1－5）。相比"九五"末期，GDP 增加了 99.6%，第一产业增加了 34.9%，第二产业增加了 180.2%，第三产业

---

① 参见肃南裕固族自治县人民政府《肃南裕固族自治县国民经济和社会发展"十五"计划及 2010 年规划纲要》，2001 年 1 月。

增加了102%，地方财政收入增加了83.2%，农牧民人均纯收入增加了26.2%，社会消费品零售总额增加了65.9%。增长幅度最大的是第二产业，年均增长率为36.06%，增长幅度最低的是农牧民人均纯收入，年均增长率仅为5.3%。

表1-5　　　2000—2005年肃南裕固族自治县的主要经济指标　　（单位：万元）

年份	GDP	第一产业	第二产业	第三产业	地方财政收入	农牧民人均纯收入	城镇居民人均可支配收入	社会消费品零售总额
2000	24136	9820	7667	6649	2215	0.3608	0.4173	8008
2001	27654	10415	9076	8154	2352	0.3766	0.5220	7688
2002	31426	10839	10563	10024	2669	0.3895	0.5801	8500
2003	35207	11045	13713	10449	3171	0.404	0.6141	9310
2004	41363	12700	17063	11600	3346	0.4299	0.6644	10300
2005	48168	13246	21482	13440	4058	0.4552	0.7248	13286

数据来源：《肃南裕固族自治县统计年鉴（2012年）》。

依次，除了地方财政收入、农牧民人均纯收入之外，其余各项经济指标都超过了"十五"计划的预定目标（见表1-6）。

表1-6　　　肃南裕固族自治县"十五"计划主要经济指标完成情况

	GDP	第一产业	第二产业	第三产业	地方财政收入	农牧民人均纯收入	社会消费品零售总额
计划完成总量（万元）	40000	11600	8000	—	5000	0.5	9500
实际完成总量（万元）	48168	13246	21482	13440	4058	0.4552	13286
实际完成率（%）	120.4	114.2	268.5	—	81.1	91.1	139.8

数据来源：依据《肃南裕固族自治县国民经济和社会发展"十五"计划及2010年规划纲要》和《肃南裕固族自治县统计年鉴（2012年）》有关数据计算。

总体上来看，"十五"期间肃南县农牧业稳步发展，初步形成了以高山细毛羊、绒山羊、马鹿为主的特色产业化基地，农畜产品加工转化率得到提高。第二产业发展最为迅猛，以水能、矿产、草畜开发建设为重点的大项目开工数较多。第三产业稳步发展，总产值达到1.34亿元，年均增长率为14.4%。在基础设施建设方面，新增通县油路145公里，部分乡镇、村社也实现了公路硬化或铺油，群众出行条件明显改善；农村电网改造基本完成，实现了城乡居民同电同价，用电短缺的情况得到明显缓解；城镇建设步伐加快，县城面积由 1999 年末的 1.2 平方公里扩大到了 2005 年末的 1.7 平方公里。在财政收入和企业发展方面，地方财政收入达到了 4058 万元，年均增长 16.6%。全县 32 户国有、集体企业全部完成产权制度改革，企业发展活力得到提高。对外招商引资总额达到 20.82 亿元，建成了西流水，冰沟，镜铁山一、二级水电站、锐源和祁龙等近十个规模较大的铁矿企业。在生态建设与保护方面，退牧还草工程、黑河流域综合治理工程、祁连山水源涵养林工程和牧民易地搬迁工程得到了较为顺利的推进。①

相比"九五"时期，肃南县"十五"期间经济增长的主要特点为：一是水电、矿产资源开发类的工业经济发展迅猛，由此拉动的第二产业产值于 2003 年达到了 13713 万元，首次超过了第一产业，成为各产业门类中比例最大的部分。二是第三产业发展速度加快，于 2005 年达到了 13246 万元，也首次超过了第一产业。

（二）"十一五"期间的经济增长及特点

肃南县在"十一五"规划中提出的经济增长目标为："在优化结构、提高效益和降低能耗的基础上，力争通过生产总值和第三产业的'双快'发展，工业和财政收入的'双高'增长，实现生产总值、固定资产投资、第二产业和财政收入'四个翻番'，人均 GDP 和工业增加值分别在 2000 年和 2005 年的基础上翻两番。"人均 GDP 翻两番，由 2000 年的 6720 元增加到 2010 年的 28000 元。生产总值突破 10 亿元大关，经济总量实现翻一番。第二产业在 2005 年的 2.15 亿元的基础上翻一番半，达到 7.27 亿元。工业增加值在 2005 年 1.41 亿元的基础上翻两番，达到 6.75 亿元。地方财政收入在 2005 年 4058 万元的基础上大幅度增加，达到 8160 万元。农牧民人均纯收入年均增加 200 元，达到 5552 元，城镇居民可支配性收入年均增加 500元，达到 9748 元。以工业为主的经济发展格局全面形成。②

"十一五"时期的肃南经济发展经受了重大考验：一是低温冰冻天气、持续干旱、强降雪等自然灾害高发，对农牧业生产造成严重影响；二是全球金融危机爆发，导致矿产资源价格大幅度下滑，对"工业强县"目标的实现造成严重冲击；三是由于国家实施西部大开发的政策推动效果

---

① 参见肃南裕固族自治县人民政府《肃南裕固族自治县国民经济和社会发展第十一个五年规划纲要》，2006 年 1 月 12 日。

② 同上。

明显显现，周边县、市基于较好的发展基础，发展速度加快，肃南县域经济发展面临的竞争压力大大增加。但即便如此，肃南经济总体上还是保持了持续协调快速的发展态势，各项经济指标逐年增加。

相比"十五"末期，全县 GDP 增长了 201.8%，第一产业增长了81%，第二产业增长了 329.5%，第三产业增长了 116.9%，地方财政收入增长了 173.8%，农牧民人均纯收入增长了 53.9%，社会消费品零售总额增长了 68.3%（见表 1 - 7）。增长速度最快的仍然是第二产业，最慢的为农牧民人均纯收入。

表 1 - 7　　　　2005—2010 年肃南裕固族自治县主要经济指标　　　（单位：万元）

年份	GDP	第一产业	第二产业	第三产业	地方财政收入	农牧民人均纯收入	城镇居民人均可支配收入	社会消费品零售总额
2005	48168	13246	21482	13440	4058	0.4552	0.7248	13286
2006	57140	14005	28711	14424	5138	0.4754	0.7748	14463
2007	80162	17268	40253	22641	6686	0.5006	0.8463	16002
2008	102480	19548	59029	23903	8059	0.5522	0.9243	17797
2009	116850	20508	70492	25850	8888	0.6098	1.0025	19853
2010	145397	23977	92269	29151	11111	0.7009	1.1025	22358

数据来源：《肃南裕固族自治县统计年鉴（2012 年)》。

依此，至 2010 年底，肃南县各项主要经济指标都完成了"十一五"规划的目标（见表 1 - 8）。全县国内生产总值达到了 14.54 亿元，年均增长率为 40.4.5%，提前三年完成了"十一五"规划预定目标。

总体上来看，"十一五"期间肃南县农牧业生产稳步发展，第一产业增加值达到了 2.4 亿元，年均增长率为 7.4%。工业发展速度进一步加快，由游牧民定居工程、小城镇建设带动的房地产业快速发展，第二产业增加值达到 9.2 亿元，年均增长率为 65.9%。以文化遗产、自然风光、民族风情等为特色的旅游业快速发展，年接待游客量突破 60 万人次，旅游综合收入突破 1 亿元，在其带动下的餐饮、商贸、运输等产业也快速发展，社会消费品零售总额达到 2.23 亿元，年均增长 16.6%。地方财政收入达到了 1.11 亿元，完成规划目标的 123%。生产生活基础设施条件进一步改善，"八纵一横"的路网框架基本形成，全县公路总里程达到了 1176 公里。农牧民集中定居率达到了 52%。各项生态建设与保护工程顺利推进，生态环境恶化的趋势得到有效遏制。[①]

表1-8　　肃南裕固族自治县"十一五"时期主要经济指标完成情况

	GDP	第二产业	地方财政收入	农牧民人均纯收入	城镇居民人均可支配性收入	固定资产投资
计划完成总量（万元）	100000	72700	8160	0.5552	9748	132406
实际完成总量（万元）	145397	92269	11111	0.7009	11025	234076
实际完成率（%）	145.4	131.5	136.2	126.2	113.1	176.8

数据来源：依据《肃南裕固族自治县国民经济和社会发展第十一个五年规划纲要》和《肃南裕固族自治县统计年鉴（2012年）》的有关数据计算。

相比"十五"时期，肃南县"十一五"经济增长的主要特点为：一是各项经济指标增速明显加快，其中第二产业和GDP的增速最快（见表1-9）。二是第二产业增加值在地方经济总量中的比例进一步提高，与第一产业、第三产业增加值的差距进一步拉大，以工业经济为主的地方经济格局初步形成。"十五"末期，第二产业增加值与第一产业、第三产业增加值的绝对数分别相差8236万元、8042万元，而到了"十一五"末期，这一数值已增加为68192万元和63118万元。第三，地方财政一般预算性收入首次突破亿元大关，地方财力得到了加强。

（三）"十二五"初期的经济增长及特点

肃南县在"十二五"规划中提出的经济增长目标为：力争通过五年的努力，实现国内生产总值、工业增加值、财政收入、固定资产投资和旅游产业综合收入"五个翻番"，即国内生产总值达到31.8亿元，年均增长15%以上；工业增加值达到22.3亿元，年均增长19%以上；固定资产投资累计完成180亿元，年均增长18%以上；地方财政收入达到2.1亿元，年均增长14%以上；旅游综合收入达到2.4亿元，年均增长20%以上。实现城乡居民收入增产和经济发展、劳动报酬增长和劳动生产率提高"两个同步"，即城镇居民人均可支配性收入达到20300元，年均增长13%以上；农牧民人均纯收入达到11800元，年均增长11%以上；社会消费品零售总额达到4.5亿元，年均增长15%以上。在经济增长方式、生态环境保护、农牧民生活质量提高、基础设施建设、区域合作发展等方

---

① 参见肃南裕固族自治县人民政府《肃南裕固族自治县国民经济和社会发展第十二个五年规划纲要》，2011年4月20日。

面实现突破。①

表1-9　　肃南裕固族自治县"十五"时期和"十一五"时期主要经济指标的比较

	GDP	第一产业	第二产业	第三产业	地方财政收入	农牧民人均纯收入	社会消费品零售总额
"十五"时期在"九五"末期基础上的增加率(%)	99.6	34.9	180.2	102	83.2	26.2	65.9
"十一五"时期在"十五"末期基础上的增加率(%)	201.8	81	329.5	116.9	173.8	53.9	68.3
增加率的差距(%)	102.2	46.1	148.3	14.9	90.6	27.7	2.4

　　数据来源:依据《肃南裕固族自治县统计年鉴(2012年)》有关数据计算。

　　2011—2012年,全球金融危机深度蔓延,全国宏观经济形势仍然严峻,肃南县干旱、洪涝等自然灾害仍呈高发状态,经济发展的诸多不利因素并存,但肃南县的经济增长仍保持了既有的良好势头。

　　"十二五"计划实施的两年里,肃南县的各项经济指标继续保持高速增长的态势。从2012年的各项数据来看,相比"十一五"末期,GDP增加了65.3%,第一产业总值增加了35.5%,第二产业总值增加了74.6%,第三产业总值增加了38.6%,地方财政收入增加了115.1%,农牧民人均纯收入增加了35.1%,城镇居民可支配性收入增加了32.9%,社会消费品零售总额增加了36.4%。其中增长速度最快的是地方财政收入,增长速度最慢的为城镇居民可支配性收入,第二产业增长态势仍然强劲(见表1-10)。

表1-10　　2010—2012年肃南裕固族自治县主要经济指标　　(单位:万元)

年份	GDP	第一产业	第二产业	第三产业	地方财政收入	农牧民人均纯收入	城镇居民可支配性收入	社会消费品零售总额
2010	145397	23977	92269	29151	11111	0.7009	0.11025	22358
2011	193927	31433	128364	34130	19355	0.8062	0.12568	25823
2012	233956	32508	161058	40390	23900	0.947	0.14648	30500

　　数据来源:《肃南裕固族自治县统计年鉴(2012年)》。

---

　　① 参见肃南裕固族自治县人民政府《肃南裕固族自治县国民经济和社会发展第十二个五年规划纲要》,2011年4月20。

　　总体上看，"十二五"规划实施的前两年，全县农业生产稳步发展，畜牧业经营规模和畜种质量都有所提高。园区工业快速发展，地方特色工业体系雏形显现，工业在地方经济发展中的支撑作用更加明显。水电和矿藏资源开发、农牧民定居工程继续保持了较快的发展态势，由此产生的固定资产投资依然是拉动地方经济增长的主要动力。文化旅游业快速发展，旅游接待服务等基础设施建设再上台阶。2012 年全县旅游业接待游客量首次突破百万人次，实现旅游综合收入 2.68 亿元。地方财政收入稳步增长，2012 年，地方财政一般预算收入达到了 2.39 亿元。城乡居民收入继续增加，2012 年，农牧民人均纯收入达到 9470 元，城镇居民人均可支配收入达到 14648 元，人民生活水平明显提高。① 新兴的高附加值的祁连玉石产业得到快速发展，"玉水苑"商业中心获得第五批"国家文化产业示范基地"称号。

　　相比"十一五"时期，"十二五"初期肃南县经济增长的主要特点为：一是地方财政收入增长迅速。1999 年，肃南县地方财政收入仅为 776 万元，到了 2000 年，这一数字增加到了 2215 万元，突破了千万元大关。而 2010 年，这一数字增加到了 1.1 亿元，突破了亿元大关。2012 年，这一数字增加到了 2.39 亿元。也就是说，肃南县地方财政收入从突破千万元到突破亿元，用了 11 年的时间，但从突破 1 亿元到突破 2 亿元，只用了两年时间。二是城乡人均纯收入增速加快，但与城镇居民收入差距进一步拉大。"十一五"期间及之前，农牧民人均纯收入年增加额都在 1000 元以内，但 2011年、2012 年，年增加额分别达到了 1053 元和 1408 元。2011 年以前，城镇居民人均可支配收入年增长额度都在 2000 元以内，但 2012 年增长额达到了 2080 元。而城乡居民人均年收入的差距则由 2000 年的 565 元，增长到 2005年的 2697 元，2010 年的 4016 元和 2012 年的 5178 元。

（四）裕固族地区各乡镇的经济增长情况

　　肃南县现辖 6 乡 2 镇，2004 年 12 月完成的最新一次行政区划调整之前，辖 6 个区、22 个乡和 1 个镇。现辖乡镇中红湾寺镇的区划、名称基本没有发生变化，皇城镇、马蹄藏族乡、大河乡、康乐乡、明花乡、祁丰藏族乡 6 个乡（镇）在行政区划和名称上基本对应了原来的区，白银蒙

---

　　① 参见肃南裕固族自治县统计局《肃南裕固族自治县 2012 年国民经济和社会发展统计公报》，2013 年 6 月。

古族乡原为康乐区下辖的一个乡，但在区划上比原来减少一个行政村。黄泥堡裕固族乡为酒泉市肃州区辖区内唯一的少数民族乡，也是肃南裕固族自治县之外唯一的一个裕固族民族乡。

红湾寺镇是肃南县城驻地，辖区现有三个居委会，市、县属部门、单位135个，驻军部队3个，个体工商户205户。2000年总人口为7866人，2005年为8344人，2010年为9208人，2012年为9416人。人口数量的变化，一定意义上反映了肃南县人口城镇化的变化过程。2000年时，这里有工业企业14户，工业产值1102万元，商贸流通企业8家，销售总额3717万元。工业和第三产业是当时的支柱性产业。其后，工业企业有的因经营不善而倒闭，有的改制后成为民营企业，有的搬离红湾寺镇。如今，运输、邮电、仓储、商贸流通、餐饮服务业是这里的支柱性产业。城镇居民人均可支配收入2000年时为4173元，2012年变为14648年，10余年间增长了2.5倍（见表1-11）。①

皇城镇是东裕固族聚居区，镇政府驻地位于肃南县城东南325公里处。畜牧业一直是全镇经济的支柱性产业，境内驻有甘肃省皇城绵羊育种试验场、九条岭煤矿、肃南县西营河林场等。2005年，全镇农村经济总收入为4948万元，农牧民人均纯收入为4774元，财政大口径收入410万元，乡镇企业总产值为11546万元。② 2012年，全镇农村经济总收入为1.17亿元，农牧民人均收入9947元。③ 相比2005年，分别增长了136%和108%（见表1-12）。④ 近年来，以"皇城草原"为依托的旅游业有了较快的发展，对第三产业的发展发挥了带动作用。同时，劳务经济成为从事农业种植的家庭增加经济收入的一个重要来源。

---

① 为便于表述和表格更为直观，本书将2000年时各区、镇、乡的相关数据参照现今的行政区划予以对待，下文各乡、镇2000年的经济数据即为现今行政区划所对应的当时的区、镇、乡的相关数据。另外需要说明的是：裕固族聚居区地方政府的统计年鉴中，经济数据的统计是以县为单位的，各乡镇的经济数据没有单独列出，各乡镇提供的资料中反映的经济数据的标准和口径也不完全一致。为体现统一性，本书中肃南县各乡镇的经济数据均以统计年鉴中"乡镇概况"部分所显示的数据为准。下文同上，不再赘注。

② 肃南裕固族自治县统计局：《肃南裕固族自治县统计年鉴（2005年）》，2006年6月，第8页。

③ 同上书，第25页。

④ 需要说明的是：乡镇企业的发展情况，因国家经济体制改革和产权制度改革，2006年以后的裕固族聚居区地方经济统计数据中不再有这方面的信息；乡镇财政收入的情况也因地方财税体制改革，2011年之后各乡镇也不再单独核算。所以，2012年各乡镇的经济数据中能和2005年进行比较的就只有"经济总收入"和"农牧民人均纯收入"两项。下文情况也一样，不再赘注。

表 1 – 11　　　　　21 世纪以来红湾寺镇人口与部分经济指标的变化

		2000 年	2005 年	2010 年	2012 年
红湾寺镇	人口（人）	7866	8344	9208	9416
	主要聚居少数民族	裕固族，藏族	裕固族、藏族、回族、蒙古族	裕固族、藏族、回族、蒙古族	裕固族、藏族、回族、蒙古族
	支柱性产业	工业、第三产业	—	—	第三产业
	城镇居民可支配性收入（元）	4173	7248	11025	14648

数据来源：参见《肃南裕固族自治县年鉴（2000 年）》中的"各区、乡概况"部分，以及肃南县 2005 年、2010 年和 2012 年的统计年鉴的"乡镇概况"部分。

　　马蹄藏族乡的主要聚居人口为藏族和裕固族，乡政府驻地位于县城东南 165 公里处，是裕固族聚居区贫困人口比较集中的片区之一。境内有国家 4A 级旅游景区——马蹄寺石窟群。畜牧业、农业种植和旅游业是全乡的支柱性产业。2005 年，全乡农村经济总收入为 2779 万元，农牧民人均纯收入为 4148 元，乡镇企业总产值为 4278 万元，乡财政收入为 136 万元。[1] 2012 年，全乡经济总收入为 6047 万元，农牧民人均纯收入为 8625 元，相比 2005 年，分别增加了 1.18 倍和 1.08 倍。[2]（见表 1 – 13）2005 年以来，旅游业发展较快，带动了地方餐饮业的发展。同时，劳务经济在带动农牧民增收中的作用更加明显。

　　康乐乡位于肃南县中部，乡政府驻地离县城约 46 公里，主要聚居人口为裕固族，畜牧业是全乡经济发展的支柱。境内驻有省农垦局宝瓶河牧场、张掖市寺大隆林场和肃南县康乐林场。2005 年时，全乡经济总收入为 2148 万元，农牧民人均纯收入为 4659 元，乡财政大口径收入为 130 万元，乡镇企业总产值 2697 万元。[3] 2012 年，全乡经济总收入为 5216.3 万元，其中农牧业总产值为 3432.7 万元，农民人均纯收入为 9643 元。相比 2005 年，分

---

[1]　肃南裕固族自治县统计局：《肃南裕固族自治县统计年鉴（2005 年）》，2006 年 6 月，第 8 页。
[2]　肃南裕固族自治县统计局：《肃南裕固族自治县统计年鉴（2012 年）》，2013 年 6 月，第 26 页。
[3]　肃南裕固族自治县统计局：《肃南裕固族自治县统计年鉴（2005 年）》，2006 年 6 月，第 10 页。

别增加了 1.43 倍和 1.07 倍。①（见表 1−14）近几年，旅游业快速发展，同时，自游牧民定居工程实施以来，第三产业发展速度也明显加快。

表 1−12   21 世纪以来皇城镇人口与主要经济指标的变化

	年份	2000	2005	2010	2012
皇城镇	人口（人）	8560	8549	8590	8571
	主要聚居少数民族及占总人口比例	裕固族，22.66%；藏族，25.5%	裕固族，18.26%；藏族 27.19%	裕固族，18.88%；藏族，28.79%	裕固族 18.9%；藏族 29.5%
	支柱性产业	畜牧业、乡镇企业	畜牧业、乡镇企业	畜牧业	畜牧业
	农村经济总收入（万元）	3514	4948	8382.71	11700
	乡镇企业总产值（万元）	5800	11546	—	—
	财政大口径收入（万元）	345	410	625	—
	农牧民人均收入（元）	3560	4774	7318	9947
	境内主要自然资源	草原面积 456 万亩，耕地面积 12000 余亩，森林 23 万亩。主要矿产资源为煤炭、铁、铜、金、石棉、石灰石等。水能资源丰富			

数据来源：参见《肃南裕固族自治县年鉴（2000 年）》中的"各区、乡概况"部分，以及肃南县 2005 年、2010 年和 2012 年的统计年鉴的"乡镇概况"部分。

表 1−13   21 世纪以来马蹄藏族乡人口与主要经济指标的变化

	年份	2000	2005	2010	2012
马蹄藏族乡	人口（人）	5395	4526	4666	4220
	主要聚居少数民族及占总人口比例	藏族 48.3%	藏族 48.36%	藏族 49.16%	藏族 55%
	支柱性产业	畜牧业、农业	畜牧业、农业、旅游业	畜牧业、农业、旅游业	畜牧业、农业、旅游业
	全乡经济总收入（万元）	1936.61	2779	4609.26	6047.9
	乡镇企业总产值（万元）	2200	4278	—	—
	财政大口径收入（万元）	121	136	243	—
	农牧民人均收入（元）	3298	4148	6392	8625
	境内主要自然资源	草原面积 150 余万亩，森林 32 万亩，耕地 17000 余亩。主要矿产资源为煤、铜。水能资源丰富			

数据来源：参见《肃南裕固族自治县年鉴（2000 年）》中的"各区、乡概况"部分，以及肃南县 2005 年、2010 年和 2012 年的统计年鉴的"乡镇概况"部分。

---

① 肃南裕固族自治县统计局：《肃南裕固族自治县统计年鉴（2012 年）》，2013 年 6 月，第 28 页。

表 1 - 14　　　　**21 世纪以来康乐乡人口与主要经济指标的变化**

	年份	2000	2005	2010	2012
康乐乡	人口（人）	4389	3220	3434	3330
	主要聚居少数民族	裕固族、蒙古族	裕固族	裕固族	裕固族
	支柱性产业	畜牧业	畜牧业	畜牧业、旅游业	畜牧业、旅游业
	农村经济总收入（万元）	3746	2148	3902.57	5216.3
	乡镇企业总产值（万元）	1606	2697	—	—
	财政大口径收入（万元）	150	130	303	—
	农牧民人均收入（元）	3746	4659	7129	9634
	境内主要自然资源	草原面积 230 万亩，森林 40 万亩，耕地 2000 余亩。主要矿产资源为煤、铬、铜、铁、祁连玉石等			

数据来源：参见《肃南裕固族自治县年鉴（2000 年）》中的"各区、乡概况"部分，以及肃南县 2005 年、2010 年和 2012 年的统计年鉴的"乡镇概况"部分。

白银蒙古族乡紧靠康乐乡，是肃南县面积最小的一个乡，乡政府驻地与康乐乡政府驻地仅一河之隔，主要聚居人口为蒙古族。2005 年，全乡农村经济总收入为 391 万元，农牧民人均纯收入 4625 元。[1] 2012 年，全乡农村经济总收入为 1059.74 万元，农牧民人均收入为 9392.86 元。[2] 相比 2005 年，分别增长了 1.71 倍和 1.03 倍（见表 1 - 15）。畜牧业一直是全乡的支柱性产业。近年来，红提葡萄、食用菌等种植业得到了较快的发展，成为农牧民增收的重要途径。

大河乡大部分村庄地处河西走廊中部和祁连山中段北麓，主要聚居人口为裕固族，乡政府驻地位于县城西北 22 公里处。游牧民定居工程实施后，在县城设有便民办事处。畜牧业一直是全乡经济的主导性产业。2005 年时，全乡经济总收入为 2747 万元，农牧民人均纯收入为 4814 元，乡财政收入为 156 万元，乡镇企业总产值为 9149 万元。[3] 2012 年，全乡经济总收入为 6126.4 万元，其中牧业收入为 3456.9 万元，占总收入的 56%，农业收入和劳务收入分别为 405.3 万元和 988 万元，分别占总收入的 7%

---

① 肃南裕固族自治县统计局：《肃南裕固族自治县统计年鉴（2005 年）》，2006 年 6 月，第 12 页。
② 肃南裕固族自治县统计局：《肃南裕固族自治县统计年鉴（2012 年）》，2013 年 6 月，第 32 页。
③ 肃南裕固族自治县统计局：《肃南裕固族自治县统计年鉴（2005 年）》，2006 年 6 月，第 12 页。

和16%。农牧民人均纯收入为9854元。① （见表1-16）相比2005年，全乡经济总收入和农牧民人均纯收入分别增加了1.23倍和1.05倍。上述可以看出，近几年来，劳务经济超过了农业经济总量，成为了乡农村经济发展的第二大产业。

表1-15　　　21世纪以来白银蒙古族乡人口与主要经济指标的变化

	年份	2000	2005	2010	2012
白银蒙古族乡	人口（人）	—	778	599	624
	主要聚居少数民族	蒙古族、裕固族	蒙古族、裕固族	蒙古族、裕固族	蒙古族、裕固族
	支柱性产业	畜牧业	畜牧业	畜牧业	畜牧业、旅游业
	农村经济总收入（万元）		391	640	1059.74
	财政大口径收入（万元）			172	
	农牧民人均收入（元）		4625	7304	9392.86
	境内主要自然资源	草原71.9万亩，耕地3000余亩，主要矿产资源为煤、铁。水能资源丰富			

数据来源：参见《肃南裕固族自治县年鉴（2000年）》中的"各区、乡概况"部分，以及肃南县2005年、2010年和2012年的统计年鉴的"乡镇概况"部分。

表1-16　　　21世纪以来大河乡人口与主要经济指标的变化

	年份	2000	2005	2010	2012
大河乡	人口（人）	4257	4113	4099	4112
	主要聚居少数民族	裕固族	裕固族	裕固族	裕固族
	支柱性产业	畜牧业、农业、林业	畜牧业、农业	畜牧业、农业	畜牧业、务农经济、农业
	农村经济总收入（万元）	2076.97	2747	4376.86	6126.4
	乡镇企业总产值（万元）	4010	9149	—	—
	财政大口径收入（万元）	171	156	178	
	农牧民人均收入（元）	3787	4841	7323	9854
	境内主要自然资源	草原352万亩，森林11万亩，主要矿产资源为煤、铜、石膏、石灰石、祁连玉石等。水能资源丰富			

数据来源：参见《肃南裕固族自治县年鉴（2000年）》中的"各区、乡概况"部分，以及肃南县2005年、2010年和2012年的统计年鉴的"乡镇概况"部分。

---

① 肃南裕固族自治县统计局：《肃南裕固族自治县统计年鉴（2012年）》，2013年6月，第34页。

祁丰藏族乡位于裕固族聚居区最西面，土地面积在各乡镇中最大，总面积为 10202 平方公里，占肃南县总面积的 42.2%，主要聚居人口为藏族，乡政府驻地紧靠嘉峪关市，境内驻有酒泉钢铁集团公司镜铁山采矿厂、西沟石灰石矿业公司和肃南县祁青工业园区、肃南县祁丰林场。2005年，全乡经济总收入为 1975 万元，农牧民人均收入为 5082 元，乡财政收入为 677 万元，乡镇企业总产值为 11152 万元。① 2012 年，全乡经济总收入为 4375.53 万元，其中：牧业收入为 3361.26 万元，种植业收入为142.36 万元，劳务经济收入为 267.43 万元。农民人均纯收入为 10467.54元，在裕固族聚居区各乡镇中为最高水平（见表 1-17）。相比 2005 年，全乡经济总收入和农牧民人均纯收入增加了 1.22 倍和 1.06 倍。因邻近嘉峪关市和酒泉市，以文殊寺藏族宗教文化和祁连自然风光为特色资源的旅游业近年来发展较快，2012 年共接待游客 21.6 万人次，旅游业总收入达到了 1460 万元，占全乡经济总收入比重的近 1/4。②

表 1-17　　21 世纪以来祁丰藏族乡人口与主要经济指标的变化

	年份	2000	2005	2010	2012
祁丰藏族乡	人口（人）	3214	3051	3024	3016
	主要聚居少数民族	藏族	藏族	藏族	藏族
	支柱性产业	畜牧业	畜牧业	畜牧业	畜牧业
	农村经济总收入（万元）	1746	1975	3706.2	4375.43
	乡镇企业总产值（万元）	5000	11152	—	—
	财政大口径收入（万元）	202	677	539	—
	农牧民人均收入（元）	4043	5082	7826	10467.64
	境内主要自然资源	草原 1005 万亩，森林 15 万亩，耕地 1700 余亩，主要矿产资源为铁、铜、钨、钼、金、煤、祁连玉石、石膏、石灰石等。水能资源丰富			

数据来源：参见《肃南裕固族自治县年鉴（2000 年）》中的"各区、乡概况"部分，以及肃南县 2005 年、2010 年和 2012 年的统计年鉴的"乡镇概况"部分。

明花乡地处肃南县北部，河西走廊中部，巴丹吉林沙漠西缘，是肃南

---

① 肃南裕固族自治县统计局：《肃南裕固族自治县统计年鉴（2005 年）》，2006 年 6 月，第14、15 页。

② 肃南裕固族自治县统计局：《肃南裕固族自治县统计年鉴（2012 年）》，2013 年 6 月，第35、36 页。

县的一块"飞地"，主要聚居人口为裕固族，境内驻有肃南县明海林场。农业是全乡经济的主导性产业。2005年，全乡经济总收入为1532万元，农牧民人均纯收入为3713元，乡财政收入88万元，乡镇企业总产值1642万元。[①] 2012年，全乡经济总收入4801万元，农牧民人均纯收入为8029元（见表1-18）。相比2005年，经济总收入和农牧民人均纯收入分别增加了2.13倍和1.16倍。明花乡是肃南县的农业综合开发区，自1998年肃南县开始实施生态移民工程以来，分散居住于沙漠边缘、深山区的一些农牧民先后迁入这里，生计方式也由原来的游牧业转变为农业种植。所以，明花乡因垦荒增加的耕地面积自2000年以来快速扩大。据统计，2000年，当时的明花区总的耕地面积为5258亩，2005年，已扩大为28813亩，到了2012年扩大为61775亩。[②] 十余年间，耕地面积扩大了近11倍。种植业经济总量在裕固族聚居区各乡镇中比例最高。

表1-18　　　　　　21世纪以来明花乡人口与主要经济指标的变化

	年份	2000	2005	2010	2012
明花乡	人口（人）	2220	3139	3295	3441
	主要聚居少数民族及占总人口比例	裕固族89.5%	裕固族61.26%	裕固族58%	裕固族62%
	支柱性产业	畜牧业	农业、畜牧业	农业、畜牧业	农业、畜牧业
	农村经济总收入（万元）	921	1532	3207.32	4801
	乡镇企业总产值（万元）	800	1642	—	—
	财政大口径收入（万元）	59	88	173	—
	农牧民人均收入（元）	3427	3713	5900	8029
	境内主要自然资源	草原246万亩，耕地60000多亩（截至2012年底）			

数据来源：参见《肃南裕固族自治县年鉴（2000年）》中的"各区、乡概况"部分，以及肃南县2005年、2010年和2012年的统计年鉴的"乡镇概况"部分。

黄泥堡裕固族乡位于酒泉市肃州区近郊，是酒泉市肃州区唯一的少数民族乡。截至2012年底，全乡共有439户，1650人，其中62%的人口为

① 肃南裕固族自治县统计局：《肃南裕固族自治县统计年鉴（2005年）》，2006年6月，第16页。

② 参见肃南裕固族自治县统计局《肃南裕固族自治县统计年鉴（2000年）》，2001年6月，第38页；肃南裕固族自治县统计局《肃南裕固族自治县统计年鉴（2005年）》，2006年6月，第16页；肃南裕固族自治县统计局《肃南裕固族自治县统计年鉴（2012年）》，2013年6月，第37页。

裕固族。聚居于此地的裕固族从民国时期开始从事农业生产，至 20 世纪末期，农业已成为全乡经济发展的支柱性产业。2001 年全乡经济总收入为 863 万元，农民人均纯收入为 3038 元，粮食作物种植面积为 2900 余亩，经济作物种植面积为 2700 余亩，畜禽饲养量达到近 4 万头（只），年输转劳动力约 200 人。2012 年，全乡经济总收入为 2376.13 万元，农民人均纯收入为 7758 元。粮食作物种植面积达到 2224 亩，经济作物面积达到 4142 亩，畜禽饲养量达到 5.9 万头（只），年输转劳动力 521 人。①相比 2001 年，全乡经济总收入和农牧民人均纯收入分别增长了 1.75 倍和 1.56 倍。21 世纪以来，农业种植、养殖业和劳务经济逐渐成为全乡经济的支柱性产业。相比肃南县的各乡镇，黄泥堡乡的经济总量和农牧民人均纯收入水平均要落后。

五　国家帮扶政策对经济发展的推动

21 世纪以来，国家先后出台了扶持"人口较少民族"发展、支持藏区经济社会加快发展、促进牧区又好又快发展等一系列新的加快少数民族经济社会发展的政策。这些政策的实施，为裕固族聚居区经济的快速发展发挥了重要作用。

（一）扶持人口较少民族发展政策

2001 年，国家将全国人口在 10 万人以下的 22 个民族确定为"人口较少民族"，裕固族列入其中。同年 8 月，国务院办公厅批复国家民族事务委员会开始研究制定扶持人口较少民族发展问题。2005 年，国务院启动实施扶持人口较少民族发展的第一个五年规划（2006—2010 年）。规划提出了加强基础设施建设改善生产生活条件、调整经济结构促进群众增收、发展科技教育卫生文化等社会事业促进社会进步、加强教育培训提高人口素质的四大任务，并提出将通过加大对基础设施建设、财政转移支付、信贷政策、社会事业发展、人才培训、对口帮扶等方面的扶持力度，加快 22 个人口较少民族的发展。按照国家有关部门的要求，肃南县于 2006 年 3 月编制完成了"十一五"时期的《扶持人口较少民族发展专项

---

① 黄泥堡裕固族乡党政办：《黄泥堡裕固族乡经济社会发展情况的汇报》，2013 年 7 月。

建设规划》。该《规划》以裕固族聚居的 81 个行政村和相对集中的 7 个乡、镇、小集镇建设为重点，以农村经济发展、能源、交通、社会事业及其他五个方面为主要建设内容，共确定了 216 个用于促进裕固族经济社会发展的建设项目，项目概算总投资 9166 万元。① 项目建设主要集中在农牧民住房、饮水安全、灌溉用水设施、暖棚养殖、沼气池、乡村道路、中小学校舍、村办公场所、村卫生室、村文化室建设等方面。

"十一五"规划实施以来，甘肃省和张掖市先后分 5 批向肃南县下达了扶持人口较少民族发展项目 145 项，其中大部分为生产生活基础设施建设和农村经济发展项目。项目总投资 8346 万元（见表 1－19）。截至 2010 年底，发展项目和投资总额分别完成规划目标的 67.1% 和 91.1%。酒泉市共向黄泥堡裕固族乡投入资金 963 万元，用于教育、医疗、道路、水利、生态环境、富民产业、小集镇建设、基层政权办公场所建设等方面的项目建设。

在政策实施中，裕固族聚居区地方政府坚持经济效益和社会效益并重原则，以项目建设推进地方经济发展，取得了显著成效。

表 1－19　　肃南县"十一五"期间扶持人口较少民族发展各类项目投资情况

	项目个数	总投资（万元）	中央财政资金（万元）	省财政资金（万元）	县级自筹资金（万元）
农村经济发展项目	27	1490	958	180	352
城镇基础设施项目	8	1360	1038	19	303
社会事业项目	30	2201	175	309	137
农村能源交通项目	29	2915	2171	62	682
其他项目	4	380	297	20	63
总计	145	8346	6219	590	1537

数据来源：参见肃南裕固族自治县发改委《肃南县"十一五"扶持人口较少民族发展专项规划实施情况总结》。

一是加快了基础设施建设步伐，夯实了农村经济发展的基础。在此政策实施以前，裕固族聚居区农牧区的生产生活基础设施总体上非常落后。

① 参见肃南裕固族自治县发改委《肃南县"十一五"扶持人口较少民族发展专项规划实施情况总结》，2010 年 12 月。

肃南县依托此项目建成大河乡老虎沟村至喇嘛湾村、大河乡大滩村至外拉钩地、康乐乡隆丰至青台子等农村引水渠道15条92.5公里，大河乡红湾村金畅河、皇城镇小泉村等塘坝4座，更新康乐乡上游村、明花乡黄土坡村等机井6眼，使25个裕固族聚集村的7800余亩耕地灌溉难的问题得到解决。同时，还建成了康乐巴音村马场滩、大河乡红湾村（鹿场）、马蹄乡楼庄子村等6处43.3公里安全饮水管道，使10个村3070人、22000万头（只）牲畜的吃水难问题得到了解决。[①] 酒泉市黄泥堡裕固族乡依托此项目完成3条10公里乡村公路的铺油，建成引水渠道12条30.4公里，其中衬砌水利干渠12.4公里，衬砌农田水利支渠18公里，修建闸口、桥涵等建筑物100余座，使全乡3个村10个村民小组6366亩耕地基本解决了灌溉难的问题，也基本解决了群众"上学难、看病难、行路难"的问题。[②] 黄泥堡乡党委的一位负责人感慨地说，"国家对人口较少民族的重点扶持，为黄泥堡乡的经济社会发展创造了千载难逢的历史机遇"。

二是加快了小城镇建设步伐，提高了城镇化水平。由于历史、地理环境、人口规模等方面的原因，裕固族聚居区的小城镇建设发展滞后，以乡、镇为中心的集镇在道路、房屋、给排水、供热方面的基础设施非常落后。肃南县依托此政策，相继建成了红湾寺镇集中供热扩建工程和康乐乡、明花乡、大河乡集中供热工程，使县城和3个乡镇集中供热问题得到解决，受益群众达到1575户6200人。建成了皇城镇和马蹄乡排水工程，使600户2000多人的污水排放难题得到了解决。建成县城隆畅河大桥1座，解决了县城南北两岸居民出行难的问题。这些项目的实施，使小集镇基础设施条件落后的状况得到了明显的改善。

三是加快了县域能源交通设施的建设步伐，为地方经济快速发展创造了条件。电力不足和交通条件落后一直是制约裕固族聚居区边远地区经济发展的瓶颈。肃南县依托此政策建成了皇城黑沟至庙儿沟10千伏农电线路、大河至塘尕儿10千伏农电线路和许三湾35千伏送电线路改造工程，改扩建明花乡南沟至中沙井、康乐乡红石窝至夹几尔、大河乡西岔河村至一排松通村等公路15条，总计里程143公里，不但有效缓解了当地群众行路难、用电难的问题，也为外来企业投资办厂、发展地方旅游创造了条

① 参见肃南裕固族自治县发改委《肃南县"十一五"扶持人口较少民族发展专项规划实施情况总结》，2010年12月。

② 参见黄泥堡裕固族乡党政办《黄泥堡裕固族乡经济社会发展情况汇报》，2013年7月。

件。同时，肃南县还建成了白银峡口装机容量4000千瓦的水电站1座，增加了地方财政收入来源。

四是加快了地方社会事业的发展步伐，扩大了社会固定资产投资规模，拉动了地方经济增长。依托此政策项目，肃南县建成了肃南二中、县职业教育中心、大河乡中心小学、康乐幼儿园等多所学校的教学楼、食堂多所，建成和改扩建了县人民医院、县民族医院用于研究、防治地方病的办公场所，建成了康乐乡寺大隆村、大河乡西河村、明花乡深井子村等24个村级卫生室，建成了县民族影剧院、除红湾寺之外的6个乡镇的综合文化站和康乐乡赛鼎村、马蹄乡芭蕉湾村等27个村的文化室，建成了大河、康乐等乡的办公楼3栋。黄泥堡乡新建了乡政府办公楼、乡卫生院、裕固族学校教学楼等。这些建设工程，直接扩大了地方固定资产投资总额和建筑行业的增加值，也拉动了地方水泥、砂石和木材等建材行业的发展，为农牧区剩余劳动力就业和增加收入提供了机会，也间接地促进了地方餐饮、日用品零售等第三产业的发展。

2011年6月，国家开始实施第二个《扶持人口较少民族发展规划（2011—2015年)》，此规划将"人口较少民族"的范围扩大到了总人口在30万以下的少数民族，"人口较少民族"的数目从22个增加为28个。新的规划政策涉及的地域范围也由2006年的第一个"五年规划"的10个省（区）、86个县（旗、市）、238个乡镇、640个行政村调整为13个省（区）和新建生产建设兵团人口较少民族的聚居村2119个、民族乡71个、16个自治县和2个自治州。裕固族、肃南裕固族自治县和酒泉市黄泥堡裕固族乡依然位列政策规划范围。

国家层面的政策规划开始实施后，裕固族聚居区地方政府按照国家和上级政府的要求也制定了相应的发展规划。肃南县的《扶持人口较少民族发展"十二五"专项建设规划》所涉及的地域为康乐乡、大河乡、明花乡、皇城镇、白银乡以及马蹄乡和祁丰乡的101个裕固族行政村，发展领域包括基础设施建设、农村经济发展、交通道路、生态环境保护与治理、旅游产业发展、社会公益事业等，规划目标为："到2015年，使裕固族聚居村基础设施得到明显改善，群众生产生活中存在的突出问题得到有效解决，基本实现'五通十有'，即通油路、通电、通广播电视、通网络、通沼气（清洁能源）；有安全饮水、有卫生厕所、有安居房、有稳定解决温饱的基本农田（草场、经济林地）、有卫生室、有文化室、有农家书屋、有体育健身场所、有活动中心、有农家超市。人均粮食占有量、人均纯收入、九年制义务教育普及率达到国家扶贫开发纲要和'两基'攻坚计划提出的要求，基本解决现有贫困人口的温饱问题，经济社会发展基本达到全省中等水平。平等、团结、互助、和谐的社会主义民族关系得到进一步巩固和发展。"规划建设项目为123个，其中基础设施建设项目35个、交通建设项目34个、农村经济发展项目36个、生态环境保护与治理项目3个、社会事业建设项目2个、旅游产业发展项目9个、其他建设项目4个，概算总投资22080万元，其中中央预算内投资20000万元，地方配套2080万元。规划项目中，3个生态环境保护与治理是新增规划内容。[①]

　　酒泉市黄泥堡裕固族乡的规划以进一步加快教育、卫生事业发展，加快和完善设施农业、交通道路、水利设施等基础设施的建设，加快基本农田改造和生态环境治理为主要内容。总体目标是：通过项目的实施，力争五年内，基本解决群众的致富难、发展难、生产生活水平不高、享受优质医疗服务难等问题。形成具有相对优势的乡村支柱产业，使项目区经济实力和自我发展能力不断增强，农牧民生产生活条件显著改善，生活质量进一步提高，生态环境明显改善，社会各项事业长足发展，农业综合生产能力显著提高。全乡 GDP 年均增长 12%，农民人均纯收入年均增加 500 元以上，贫困面控制在 3% 以内。规划项目包括：中心幼儿园、学校附属配套设施、卫生院附属设施、新湖村卫生室、3个村的村民文化活动中心、乡文体科教中心、农田支渠 50 公里及配套设施、黄漫通村公路、酒黄公路铺油、新湖村村组道路铺油、黄泥堡村村组砂石道路铺油、50 公里农田防护林、15 公里村道绿化、农牧民防震住宅新建、小集镇各项基础设施建设、农业产业化项目等近 20 项，资金总额为 1.27 亿元。[②]

　　目前，新的规划项目建设正在全面推开。可以预见，规划项目的实施必将为裕固族聚居区的经济发展、农牧民群众生活水平的提高和社会全面进步发挥更大的作用。

---

　　① 参见肃南裕固族自治县人民政府《肃南裕固族自治县扶持人口较少民族发展"十二五"专项建设规划》，2011 年 6 月。

　　② 酒泉市肃州区发改委：《肃州区黄泥堡乡"十二五"规划》，2011 年 3 月。

（二）参照支持藏区发展的政策

2008 年 10 月 16 日，国务院常务会议审议并原则通过的《关于支持青海等省藏区经济社会发展的若干意见》指出：青海、四川、云南、甘肃省藏区是藏族与其他民族共同聚居的民族自治地方，是长江、黄河、澜沧江等江河的发源地及水源涵养区，是我国重要的高原生态屏障。改革开放特别是实施西部大开发战略以来，这些地区生态保护得到加强，经济得到发展，民生得到改善，正处在历史上最好的发展时期。但这些地区地处高寒缺氧地带，生态环境脆弱，自然灾害频繁，基础设施薄弱，自我发展能力不强。今后，为加快这些地区的经济社会发展，有关部门和地方政府要从藏区实际出发，以加强生态保护和建设为重点，以改善民生为核心，把生态建设、改善民生、发展经济与维护稳定更紧密地结合起来。争取到2012 年，使这些地区生态环境局部有明显改善，城乡居民收入接近或达到西部地区平均水平，基础设施进一步加强，重点产业和特色经济初具规模；到 2020 年，生态环境总体改善，城乡居民收入接近全国平均水平，基础设施比较完善，特色优势产业形成规模，全面实现小康社会目标。①

根据国务院的意见精神，甘肃省于 2010 年出台了《关于推进全省藏区跨越式发展和长治久安的实施意见》（本段简称《实施意见》）。由于藏族在肃南县各乡镇均有分布，与汉族、裕固族、蒙古族交错杂居，总人口在肃南县各民族人口中仅次于裕固族，且全县境内有祁丰和马蹄两个藏族乡，因而，肃南县也被甘肃省纳入这一政策的扶持范围，以比照藏区的形式享受甘肃省出台的《实施意见》所列的扶持政策。《实施意见》提出了"公益性建设项目取消县级政府配套资金，藏区的均衡性转移支付补助系数高于其他市（州）3 个百分点以上，给藏区州县自行安排的重大基础设施建设、社会事业和优势特色产业项目给予资金补助、贷款贴息、取消配套等支持，提高藏区干部职工待遇"等具体政策措施，并将张掖市政府和酒钢集团作为对口帮扶肃南藏区的单位。

该政策实施以来，张掖市政府累计投入帮扶资金 1000 万元，援建了肃南二中教师周转用房、祁丰藏区乡学校教师周转用房、马蹄干部职工公寓楼和明花干部职工公寓楼等设施。酒钢集团累计帮扶资金 1500 万元，主要

---

① 参见国家发改委网站 http://www.sdpc.gov.cn/dqjj/fpkf/fpgzxx/t20081016_240626.htm。

援建了青少年活动中心和中华裕固博物馆等工程。① 如同扶持人口较少民族发展政策的实施一样，这些资金和工程建设项目，一方面改善了裕固族聚居区干部群众的生产生活条件，间接地促进了经济持续快速的发展，另一方面，项目建设中的固定资产投资，也直接拉动了地方的经济增长。

（三）其他相关政策的提出及实施

2011 年 7 月，甘肃省按照《国务院办公厅关于进一步支持甘肃经济社会发展的若干意见》，提出把甘肃省建设成"促进各民族共同团结奋斗、共同繁荣发展的示范区"，出台了《关于建设各民族共同团结奋斗共同繁荣发展示范县（市、区）的意见》（本段简称《实施意见》），在全省范围内确定了民族工作基础较好的县、市、区开展示范建设。该《实施意见》规定了要在建设工作中，把示范县（市、区）建设与社会主义新农村建设相结合，与全面实施"十二五"规划相结合，与深入推进藏区实现跨越式发展和长治久安相结合，与发展县域经济相结合，用 3 年左右的时间，将其建成基础设施比较完善、经济较快增长、社会事业全面进步、人民生活持续改善、民族和睦、宗教和顺的示范县（市、区）。确定了加强基础设施建设、促进生态安全建设、推动特色优势产业发展、加大民生改善力度、加快社会事业建设、做好民族宗教工作等六大建设任务。明确了项目、财政、金融、人才等四项保障措施，并将组织实施"'1414'对口支援计划"［即由 1 名省委或省政府领导负责，4 个单位（2 个省直单位、1 所高校或科研院所、1 家大型国有企业）参与，对口支援 1 个示范县（市、区），每年至少办成 4 件实事］、"少数民族干部素质提升工程"、"陇原少数民族青年创新人才扶持计划"和"四项百人计划"等四大重点工程，设立 8000 万元示范县（市、区）建设专项资金，全力保障示范建设顺利实施。② 肃南县被列入全省十个示范县之一，因此也按照上述文件的精神，出台了相关的实施意见。

2012 年，该政策进入具体实施阶段，甘肃省工信委、交通厅，兰州石化职业技术学院和金川公司被指定为对口支援肃南的援建单位和企业。

---

① 参见肃南县委统战部《关于肃南县享受和落实国家优惠政策情况及民族区域自治法情况的汇报》，2013 年 7 月 5 日。

② 参见中共甘肃省委、甘肃省人民政府《关于建设各民族共同团结奋斗共同繁荣发展示范县（市、区）的意见》（甘发〔2011〕11 号）。

截至 2013 年上半年，甘肃省共向肃南县累计投放专项建设资金 2300 万元，完成了皇城镇、康乐乡、祁丰藏族乡等乡、镇游牧民集中定居点的集中供暖工程建设和老年公寓建设。甘肃省工信委于 2012 年 3 月制定下发了《关于推进"两个共同"示范县建设对口支援肃南县三年规划》，明确提出了实施对口支援"3321"工作，即用 3 年的时间着力扶持肃南发展矿产品精深加工、农畜产品深加工、民族用品开发生产三大支柱产业，建设祁青工业园区和皂矾沟矿产品集中加工区两个循环经济园区，扶持建设 10 个以上工业项目。截至 2013 年 6 月，非物质文化遗产裕固族传统服饰加工、60 万只牛羊肉屠宰深加工、祁青工业园区和皂矾沟加工区承接产业转移及规划编制项目已列入 2012 年甘肃省工业和信息化第一批专项资金序列。加快了肃南县工业园区的提档升级，提高了工业园区承载能力，使祁青工业园区成为省级新型工业化产业示范基地，跃入甘肃省 13 个产业示范基地之列。兰州石化职业技术学院于 2013 年 6 月与肃南县签订了《教育合作事项框架协议》，计划每年为肃南县职业教育中心免费培训 3—5 名专业教师，每年选派 2—3 名教师到职业教育中心职教中心支教，并实行联合办学，从 2013 年开始每年在肃南县职业教育中心投放专项招生指标 15 名。目前，选派的骨干教师已经开始在职业教育中心支教。甘肃省交通厅已于 2012 年下达扶持资金 400 万元，完成了草沟井饲草料基地简易公路的修建，后续扶持项目和资金正在落实之中。金川公司于 2012 年开始，每年招收 10 名学生到金川一中学习，在生活上给予了一定的帮助，其他帮扶项目的落实，正在衔接之中。

如同前述两项政策的实施一样，"两个共同示范县（区）"相关政策的实施，也直接和间接地进一步促进了裕固族聚居区经济的发展。尤其是甘肃省工信委的对口支援"3321"工作，必将为肃南工业的快速发展和转型升级发挥重大的推进作用。

除此之外，肃南县还按照国家民委 2009 年开始实施的少数民族特色村寨保护与发展试点工作计划，制定了《康乐乡大草滩裕固族村寨保护和发展项目规划》，计划投资 2118 万元（争取国家资金 1500 万元，乡村两级自筹 500 万元，当地群众投工投劳 118 万元），力图通过裕固族特色产业培育与发展、特色民居保护与改造、发展现代畜牧业与加强草原生态建设、发展特色文化与民族团结进步创建活动等，带动裕固族特色村的产业结构调整和经济发展。目前，该计划正在有序实施，并初见成效。

第二章

经济转型中的进步和差距

　　裕固族地区的经济快速增长是与其经济结构的变化同步发生的。这种变化既表现在第一、二、三次产业之间，也表现在不同经济成分的所有制之间。伴随着经济快速发展的是当地游牧民定居、扶贫开发、生态移民和城镇化等方面的全面进步。与不同地区和不同层级地域的横向比较说明，裕固族地区的发展既有自己的优势和特色，也有一些值得认真应对的困难和问题。这些困难和问题，既是发展中的问题，也需要通过发展来解决。其根本之策在于走科学发展和有特色的发展之路，同时也要求有关部门落实和完善政策，加大扶持力度。

一　21世纪以来经济结构的变化

（一）"十五"期间经济结构的变化

　　在产业结构方面，"十五"时期肃南县第二产业、第三产业增加值相继超过第一产业。国民经济三次产业的比重由1999年的44.8%、30.4%、24.8%变为2003年的31.4%、39%、29.6%，并于2005年调整为27.5%、44.6%、27.9%。① 2003年，第二产业首次超过第一产业，成为经济发展的主要动力。2005年，第三产业也首次超过了第一产业。国民经济三次产业的排序由2000年及以前的一、二、三最终变为了2000年的二、三、一。这种变化标志着长期以来经济发展所依赖的主要动力发生

---

① 上述数据依据《肃南裕固族自治县统计局年统计年鉴（2011）》有关数据计算，参见肃南裕固族自治县统计局编《肃南裕固族自治县统计局年统计年鉴（2011）》，2012年6月，第51、58页。

了历史性变化,产业结构的调整实现了历史性跨越(见表2-1)。

表2-1　　　　　　2000—2005年肃南裕固族自治县产业结构的变化

年份	国内生产总值（万元）	国内生产总值指数	第一产业（万元）	第一产业指数	第二产业（万元）	第二产业指数	第三产业（万元）	第三产业指数
2000	24136	107.9	9820	99.6	7667	110.9	6649	118.9
2001	27654	110.0	10415	102.4	9076	119.2	8154	122.4
2002	31426	112.2	10839	107.9	10563	119.8	10024	126.8
2003	35207	112.7	11045	103.9	13713	129.7	10449	105.1
2004	41363	116.2	12700	113.1	17063	122.1	11600	111.7
2005	48168	117.7	13246	105.0	21482	134.5	13440	107.6

数据来源:参见《肃南裕固族自治县统计年鉴(2011年)》。

产业结构发生的这一变化,主要是因为"十五"时期肃南县的工业发展势头前所未有,相继上马了一大批水电和矿产资源开发、牧畜产品深加工类的大项目,投资总额、销售收入千万以上的工业项目就超过了10项,工业增加值同比年均增长率超过16.6%,工业经济的增长率和增加值均超过了"十五"计划提出的目标。同时,旅游业及由此带动的其他服务业的发展步伐相比"九五"时期明显加快,以马蹄寺、文殊寺、金塔寺等为代表的历史文化遗产类旅游景区和以大草滩民俗文化节、皇城镇文化旅游节等为代表的民族风情类旅游项目,在基础设施、知名度、接待游客能力、旅游服务质量等方面都有不同程度的进步,游客总量和综合性旅游经济收入都呈逐年增加的态势。

在经济所有制结构变化方面,"十五"期间,肃南县的非公有制经济总量逐年增加,由2000年的6636万元增加到2005年的21510万元,增加了2.24倍。非公有制经济总量占国内生产总值的比例也总体上呈现出不断递增的态势,由2000年的29.6%,增加为2005年的45%。相应地,公有制经济占国内生产总值的比例总体上是递减的态势,由2000年的70.4%降为2005年的55%(见表2-2)。这一变化,表明"十五"期间,肃南裕固族自治县非公有制经济的发展速度超过了公有制经济的发展速度。

而且,在非公有制经济中,私营经济的发展速度要快于个体经济的发展速度。2000—2005年,在非公有制经济中,私营经济占肃南县国内生产总值的比例增加了18.3个百分点,而个体经济占肃南县国内生产总值的比重则下降了 7.9 个百分点。

表 2-2　　　　　2000—2005 年肃南县经济所有制结构变化情况

年份	非公有制经济总量 （万元）			非公有制经济占国内 生产总值构成（%）			公有制经济占 国内生产总值 构成（%）
	私营	个体	其他	私营	个体	其他	
2000	6636	1498	5138	—	29.6	6.7	22.9	—	70.4
2002	10726	4974	5752	—	38	18	20	—	62
2003	11693	6749	4944	—	37	21	15	—	63
2004	13784	8190	5594	—	37	22	15	—	63
2005	21510	11941	7333	2236	45	25	15	5	55

数据来源：参见 2000 年、2002 年、2003 年、2004 年和 2005 年的《肃南裕固族自治县统计年鉴》。

"十五"时期肃南县非公有制经济发展速度超过公有制经济，一方面是由于一些国有企业在股份制改造和重组中，部分股权被民营经济成分购买；另一方面是因为非公有制的工业企业发展迅速。2000 年，在地方工业经济中，公有制成分所占比例为 63.6%，非公有制所占比例为 36.4%，而到了 2005 年，这一比例已相应变为 7% 和 93%。这说明，地方工业经济的发展主要是由民营经济来推动的。同时，在房地产业和批发、零售、餐饮业中，非公有制经济成分所占比例也在这一时期超过了公有制经济成分，非公有制经济成分在这两类经济中的总量分别由 2000 年的 23.2%、40.2% 增加为 2005 年的 54%、63%。①

（二）"十一五"期间经济结构的变化

在产业结构变化方面，"十一五"时期，肃南县的第二产业继续高速发展，发展速度明显高于第三产业和第一产业，工业主导型的产业格局初步形成。相比"十五"末期，第二产业增加值绝对数增加了 70787 万元，增长了 3.3 倍，而第一产业、第三产业增加值绝对数分别增加了 10731 万元、15711 万元，折合增长了 0.8 倍、1.2 倍。而且第二产业在国民经济三次产业门类中的比例逐年上升，每年的同比增长速度均超过 20%，国

————————

①　参见肃南裕固族自治县统计局《肃南裕固族自治县统计年鉴（2000 年）》，2001 年 6 月，第 58、59 页；肃南裕固族自治县统计局《肃南裕固族自治县统计年鉴（2005 年）》，2006 年 6 月，第 92、93 页。

民经济三次产业结构比例由 2005 年的 27.5%、44.6%、27.9% 分别变为 2010 年的 16.5%、63.5%、20%（见表 2-3）。

与"十五"时期一样，"十一五"时期肃南县第二产业的高速增长，仍然是由水电、矿藏资源开发类企业的快速发展推动的。这一时期，全县境内相继建成水电站 23 座，矿山企业 85 家。截至 2005 年末，工业企业总户数达到 107 家，其中规模以上工业企业 25 家，工业增加值达到 8.73 亿元，工业经济对地方财政收入的贡献率达到了 80% 以上。工业在县域经济发展中的主导性地位进一步增强。

表 2-3　　　　　　2005—2010 年肃南裕固族自治县产业结构的变化

年份	国内生产总值（万元）	国内生产总值指数	第一产业（万元）	第一产业指数	第二产业（万元）	第二产业指数	第三产业（万元）	第三产业指数
2005	48168	117.7	13246	105.0	21482	134.5	13440	107.6
2006	57140	115.4	14005	105.4	28711	128.0	14424	105.3
2007	80162	119.8	17268	105.0	40253	133.2	22641	107.4
2008	102480	122.1	19548	102.1	59029	140.1	23903	104.8
2009	116850	122.0	20508	108.8	70492	131.8	25850	107.3
2010	145397	115.4	23977	107.7	92269	120.0	29151	108.0

数据来源：参见《肃南裕固族自治县统计年鉴（2011 年)》。

在经济所有制结构方面，"十一五"时期，肃南县非公有制经济发展速度与"十五"时期一样快于公有制经济。更重要的是，非公有制经济总量于"十一五"开局之年，即 2006 年就超过了公有制经济总量。同时，公有制经济在国内生产总值中所占的比例总体上呈现出递减的态势。"十一五"期间，非公经济增加值总量增加了 63111 万元，增长了 2.15 倍，公有制经济增加值总量增加了 25145 万元，增长了 0.9 倍，而且公有制经济占地方国内生产总值的比例下降了 12.36 个百分点（见表 2-4）。

另外，"十一五"时期肃南县非公经济发展的一个突出特点是股份制经济总量迅速增加。[1] 因为在 2005 年，非公经济中股份制经济的总量只有 2236 万元，占地方国内生产总值的 5%，而到了 2006 年，其增加值达

---

[1] 《肃南裕固族自治县统计年鉴》从 2006 年开始，非公经济构成中有了"其他"部分的数据，按照该县统计局的指标解释，其非公有制经济中除"私营"、"个体"之外的"其他"部分，是指非公有制的股份制经济成分。

到了 16283 万元，超过私营经济、个体经济以及二者的总和，占地方国内生产总值的比例增加为 28%，2010 年其经济总量已变为 43432 万元，占地方国内生产总值的比例增加为 29.87%。也就是说，从 2006 年开始，股份制经济成分成为肃南裕固族自治县非公有制经济的主体。同时，还需要说明的是，在 2009 年以前，股份制经济成分全部集中于工业经济领域，2009 年以后则开始出现在批发、零售、餐饮业领域中。[①]

表 2-4　　2006—2010 年肃南裕固族自治县经济所有制结构变化情况

年份	GDP（万元）	公有经济总量（万元）	公有制经济占国内生产总值构成（%）	非公有制经济总量（万元）				非公有制经济占国内生产总值构成（%）			
					私营	个体	其他		私营	个体	其他
2006	57140	27838	49	29302	5059	7960	16283	51	9	14	28
2007	71354	29578	41	41776	8837	9246	23693	59	13	13	33
2008	94441	36944	39	59497	19783	12317	25397	61	21	13	27
2009	116850	45328	39	71522	22800	16205	32517	61	20	14	28
2010	145397	52983	36.44	92414	29866	19116	43432	63.56	20.54	13.15	29.87

数据来源：参见 2006 年、2007 年、2008 年、2009 年和 2010 年的《肃南裕固族自治县统计年鉴》。

（三）"十二五"初期经济结构的变化

在产业结构方面，"十二五"初期肃南县的第二产业发展速度继续领先，在各产业门类中增速最为强劲，逐年同比增长率均超过 20%。同时，第三产业的增长速度也总体上快于第一产业，第一产业在国民经济中的比例进一步降低。相比"十一五"末期，"十二五"计划实施两年后，肃南县国民经济各产业门类的结构比例由 16.5%、63.4%、20.1% 调整为 13.9%、68.9%、17.2%（见表 2-5）。

在经济所有制结构变化方面，相比"十一五"末期，2011 年、2012 年公有制经济增加值稳步增长，但总体上在地方国内生产总值中的比例却

---

① 参见肃南裕固族自治县统计局《肃南裕固族自治县统计年鉴（2005 年）》第 93 页，《肃南裕固族自治县统计年鉴（2006 年）》第 83 页，《肃南裕固族自治县统计年鉴（2007 年）》第 85 页，《肃南裕固族自治县统计年鉴（2008 年）》第 91 页，《肃南裕固族自治县统计年鉴（2009 年）》第 89 页，《肃南裕固族自治县统计年鉴（2010 年）》第 99 页。

稳中有降，由 36.44% 变为 35.94%。与此同时，非公有制经济增加值也稳步增长，但在地方国内生产总值中的比例是稳中有增，由 63.56% 增加为 64.06%（见表 2-6）。

表 2-5　　　　　2010—2012 年肃南裕固族自治县产业结构的变化

年份	国内生产总值（万元）	同比增长率（%）	第一产业（万元）	同比增长率（%）	第二产业（万元）	同比增长率（%）	第三产业（万元）	同比增长率（%）
2010	145397	—	23977	—	92269	—	29151	—
2011	193927	33.4	31433	31.1	128364	39.1	34130	17.1
2012	233956	20.6	32508	3.4	161058	24.5	40390	18.3

数据来源：参见《肃南裕固族自治县统计年鉴（2012 年）》。

表 2-6　　　　　2010—2012 年肃南裕固族自治县经济所有制结构变化情况

年份	GDP（万元）	公有经济总量（万元）	公有制经济占国内生产总值构成（%）	非公有制经济总量（万元）			非公有制经济占国内生产总值构成（%）		
					私营	个体	其他	私营	个体	其他
2010	145397	52983	36.44	92414	29866	19116	43432	63.56	20.54	13.15	29.87
2011	193927	70957	36.59	122970	40275	22767	59928	63.41	20.77	11.74	30.9
2012	233956	84091	35.94	149865	30094	107334	12437	64.06	12.86	45.88	5.32

数据来源：参见《肃南裕固族自治县统计年鉴（2012 年）》。

相比"十一五"之前，"十二五"初期肃南县非公有制经济仍然主要集中于第二产业，增长主要依赖于工业经济。如 2012 年，肃南裕固族自治县非公有制经济增加值为 149865 万元，其中第二产业增加值为 128590 万元，而第二产业中的工业增加值又为 121630 万元，第二产业增加值及其中的工业经济增加值分别占非公有制经济增加值总量的 85.8% 和 81.2%。[①] 这表明肃南县第二产业及工业经济的发展继续主要依赖非公有制经济。

同时，从所有制构成成分来看，第三产业中"运输邮电仓储业"、"批零贸易餐饮业"和"房地产业"的发展，也主要依赖非公有制经济。因为 2011 年，第三产业门类中"运输邮电仓储业"、"批零贸易餐饮业"和"房地产业"的非公有制经济成分分别占到了其总量的 69.98%、65%

———————

① 参见肃南裕固族自治县统计局《肃南裕固族自治县统计年鉴（2012 年）》，2013 年 6 月，第 107 页。

和80.81%。① 2012年，这些数据发生了变化，但非公有制的主导性作用得到了延续。

二　牧民定居、新农（牧）村建设及城镇化的推进

（一）裕固族聚居区牧民定居的历史概况

牧民定居是相对于游牧生活而言的。传统上，游牧民四季转场放牧，逐水草而居，居无定所。在裕固族聚居区以游牧为生的民族主要包括裕固族、藏族和蒙古族。

中华人民共和国成立初期到20世纪末，肃南县的牧民定居大致有三次：第一次是社会主义改造时期及其后人民公社和国有牧场的建立，一部分牧民依托基层政权办公场所建设开始修建固定居所，从纯粹的游牧生活变为了半定居半游牧的生活方式。第二次是20世纪70年代先后实施的农业开发带来的定居：70年代初开始在农业区进行"居民点"建设，强制牧民集中居住从事农业生产，但推行不久即失败，牧民迁回原地从事牧业生产；其后，又于70年代中期和后期在当时的明花区推行"井灌区"和"草古城"地区开发，让牧民迁入，并从事农业种植，但最终也失败。迁入牧民丢弃已开垦的农田，返回原地从事原来的牧业生产，在定居期间建设的农电线路、机井也都废弃。② 第三次是20世纪90年代末期开始推行的生态移民和农业区综合开发。1999年8月12日，肃南县在当时的明花区莲花乡召开了移民搬迁现场办公会议，并建立了农业开发区。肃南县在开发区建设中对迁入牧民的生产生活给予了多方面的扶持，虽然在适应新环境方面遭遇了诸多难题，但迁入的牧民最终都定居了下来。

明花乡的牧民定居除了政府组织的之外，还有一些来自马蹄藏族乡和天祝藏族自治县境内的人口，因原居地生态环境恶劣，自发来到明花农业综合开发区谋生。他们或打工、或开荒种田、或承包土地，并自行在荒滩上修建土坯房屋，逐渐定居了下来。这些人口目前有300多人。由于是自

① 参见肃南裕固族自治县统计局《肃南裕固族自治县统计年鉴（2011年）》，2012年6月，第93页。

② 参见钱民辉、贺卫光《小流域、大问题：甘肃省肃南裕固族自治县环境持续恶化所引起的综合问题及思考》，《西北民族研究》2001年第3期。

发性的移民，户口没有迁入现今居住地，所以一直没有被纳入农业开发区的政策扶持范围，难以享受迁入地政府提供的公共服务，生产生活上面临着诸多难题。这些问题需要当地政府有关部门认真加以研究解决。

除政策性的推动之外，游牧民自发性的定居也在 20 世纪 80 年代初开始发生。当时，随着草原承包到户政策的落实，放牧区域被划分，牧民们普遍在自家海拔较低的冬季牧场上修建固定住所——冬窝子，开始半定居半游牧的生活。同时，在政府的帮助下开始修建草场围栏、圈舍畜棚，进行畜种改良、病疫防治等。生产方式的变革和生产生活条件的改善，使牧民的生产积极性大大提高，牧畜产品产量也大为增加。

牧民定居，使游牧民的生活条件大为改善。但受经济利益驱使，草场牧畜承载过量和过度放牧的情况开始发生。为了抑制这些情况的蔓延和生态恶化的加剧，自 20 世纪 80 年代后期以来，裕固族聚居区地方政府先后开始推行草畜平衡、退草还牧、退耕还林、生态移民等政策。进入 21 世纪后，肃南县加快了生态移民工程建设进度，并将与此后陆续推行的牧民新村建设和易地扶贫搬迁工程结合起来，使牧民定居进程加快。2003 年，肃南县从上级政府部门争取到了 1000 万元的牧民新村建设专项资金，用于牧区基础设施建设。2004 年，完成了明花乡、白银乡生态环境保护与建设项目一期工程中的 5 个移民村委会办公场所和 630 户移民住宅的建设。同时，2004 年 12 月完成了乡（镇）行政区划调整，在此基础上开始在各乡镇政府驻地实施小集镇建设。2006 年 1 月，肃南县在"十一五"规划中提出，将"充分发挥行政区划调整和撤区并乡后乡（镇）的聚集效应，结合牧民新村、生态文明小康示范村、易地搬迁、整村推进等项目的实施，按照科学规划、统一布局、突出特色、培育主导产业的原则，把牧民小康住宅建设和完善乡（镇）小集镇基础设施建设相结合"，加快小集镇建设。"鼓励和引导农牧民群众向小城镇、小集镇集中靠拢，实现集中定居，逐步形成布局合理、设施配套、功能齐全、各具特色的新型小集镇。"[1] 进一步加快了牧民定居的步伐。

（二）牧民定居工程的实施及对地方经济发展的促进

牧民定居工程是 21 世纪以来，国家民生工程和安居工程的重要组成

---

[1] 参见肃南裕固族自治县政府《肃南裕固族自治县国民经济和社会发展第十一个五年规划纲要》，2006 年 1 月 12 日。

部分，是惠及游牧民的德政工程。2001 年，国家率先在西藏启动了游牧民定居工程试点，至 2008 年共安置了约 2.6 万户游牧民。2008 年底，国家游牧民定居工程在西藏、新疆、内蒙古以及青海、四川、甘肃、云南四省藏区全面启动。2009 年，甘肃省出台的《祁连山北麓游牧民定居工程建设规划》将肃南县纳入其中，计划以全县 8 个乡（镇）政府所在地和铧尖、洪翔、西水、大泉沟、青龙、大磁窑、西岔河、祁青、天生场、莲花、前滩 11 个人口相对集中的村为中心，为裕固族、藏族、蒙古族等少数民族中的游牧民建设 18 个定居点。规划工程建设期限为 5 年，从 2010 年开始实施，至 2014 年完成。规划建设游牧民定居住宅 4343 套，安置游牧民 12759 人，占 2009 年肃南裕固族自治县总人口的 35.2%，占裕固族、藏族、蒙古族、回族四个少数民族总人口的 63.6%。①

该工程实施以来，至 2013 年上半年，肃南县已完成省上下达的建设工程任务 3 批，包含住宅 1640 套及道路、供水工程、电力设施、舍饲畜牧业相关设施等生产生活基础设施建设工程数十项，安置游牧民 5464 人（见表 2 - 7）。

表 2 - 7　　　　　肃南裕固族自治县 2010—2012 年牧民定居
工程实际完成情况

年份	总投资（万元）	中央财政资金（万元）	省财政资金（万元）	牧民自筹（万元）	住宅套数（套）	道路（公里）	供水工程（处）	农电线路（万元）	舍饲畜牧业设施（个）	其他基础设施（处）	安置牧民人数（人）
2010	3444.81	750	300	2394.81	300	1.1	3	2.42	—	—	1134
2011	3896.75	1020	340	2536.75	340	0.67	—	7.73	—	1	1163
2012	18120.36	3000	1000	14120.36	1000	—	—	3.6	1000	11	3167
总计	25461.92	4770	1640	19051.92	1640	1.77	3	13.75	1000	12	5464

数据来源：依据肃南裕固族自治县发改委提供的《肃南县游牧民定居工程建设情况的汇报》（2013 年 6 月 4 日）有关数据计算。

另外，2012 年下半年省上下达的第四批 1554 套定居住宅工程正在实施之中，目前已有 1382 套住宅完成主体建设。1544 套牲畜圈棚和贮草

① 《肃南裕固族自治县统计年鉴（2011 年）》有关统计数据显示，2009 年肃南县总人口为 36450 人，在县内人口较多的少数民族有四个，总人口为 20067 人，其中裕固族为 9729 人，藏族为 9429 人，蒙古族为 338 人，回族为 571 人。

棚，以及生活基础设施工程正在建设之中。第四批定居工程已实际完成投资 9320 万元，其中中央财政预算内投资 2068.4 万元，农牧民自筹资金7251.6 万元。①

　　相比此前政策性因素推动的牧民定居，目前的游牧民定居工程并没有迫使牧民转变生计方式的要求。工程建设的目的一方面是出于生态环境保护与治理的要求，更重要的一方面是为了改善游牧民的生活生产条件，让他们能够有条件、更充分地享受地方政府提供的各种公共服务，过上更好的生活。我们在调查中看到，受惠于国家游牧民定居工程的大多数家庭，现在仍以牧业为生，但与以往不同的是，他们的孩子和老人都居住在定居点，上学、就医有了保障，而青壮年劳动力则来往于牧场与定居点之间。

　　游牧民定居工程的实施，所产生的经济效益和社会综合效益十分显著，主要表现为：一是定居工程及配套工程的建设，带动了地方建筑、运输、餐饮、商品零售等产业的发展，为农牧民就业和增加收入拓宽了渠道。二是定居工程与草原奖补政策的配套实施，使裕固族聚居区畜牧业由四季游牧的方式转变为冬春季舍饲喂养、夏秋季牧养的方式。这种转变，既促进了现代畜牧业的发展，也对保护草原生态环境、防治牲畜疫病发挥了不可替代的作用。截至 2013 年 6 月，肃南县已依托该工程，建成规模化养殖小区 13 个，创建牧民专业合作社 70 个，牧畜舍饲的比例达到了 50% 以上。三是集中定居为游牧民发展旅游、服务等第三产业提供了契机。据统计，截至 2012 年底，游牧民定居后新开办的"农（牧）家乐"就有 57 家②。四是集中居住带来的生活方式的转变在一定意义上也拉动和扩大了内需，促进了地方经济的加快发展。五是游牧民定居工程在各乡、镇机关驻地和县城的建设，为裕固族聚居区的城镇化发展提供了前所未有的历史机遇。而且，更为重要的是，集中定居使游牧民能够有条件享受到地方教育、医疗、文化、体育等方面的公共服务，生活条件得到了极大的改善。

（三）裕固族聚居区的新农村（牧区）建设

　　2005 年 10 月，党的十六届五中全会提出要按照"生产发展、生活宽裕、乡风文明、村容整洁、管理民主"的要求，扎实推进社会主义新农村建设。这是在我国总体上进入以工促农、以城带乡的发展新阶段后面临

---

① 肃南裕固族自治县发改委：《肃南县游牧民定居工程建设情况的汇报》，2013 年 6 月 4 日。
② 同上。

的崭新课题，是时代发展和构建和谐社会的必然要求。社会主义新农村建设是一项系统的宏大工程，包含经济、政治、文化、社会、法制等多个方面的建设任务。在经济建设方面，主要是指在全面发展农村生产的基础上，建立农民增收长效机制，千方百计增加农民收入，实现农民的富裕和农村的发展，努力缩小城乡差距。

新农村（牧区）建设工作启动后，肃南县和酒泉市肃州区黄泥堡裕固族乡都依据各自实际，建立了规划目标。肃南县在"十一五"规划中提出，将按照中央的总要求，"大力完善小集镇规划，加强基础设施建设，加快牧民集中定居和小集镇建设步伐，努力提高城乡居民的生活质量，扎实稳步推进社会主义新牧区建设"。在发展农牧村经济方面，将"以增加农牧民收入为核心目标，按照建基地、兴产业、富牧民的思路，进一步调整产业内部结构，推动农牧村经济全面发展，实现草原围栏化、饲草生产基地化、牲畜品种优良化、舍饲养殖规范化、疫病防治科学化、畜牧产业标准化，基本确立现代畜牧业生产格局"①。酒泉市肃州区黄泥堡裕固族乡提出，将"力争在 5 年内，基本解决群众的行路难、灌溉难、吃水难、治病难、入学难的问题。形成具有相对优势的乡村支柱产业，使项目区经济实力和自我发展能力不断增强，农牧民生产生活条件显著改善，生活质量进一步提高，生态环境明显改善，财政收入逐年增加，社会各项事业长足发展，农业综合生产能力显著提高"②。

从上述规划来看，裕固族聚居区地方政府推进新农村（牧区）建设的着力点为"三个加快一个核心"，即加快基础设施建设、加快牧民集中定居、加快小集镇建设和以增加农牧民收入为核心。实际上，新农村（牧区）建设是涵盖农牧区经济社会发展各个方面的综合性系统工程，所谓的着力点也只是这一综合性系统工程任务在启动阶段的重点。自新农村（牧区）建设任务提出以来，裕固族聚居区各级政府在加快发展农牧业经济、调整和优化农牧业产业结构、发展现代牧畜业、加快农（牧）区生产生活基础设施建设等方面所出台的实施措施，都是对新农村（牧区）建设的实质性推进。

---

① 肃南裕固族自治县人民政府：《肃南裕固族自治县国民经济和社会发展第十一个五年规划纲要》，2006 年 1 月 12 日。

② 酒泉市肃州区发改委：《酒泉市肃州区黄泥堡裕固族乡人口较少民族发展建设规划（2006—2010 年）》，2006 年 2 月。

　　裕固族聚居区的新农村（牧区）建设取得了明显的成效。"十一五"期间，肃南县建成了通乡油路 8 条 242.8 公里，通村公路（包括牧道）57 条 466 公里，祁连山腹地公路全线贯通，"八纵一横"的路网框架基本形成。新建 55—110 千伏变电站 9 座，110 千伏农电线路 111 公里，城乡电网覆盖率达到了 90% 以上。实施农村饮水安全工程 35 处，农牧村自来水覆盖率达到了 83% 以上。酒泉市肃州区黄泥堡乡新建水利干渠 6.3 公里，支渠 20 余公里，完成农村危房改造 100 余户。农牧业产业化经营水平不断提高，舍饲牧业逐渐被群众接受并获得较快发展，农牧业总体生产效益得到有效提高。2010 年，肃南县农牧业增加值达到了 2.4 亿元，年均增长率为 7.4%，农牧民人均纯收入达到了 7008 元，年均增长率为 9%。依托 7 个乡（镇）机关驻地实施的牧民新村和小集镇建设得到快速推进，2010 年末，肃南县牧民集中定居率达到了 52%。①

　　"十二五"时期，肃南县和酒泉市肃州区黄泥堡乡在各自新的发展规划中都提出，将进一步加强农牧村基础设施和公共服务设施建设，加快农牧民集中定居工程建设步伐，多渠道增加农牧民收入，推进新农村（牧区）建设进程，促进城乡一体化。从近三年来的建设成效上看，农牧区生产生活基础设施建设进入完善阶段。现代畜牧业得到快速发展，肃南县 2011 年的农牧业生产增加值达到了 3.14 亿元，同比增长 30.8%，农牧民人均纯收入达到了 8062 元，同比增长 15%。②

（四）21 世纪以来的城镇化进程

　　城镇化是指农村人口转化为城镇人口的过程，主要表现为农村人口向城镇的迁移和农村劳动力从事职业向城镇二、三产业的转移。截至 1999 年末，肃南县的城镇化率为 21.5%，非农业人口占总人口的比例为 26.7%。相比 1978 年，总人口绝对数增加了 2744 人，增长了 8.3%。城镇人口绝对数增加了 5181 人，增长了 203%。城镇化率增加了 13.8 个百分点，非农业人口比例增加了 10.7 个百分点（见表 2-8）。纵向看，肃南县城镇化率和非农业人口比例总体上呈逐年增加的态势，而且两者的增

① 参见肃南裕固族自治县人民政府《肃南裕固族自治县国民经济和社会发展第十二个五年规划纲要》，2011 年 4 月 20 日。
② 参见肃南裕固族自治县统计局《肃南裕固族自治县统计年鉴（2011 年）》，第 58、60 页，2012 年 6 月。

速均超过了总人口增长的速度。但增长速度非常缓慢，截至20世纪末期，肃南县的城镇化率和非农业人口比例仍然相对很低。这与裕固族聚居区在21世纪前的经济发展水平较低是直接相关的。

表2-8　　　　　1978—1999年肃南裕固族自治县人口城镇化情况

年份	总人口	总人口同比增长率	乡村人口	城镇人口	城镇化率	农业人口	非农业人口	非农业人口比率（％）
1978	33125	—	30578	2547	7.7%	27822	5303	16
1989	35259	6.4%	29380	5793	16.4%	27364	7895	22.4
1999	35869	1.7%	24227	7728	21.5%	26275	9594	26.7

数据来源：依据《肃南裕固族自治县统计年鉴（2011年）》有关数据计算。

进入21世纪后，随着经济发展和城镇基础设施建设的加快，裕固族聚居区的城镇化进程也相对加快了。

2000年以前，肃南县城的建设是按照1985年委托西北师范大学地理系编制的第一版《县城总体规划（1985—2000年）》来进行的。规划的县城用地面积为81公顷，城区人口规模为8000人。2000年，肃南县政府委托北京市正东阳建筑设计有限公司编制了第二轮《县城总体规划（2000—2015年）》，规划用地近期（2000—2005年）为120公顷，远期（至2015年）为151公顷，城区人口近期为1万人，远期为1.5万人。同年6月，肃南县城建监察大队成立，开始对城市规划、市政工程、公共设施、市容环境卫生、园林绿化等城镇建设的各个环节实施监察和管理职能。这是裕固族聚居区的城镇建设走向科学化、法制化的一个标志。据有关资料显示，2005年，肃南县城的建成区面积已达170公顷，人均公共绿地面积达到了15.9平方米，城区绿化覆盖率达到了41.25%，城镇基础设施和人居环境明显改善。[1]而"十一五"期间及之后，肃南县城基础设施改造、完善进度，以及其他公共服务设施和相关配套设施的建设进程也进一步加快。仅2011年，肃南县城就有老年人活动中心、公用型汽车客运站、裕固族博物馆等36项基础设施和公共服务设施工程开工建设。[2]

---

[1] 《肃南裕固族自治县概况》（修订本）编写组：《肃南裕固族自治县概况》（修订本），民族出版社2009年版，第239页。

[2] 肃南裕固族自治县统计局：《2011年肃南裕固族自治县国民经济和社会发展统计公报》，见《肃南裕固族自治县统计年鉴（2011年）》2012年6月，第8页。

县城基础设施的完善和规模的扩大，促进了第三产业的发展，自然也加快了农业人口向非农产业转移的步伐。

2005 年是肃南县小集镇建设的一个重要节点。因为在此之前，裕固族聚居区城镇建设的重点在肃南县城，小集镇的发展非常缓慢，加之受经济发展水平和县城规模的限制，非农产业吸纳劳动力的能力很有限。2004 年 12 月肃南县完成最新一次行政区划调整后，开始在调整后的 8 个乡（镇）机关驻地大力推进小集镇建设，尤其是 2008 年以来游牧民定居工程的实施，使农牧民向小集镇集中的速度空前加快，并由此带动了商贸、交通运输和餐饮服务业的发展。这自然也加快了农业人口向非农业人口转移的步伐。

2011 年，肃南县的城镇化率提高为 25.3%，非农业人口比例增加为 31.9%（见表 2-9）。虽然相比全国、甘肃省和张掖市的平均水平仍然较低，但相比 20 世纪末期都有了程度不同的提高。

表 2-9　　　　1999—2011 年肃南裕固族自治县的城镇化情况

年份	总人口	总人口同比增长率（%）	乡村人口	城镇人口	城镇化率（%）	农业人口	非农业人口	非农业人口增长幅度（%）
1999	35869	1.7	24227	7728	21.5	26275	9594	26.7
2005	35720	-0.4	24078	8344	23.4	25009	10711	29.9
2010	36915	3.3	27707	9208	24.9	25252	11663	31.6
2011	37285	1.0	27868	9416	25.3	25397	11887	31.9

数据来源：依据《肃南裕固族自治县统计年鉴（2011 年）》有关数据计算。

三　扶贫开发和富民惠民

（一）裕固族聚居区贫困问题现状

按《中国农村扶贫开发纲要（2011—2020 年）》确定的新的国家扶贫标准，截至 2013 年 5 月底，肃南自治县年人均可支配收入低于 2300 元以下的贫困人口有 6650 人，占全县农牧人口的 25%，其中扶贫对象约 2000 人，约占全县农牧业总人口的 7.5%。这些贫困人口分布在全县 101 个行政村中。按其所处地理位置分为三大片区：一是东部贫困片区。主要指皇城镇和马蹄藏族乡境内的贫困地区。这里高寒干旱少雨，草原人均占有面积少，基础条件较差，居住分散、交通不便，经济发展落后，农牧村经济以种植业为主，耕地以坡度 15°以上的山旱地为主，农田灌溉难度大，靠雨种田、靠天吃饭的困境仍未改变；二是北部贫困片。主要指明花乡境内，大河乡北部的贫困地区。这里地处平原沙漠、戈壁盐碱化地带，植被稀疏，土壤盐渍化、沙化严重，气候干燥、少雨缺水、风沙频繁，养殖和种植业效益低下；三是山地贫困片。主要指康乐乡、白银蒙古族乡、祁丰藏族乡等乡（镇）的贫困地区。这里地处高寒阴湿的深山林牧山区，牧民居住分散、山大沟深、交通不便、电力通信及其他基础设施落后，农牧民生产生活条件较差。贫困问题在上述片区中主要表现为：

一是基础设施条件薄弱，农牧业生产进一步发展受到限制。贫困片区的大部分乡村道路通达能力低，交通不便，部分自然村仍不通班车，大部分通村砂石路等级低，排水、护坡等设施不配套，极易损毁。农田基本建设任务仍然繁重，农业增产困难。中小型水利工程不配套或失修严重，灌溉得不到保障。牧业点分散，大都远离城镇，生产生活资料采购难、农畜产品运输销售难，牧民收入中用于拉运饲草料、人畜饮水、运输畜产品等方面的支出仍然很高，生产生活成本居高不下。据统计，截至 2013 年 6 月，肃南县仍有 17 个行政村不通公路，有 1600 多户群众家里不通电，2900 多户群众吃水不便，行路难、吃水难、用电难等问题仍然比较突出。[①] 可以看出，这里贫困乡村的基础条件没有得到根本性改变，制约生产发展和生活水平提高的关键性问题没有得到根本解决。

二是农牧业生产经营水平低，生产收益抗风险能力差。大多数乡（镇）由于生产经营服务体系不健全，农（牧）户联合与合作的组织化程度不高，规模化生产、专业化经营还处于起步探索阶段，直接影响农（牧）户家庭经营的水平与收入，加之自然灾害频繁，农（牧）产品价格波动较大，农（牧）户收益流失的问题相当突出。截至 2011 年底，全县 45 个农牧民专业合作社仅有 14 个基本发挥作用，能够带动农牧民增加收入，其余的都处在挂牌观望阶段。[②]

三是致贫返贫因素复杂，农牧民收入不稳定问题突出。裕固族聚居地贫困地区大部分地处极度干旱和高寒阴湿地区，生态条件十分脆弱，生活

① 王璟：《在全市扶贫开发工作干部座谈会上的发言》，2013 年 6 月 23 日。
② 肃南裕固族自治县扶贫办：《肃南裕固族自治县 2012 年扶贫开发工作总结》（肃扶贫发〔2012〕37 号）。

环境恶劣，仅靠扶贫开发投入和一般性经济社会发展措施很难形成脱贫减困或脱贫致富的整体、持续效应。虽然大部分群众的温饱问题已解决，但由于人均收入低且不稳定，一旦遭遇天灾病患，极易返贫。在肃南县明花乡、马蹄藏族乡、皇城镇和酒泉市黄泥堡裕固族乡的一些地方，从事农业生产的群众主要还是靠种植大麦、土豆、青稞、油菜等农作物维持生活。而在祁丰藏族乡一些自然条件十分严酷和人多地少的地方，牧民则主要依靠退牧还草的补贴为生。据调查，在肃南县，"正常年景下每年约有10%的农村低收入人口返贫，其中因病、因灾、因子女上大学、因建房和婚丧嫁娶返贫和举债的占了大多数"①。

四是社会事业发展滞后，扶贫攻坚受到制约。在裕固族聚居区，整体上乡村医疗卫生人员数量比较少，技术水平低，服务能力弱，很难满足群众基本医疗的需求。贫困片区的大部分农牧区各类文化设施几乎空白②，社会事业的发展水平很有限。同时，一些贫困人口发展观念淡薄，"等、靠、要"的思想严重，脱贫致富的积极性、主动性不高，直接影响扶贫攻坚工作的实施效果和进一步推进。

（二）贫困问题长期存在的主要原因

贫困是个相对的概念，不同时期、不同地区有不同的标准。2000年国家规定的农村人口贫困标准为年均收入低于865元，2010年标准为1274元。③ 2001年，肃南县有马蹄、明花两个重点贫困乡镇，涉及14个行政村的1792户7166人，占全县农牧业人口的28.36%，其中，明花乡贫困户有1234户4939人，马蹄乡贫困户有740户2936人。2009年，全县贫困人口减少为4939人（包括返贫人口），贫困率下降为19.6%，但其中特困户有243户，1542人。④ 2010年，依据国家和省内有关政策，肃南县将皇城、祁丰、大河、康乐、白银5个乡镇全部列入重点贫困乡村。目前，全县共有贫困村73个，在各个乡镇均有分布。酒泉市也以此

---

① 肃南裕固族自治县扶贫办：《肃南裕固族自治县2011年扶贫开发工作总结》（肃扶贫发〔2011〕27号）。

② 参见肃南裕固族自治县文广局《2012年全县文化工作总结》（肃文广发〔2012〕71号）。

③ 参见国务院新闻办《中国农村扶贫开发的新进展（白皮书）》，人民出版社2011年版，第3页。

④ 张亮晶等：《肃南县贫困地区赋权参与式反贫困研究》，《商业时代》2011年第2期。

将黄泥堡裕固族乡列入重点贫困乡村。依据上述地区贫困问题的现状，可以将导致裕固族聚居区贫困问题长期存在的主要原因归纳为如下几点：

一是自然条件恶劣，生态环境持续退化。贫困人口主要集中在明花乡、白银乡、大河乡境内的半荒漠草场、荒漠草场和沙窝草场上游牧或在黄泥堡乡从事农业种植。草甸草场、半荒漠草场、荒漠草场和沙窝草场生态脆弱，易受气候影响和人为破坏。受全球气候变暖、草场过牧的影响，21 世纪以来肃南县境内草场退化的情况仍然在持续。到 2008 年，肃南县可利用草原的 85% 出现了程度不同的退化，面积达到 115.8×10^4 公顷。随着草原退化而来的是，牧草产量也由 2003 年的平均每亩 61.4 千克下降到了 2008 年的 50.1 千克。[①] 肃南县境内的耕地大多为山坡地，得不到灌溉，收成完全依赖自然气候。酒泉市黄泥堡一带的耕地虽较平整，但大多为盐碱地，灌溉条件也非常有限。农业水利基础设施建设滞后，加之地下水位下降，农业生产条件改善缓慢，使得贫困群众增产增收没有保障。

二是贫困地区基础设施建设滞后。肃南县地处石羊河、黑河、疏勒河三大内陆河上游区，年河流径流总量达 52 亿多立方米，水资源比较丰富，但河流所经之地大多是深山峡谷，而且在地理分布上也极不平衡，水资源难以利用。虽然扶贫开发已持续多年，但由于地方财力有限，扶贫项目资金主要依赖于上级部门财政拨款和群众自筹，导致配套资金和项目投入不足，致使牧区水利建设长期滞后，缺乏骨干控制性水利工程，人畜饮水困难的难题没有得到根本解决。多数已建成的工程建设标准低，配套不完善，工程设施老化，渗漏严重。农田灌溉中相当一部分灌区仍沿用大水漫灌的方式，水资源严重浪费，利用效率低。而且一些田地因过度引水灌溉和排水不畅，导致土壤次生盐碱化，影响了农业种植，产生了大面积中、低产田。

三是城乡二元结构问题仍然突出。裕固族聚居区的农牧民人口多，比重大，城镇人口所占比例低，城镇化水平不高，城镇居民和农牧民收入差距仍然较大。一些边远地区，交通闭塞，农牧业基础薄弱，工商业发展滞后，农牧民生活条件艰苦，贫困人口大多聚居于这些地区。城镇地区因人口总量有限，劳动力吸纳能力很弱，城镇化进程缓慢，城乡二元结构问题仍然突出。据统计，2012 年，肃南县有总人口 3.75 万人，其中农牧业人

---

① 参见吉生柱《肃南县草原畜牧业现状调查及发展对策》，《畜牧兽医杂志》2010 年第 2 期。

口 2.54 万人，非农牧业人口 1.20 万人，占总人口的 31.88%。全县城镇居民人均可支配收入 14648.19 元，农牧民人均纯收入 9470 元。① 总体来看，全县农牧民的人均收入并不低，而且生活富裕程度也较高，但这种情况分布并不均衡。自牧民定居工程实施以来，许多牧民家庭在县城或乡（镇）所在地购买了住房，但真正生活在城镇里的只是老人和孩子，牧民青壮年劳动人口，仍然在远离城镇的牧业点游牧。

四是致贫因素复杂，返贫现象普遍存在。受牧业生产规律、外部经济发展环境和脆弱的生态环境制约，以家庭为生产单位的个体牧业经济难以应对市场变化和自然灾害的冲击，抗风险能力很差。一些脱贫家庭易受牧业产品价格波动和自然灾害冲击，重新返贫。还有一部分农牧民家庭，由于生存条件极差，或由于受家庭成员病残因素影响，缺乏脱贫致富的基本条件和能力，长期处于贫困状态。同时，在劳务输转增加收入方面，由于贫困人口大多文化程度低，缺乏一定技能，主要以干苦力活为主，输入地和职业都很不稳定，经济收入也时高时低、时有时无。②

五是思想观念的落后妨碍了扶贫攻坚进程。部分贫困人口长期以来习惯了自身的生活状态，安于现状，甚至坐等政府救济；一些人重眼前经济利益、轻生态保护，滥垦草地、破坏生态涵养林，造成生态环境持续恶化。这些因素阻滞着扶贫攻坚进程的深入推进。

（三）扶贫开发政策的全面实施

裕固族聚居区的扶贫开发与全国扶贫开发的步伐相一致。1986 年以前，主要通过农村土地制度改革等缓解贫困。1987 年进入有组织、有计划的开发式扶贫阶段后③，扶贫工作主要依托省、市下达的中央财政扶贫项目、"三西"专项扶贫项目开展。进入 21 世纪以来，裕固族聚居区地方政府先后施行的扶贫措施主要有产业富民战略、生产生活基础设施建设

---

① 肃南裕固族自治县统计局：《肃南裕固族自治县 2012 年国民经济和社会发展统计公报》，2013 年 4 月 15 日。

② 参见肃南裕固族自治县扶贫办《肃南县 2012 年扶贫开发工作总结》（肃扶贫发〔2012〕37 号）。

③ 1982 年 12 月，国务院决定对以甘肃省定西为代表的中部干旱地区、河西地区和宁夏西海固地区实施"三西"农业建设计划。1986 年 6 月，国务院贫困地区经济开发领导小组成立。甘肃省也以此成立了"两西"农业建设指挥部和省扶贫开发办公室。裕固族聚居地区的扶贫工作也由此进入快速发展阶段。

工程、养殖业基地建设工程、科技扶贫、生态移民开发工程、整村推进工程、开展"双联"行动等。

　　生产生活基础设施建设、种养业基地建设、科技扶贫等政策措施一直实施至今（见表2－10）。基础设施建设工程实施的主要内容有打机井、修建集（雨）雪水窖、兴建人畜饮水工程、铺设自来水管道、扩建乡村道路、营造防风林带等。种养业基地建设工程实施的主要内容有新建暖棚羊舍、羊药浴池、配种站、氨化池、引进优良牧畜品种等。科技扶贫实施的主要内容有培训农牧民实用人才、村干部，移民点实用技术骨干、劳务输转人员等。

　　产业富民战略于2004年开始实施，主要是围绕促进农牧民增收、农牧业增效、农牧村发展三大基本目标，通过加大群众生产生活基础设施建设力度，全面调整农牧业产业结构，大力发展畜牧业、中药材种植，培育、扶持畜牧业和特色产业产品加工企业，鼓励和扶持农牧业生产、流通协会组织，政府牵头组织劳务输出等措施，促进农牧业和农村（牧区）经济发展。由于各项措施得力，2004年肃南县全年完成农牧业增加值1.3亿元，较2003年增长16.1%，农牧民人均纯收入由2003年的4040元增加到了4299元，人均增加259元，增长了6.4%。[①] 其后，这一战略与其他扶贫政策措施相互配套，实施至今。

表2－10　　　　　　2001—2012年肃南县扶贫开发工作情况对比

年份	计划扶贫资金投入总额（万元）	实际扶贫资金投入总额（万元）	生产生活基础设施建设数目	养殖业基地设施建设数目	科技培训人数（次）
2001	47	50	机井1眼，小学1所，搬迁安置县内移民500人		500
2002	167	87	机井3眼，开发土地300亩，搬迁移民120人，水渠1.5公里，水窖60眼	暖棚羊舍80座	2000
2003	238.5	238.5	机井3眼，输水管道5公里，水渠2公里，防风林带400亩，集雨（雪）水窖25眼	羊药浴池、配种站各2座，暖棚羊舍95座。引进美利奴种公羊100只，小尾寒羊110只	1000

　　① 参见肃南裕固族自治县产业富民领导小组办公室《2004年产业富民战略实施工作总结》（肃产业办〔2004〕3号）。

续表

年份	计划扶贫资金投入总额（万元）	实际扶贫资金投入总额（万元）	生产生活基础设施建设数目	养殖业基地设施建设数目	科技培训人数（次）
2004	200.5	193.56	机井12眼，整修乡村道路6.2公里，新建防洪坝1.1公里，人饮工程15处、铺设输水管道84公里，农电线路23公里	暖棚羊舍560座	13800
2005	240	357	机井3眼，水塔2座，水渠5公里，自来水管道1.4公里	暖棚羊舍215座，引进细毛羊种公羊500只，购置铡草机50台	2700
2006	163	190	机井2眼，输入管道3公里，牧道4公里，水塔1座	暖棚羊舍150座，引进细毛羊种公羊500只，购置铡草机50台	1700
2007	298	298	机井2眼，输入管道3.5公里，集雨（雪）水窖50眼，渠道25公里	暖棚羊舍50座，引进细毛羊466只	2600
2008	186	186	机井3眼，输入管道3.75公里，水渠2公里，水塔2座，建村文化卫生室2处，危房改造50户	引进良种牛190头，新建暖棚52座，购置多功能铡草机2台，新建氨化池40座	1627
2009	284.05	284.05	机井5眼，水渠6.4公里，危房改造106户，文化卫生室3处，村道2.5公里，自来水管道3.7公里	暖棚羊舍183座，青贮氨化池130座，揉草机3台，引进良种牛50只	1400
2010	123	123	危房改造36户，拓宽村组道路1.5公里，输水管道2公里	暖棚羊舍80座，引进良种羊220	1043
2011	265	265	危旧房改造48户，改造旧机井2眼，新建机井1眼，人畜饮水工程1处，输水管道1公里，砂石路4.5公里，防护林带3公里，文化卫生室2处	暖棚羊舍120座，引进良种畜440只，扶持贫困户畜产品合作社1处	1250
2012	334	334	村道扩建、硬化13.7公里，水渠6.2公里，改造旧机井1眼，新建人畜饮水工程1处，新建马铃薯储存库1处，新建文化卫生室1处，推广马铃薯制种面积500亩	暖棚羊舍10座	260

资料来源：数据资料依据肃南裕固族自治县扶贫开发办公室提供的《2001—2012年度扶贫开发工作总结》整理而成。

　　对贫困人口进行生态移民最早起自于 1999 年国家开始推行的"以工代赈易地搬迁"工程，当时涉及搬迁的人口为居住在莲花乡、前滩乡（指 2004 年肃南县行政区划调整以前的乡）和马蹄乡的牧民。2003 年，国家开始实施祁连山生态移民工程。2004 年 3 月该项目在肃南裕固族自治县全面启动。肃南县境内的 5 个林业保护站、4 个乡的 56 个村涉及其中，生态恢复区总面积为 7719.9 平方公里。[①] 生态移民搬迁人口主要为裕固族、藏族、蒙古族牧民，其中相当一部分为贫困人口。移入地为区位条件相对优越的明花乡和白银乡。肃南县为此成立了项目建设协调领导小组和工程管理委员会，并配合其他扶贫开发政策，推进此工程。政策主要内容为："对搬迁移民实行所需土地无偿划拨、开发的土地所有权不变、迁出地生产资料继续使用 3 年，新开发农业用地 5 年内免征各项税费，基础设施、农田改造、住房建设、棚舍建设、良种引进、实用技术推广、科技培训等相关项目享受县上特殊的投资、扶持、补助优惠政策。"此工程实施以来，移入地明花、白银两个主要安置区组建了 5 个自然新村，落实居民点 40 处，新建生态易地搬迁住宅 690 套，完成移入地生产生活基础设施建设，扩建了当地中心卫生院和中小学。截至 2012 年底，全县已有 604 户 2124 名农牧民群众搬迁到了生产生活条件相对较好、土地资源较为丰富的明花乡，生态移民人均纯收入由搬迁之前的不足 1000 元增加到现在的 8000 余元。[②]

　　整村推进工程于 2004 年开始实施，政策实施与产业富民战略相配套，以村为单位，内容包括生产生活基础设施建设、养殖业基地建设、科技扶贫等方面，意在通过集中财力、物力，使具备完全脱贫条件的贫困村脱贫致富。此工程 2004 年率先在当时的大都麻乡、大泉沟乡推行，当年完成投资 100 万元，种植牧草 2000 亩，新建暖棚羊舍 300 座 2.4 万平方米，引进优质良种畜 420 只，配置多功能铡草机 60 台。[③] 2005 年，此工程推广至各乡镇，其中白银蒙古族乡投资 140 万元，明花乡投资 108 万元，政策实施内容与先期试点时基本一致。到 2011 年，整村推进项目区基础设

---

① 朱有才：《肃南县实施祁连山生态移民工程纪实》，《张掖日报》2005 年 5 月 24 日。
② 肃南裕固族自治县扶贫办：《肃南裕固族自治县 2012 年扶贫开发工作总结》（肃扶贫发〔2012〕37 号）。
③ 肃南裕固族自治县产业富民领导小组办公室：《2004 年产业富民战略实施工作总结》（肃产业办〔2004〕3 号）。

施明显改善，抵御自然灾害能力进一步增强，农牧业结构调整进一步优化，经济效益、生态效益和社会效益初步显现。

牧民定居工程也于 2004 年开始实施，当时肃南县提出了"定得下、稳得住、富得快"的定居目标，以县城红湾寺镇为中心、7 个乡镇所在地为重点，开始建设牧民定居点。2009 年底，肃南县新建的农牧民集中定居点已有 18 个，累计投资约 2.64 亿元，在规划、土地、建房和农牧户宅基地审批等方面实行优惠政策，并户均补助建房资金 8000 元，建成高标准农牧民住宅 3874 套（其中楼房 25 栋 799 套），占全县农牧户 7410 户的52.28%。建成农牧民集中定居点社区管理服务组织两个（祁丰乡文殊沟小集镇和天生场开发区集中定居点）。① 截至 2012 年 5 月，新建成的牧民定居住房总数达到 4300 多户，全县 65% 的农牧民实现了集中定居，城镇化率达到 31.1%。② 初步形成了以县城为中心、乡镇为重点、中心村为补充的农牧民集中定居的格局。定居牧民家庭生活条件大为改观。

2012 年 2 月，甘肃省决定在全省推行以单位联系贫困村、干部联系特困户为主要内容的"联村联户、为民富民"行动，简称"双联"行动。行动的主要任务是："以科学发展观为指导，以联村联户为载体，以为民富民为目的，宣传政策、反映民意、促进发展、疏导情绪、强基固本、推广典型。"③ 随后，肃南县建立了县级领导联系乡镇，县直部门包村并下派一名科级领导驻村开展工作、所有科级领导均联系两户贫困户的扶贫帮困工作机制。2013 年，又建立了县级领导干部每人联系一个农民专业合作社、一户示范户、一户有发展潜力农牧户的"1+3"联系工作机制。全县 127 个单位的 1982 名干部联系帮扶 1362 户困难户、28 个专业合作组织，实施总投资达 9.79 亿元的"三农"重点建设项目 147 项，利用妇女小额担保贷款、农村信用支农贷款等金融支持平台，发放各类支农贷款6.6 亿元，开展了集中灭鼠、抗旱保畜等帮扶活动④，一大批与群众生产

---

① 参见肃南裕固族自治县委统战部《关于全县农牧民集中定居社区化管理服务建设情况的调查报告》，2009 年 6 月 1 日。

② 肃南裕固族自治县民宗局：《肃南牧民集中定居拥抱新生活》，《肃南民族宗教工作信息》，2012 年 5 月 30 日。

③ 王三运：《在全省开展联村联户为民富民行动动员大会上的讲话》，2012 年 2 月 2 日。见http：//www.gzxw.com.cn/html/2012/gszw_ 0308/33514.html。

④ 肃南裕固族自治县扶贫办：《肃南裕固族自治县扶贫开发工作情况汇报》，2013 年 6 月5 日。

生活密切相关的疑难问题得到有效解决。

　　裕固族聚居区地方政府在推行上述扶贫政策的同时，还依托乡村公路、农牧村"六小工程"等项目建设，整合支农资金，启动实施了贫困地区乡镇中小学校舍建设、乡（镇）卫生院服务能力建设、农牧村安全饮水、有线电视村村通等一批涉农工程。全面落实幼儿园和中小学教育"三免两补"、新型农牧村合作医疗、农牧村居民最低生活保障、农牧村特困户定期救助、农牧村社会养老保险制度等惠民政策，使贫困地区的社会公益事业得到快速发展。

（四）扶贫政策内容及实践中存在的问题

　　21 世纪以来扶贫开发政策措施的实施，使裕固族聚居区的生产生活条件得到明显改善，贫困程度大为缓解，贫困面大大降低，部分贫困家庭实现脱贫致富，总体上说成绩斐然。但就扶贫模式的社会效果和政策措施来看，仍然存在一些制约扶贫攻坚深入推进的问题。

　　一是扶贫资金投入总量较小。据统计，近十年来，肃南县扶贫资金投入从 2001 年的 47 万元增加到 2012 年的 334 万元，资金增加近 8 倍，但12 年间实际投入扶贫资金总额仅为 2606.11 万元，年均约为 217.2 万元（参见前文）。而且这些资金主要来源于上级政府部门下达的财政补助资金和群众自筹资金。同时，也没有企业、非政府组织的资金投入。

　　二是扶贫政策内容结构不合理，贫困人口内生发展能力提高缓慢。从前述已实施的扶贫政策内容来看，扶贫项目和资金主要集中于生产生活基础建设、牧畜品种改良等方面，对提高贫困人口文化素质、农牧业生产实用技能和经营能力，掌握新技术等方面的投入相对较低。在科技扶贫方面则往往限于发放科普资料，突击性地向群众讲授新技术，形式大于内容，效果不佳。脱贫致富的关键在于自身能力的提高。忽视了内生因素，贫困问题是解决不了根本问题的。

　　三是扶贫项目实施效果考核机制不完善，项目实施质量不高。现行的扶贫政策项目建设的流程一般是年初立项，上级扶贫和财政部门下达项目指标、财政专项经费，然后由县、乡两级政府具体组织实施，年终或次年由省、市相关部门组织验收。一个项目从立项实施到验收的时间周期为一年或两年。这样的考核机制有利于扶贫项目尽快实施，但扶贫的关键不仅仅是项目本身是否能按时完成，更在于能否发挥效益。而一个项目的实施，是否能产生预期的经济社会效益，大多可能需要数年才能评判。而且，单一项目和短期扶贫，总是很难使贫困人口彻底脱贫。这也是一些贫困人口难以走出"脱贫—返贫—再脱贫—再返贫"怪圈的主要根源。我们在调查中发现，一些扶贫项目的具体实施缺少公开招标程序，加之信息公开工作普遍滞后，群众民主监督意识不足，致使扶贫工程建设质量不高，豆腐渣工程由此产生。此外，一些项目的建设多位于交通比较便利的地区，而地理位置偏远，交通不便的最贫困的地方，建设项目则很少。

四是扶贫模式创新不够，扶贫效果有待提高。上述扶贫政策措施，不论是生产生活基础设施建设、养殖业基地建设，还是产业富民战略、生态移民和整村推进工程都属于救济式扶贫或开发式扶贫，属于典型的"行政主导型反贫困战略"。而这种"反贫困战略"或扶贫模式存在着规划和意愿都"自上而下"，扶贫对象很少参与，"农村社区群众对项目缺乏拥有感，自我发展能力难以得到有效提高"[1] 等缺陷。由于政策内容和扶贫行动的推行完全由政府主导，扶贫对象也完全由县、乡两级政府和村干部确定，贫困人口只是被动地参与其中，一些政策其实并不符合群众意愿，所以群众参与的积极性自然不高，致使一些扶贫行动流于形式，效果大打折扣。

基于上述存在的问题，着重需要从以下两方面解决。

第一，创新模式，逐步推行参与式扶贫开发。参与式扶贫模式源自美国经济学界提出的"参与式发展理论"[2]。近些年，参与式扶贫模式因其系统、规范的实施程序和良好的效果，正在引起人们的关注。参与式扶贫，着重点是贫困人口自我发展能力的提高，扶贫目标指向是贫困地区的人口素质、经济、社会、文化、生态等方面的同步发展，是"硬"基础设施建设与"软"环境的协调推进。扶贫政策内容和实施过程的确定是自下而上的，贫困人口、专家和政府都能参与扶贫行动的执行过程。贫困人口的主体地位能够得到凸显，主观能动性能得到充分发挥。因多方参与，扶贫资金的使用、监管，扶贫项目的实施、预期社会效益都能得到较好保障。因此，结合实际、逐步地引进参与式扶贫模式，对解决裕固族聚居区扶贫工作中的问题应该是一条可以借鉴的途径。

---

① 张亮晶等：《肃南县贫困地区赋权参与式反贫困研究》，《商业时代》2011年第2期。
② 李兴江、陈怀叶：《参与式扶贫模式的运行机制及其绩效评价》，《甘肃社会科学》2008年第2期。

第二，拓宽扶贫项目和资金来源渠道，千方百计增加扶贫资金总量。充裕的资金是扶贫工作取得效益的基本保障。为此，地方政府及相关部门一是应力争尽快在地方财政支出预算中安排扶贫专项资金，填补地方政府财政扶贫专项资金的空缺，提高扶贫资金总额。二是应抢抓机遇，进一步用好用活国家扶持人口较少民族发展、对口帮扶藏区发展和祁连山生态移民工程的相关政策，向省上、市上争取更多的扶贫项目和资金。三是应更好地适应国内外扶贫工作的新要求，将扶贫攻坚纳入地方经济社会发展大局之中，通盘考虑和安排，切实组织、形成政府各部门协作推进的合力。在此基础上，充分利用本地的资源禀赋、自然条件，以扶贫项目为依托，积极吸引各类企业、非政府组织参与贫困地区的扶贫。四是应向在本地投资兴业的外来企业进一步宣传党的民族政策，鼓励、督促外来企业履行好社会责任，为贫困地区的发展贡献自己的力量。五是积极联系从本地区走出去的成功人士、知名人士，鼓励他们在外宣传家乡、推介家乡，为地方的招商引资和扶贫事业"穿针引线"，也鼓励他们为家乡的扶贫事业献爱心、捐款捐物。

四 进步与比较中的差距

21 世纪以来，西部大开发促进了民族区域自治制度活力的进一步释放，国家扶持少数民族经济社会发展的各项优惠政策进一步增多，已有政策得到进一步贯彻落实。裕固族聚居区的经济发展相比改革开放初期至20 世纪末期进一步加快，各项经济指标的增长速度都有了不同程度的提高，经济总量和综合实力大为增强。

十多年来，裕固族聚居区的城乡基础设施显著改善，现代畜牧业、工业和旅游业快速发展，并成为地方经济发展的主要推动力量。工业经济发展速度尤其迅猛，工业主导型的经济格局得以确立和进一步发展。第二产业、第三产业的发展相继超过第一产业，非公有制经济的发展逐步超过公有制经济，成为地方经济的主要构成。21 世纪之前以农牧业为主导的产业结构和以公有制为主体的所有制结构发生历史性改变。同时，地方财政收支呈现出逐年增加的态势，生态环境持续恶化的趋势得到有效遏制，农牧民人均纯收入和城镇居民可支配性收入逐年提高，城镇化进程和新农村（牧区）建设有序推进，城乡面貌焕然一新，各族群众的生活水平显著提高。裕固族聚居区各族人民在现代化进程中实现了历史性跨越。

裕固族聚居区经济发展的成就是巨大的，这一点毋庸置疑；但横向比较来看，裕固族聚居区与省内各民族自治县、周边各县（区）以及全省和全国的发展水平相比，既有优势，也有差距。

（一）与省内其他民族自治地方经济发展的比较

从2011年的经济数据来看，肃南县的经济发展水平与省内其他民族自治地方相比，优势和差距表现为：

一是经济增长速度总体上较快，但各产业门类的增长差距很大。国内生产总值在5个民族自治县中居于中间位置，但增长速度较快，在7个民族自治地方中位居第二，仅次于阿克塞哈萨克族自治县。第二产业同比增长率在7个民族自治地方中居第1位，但第一产业、第三产业分别居第6位和第7位（见表2-11）。

表2-11　　　2011年肃南县与省内其他民族自治地方 GDP 总值及

各产业门类指标的对比　　　　　（单位：亿元、%）

	GDP	同比增长率	第一产业	同比增长率	第二产业	同比增长率	第三产业	同比增长率
肃南裕固族自治县	19.39	15.6	3.14	5.5	12.84	19.8	3.41	10.5
肃北蒙古族自治县	25.06	15.18	0.36	7.11	20.74	15.8	3.95	13.15
阿克塞哈萨克族自治县	8.75	15.86	0.37	8.2	5.4	15.3	2.9	17.8
天祝藏族自治县	28.98	14.7	4.09	5.29	16.08	19.5	8.81	12.5
张家川回族自治县	17.66	12.2	4.21	7.6	4.41	14.7	9.04	13.5
临夏回族自治州	128.7	13.1	27	5.2	39.94	15.3	61.84	15.4
甘南藏族自治州	81.33	10.9	18.98	6.7	20.48	14.7	41.87	11.0

数据来源：《甘肃发展年鉴（2012年）》。

二是第二产业在国民经济中所占比例较高，但第三产业所占比例较低。第二产业在国民经济各产业门类中所占比例仅低于肃北县，高于大部分民族自治地方。与此相反，第三产业在国民经济各产业门类中所占比例低于大部分民族自治地方，仅高于肃北县（见表2-12）。

三是农牧民人均纯收入水平和同比增长速度在全省7个民族自治地方中均居前列，而地方财政收入同比增长率、城镇居民可支配性收入及同比增长速度均居于中间位置（见表2-13）。

表2-12 **2011年肃南县与省内其他民族自治地方三次产业比重的对比**

	第一产业（%）	第二产业（%）	第三产业（%）
肃南裕固族自治县	16	66	18
肃北蒙古族自治县	1	83	16
阿克塞哈萨克族自治县	4	62	34
天祝藏族自治县	14	56	30
张家川回族自治县	24	25	51
临夏回族自治州	21	31	48
甘南藏族自治州	23	25	52

数据来源：根据《甘肃发展年鉴（2012年）》的有关数据计算。

表2-13 **2011年肃南县与省内其他民族自治地方地方财政及居民收入情况的对比**

	地方财政一般预算收入（亿元）	同比增长率（%）	农牧民人均纯收入（元）	同比增长率（%）	城镇居民可支配性收入（元）	同比增长率（%）
肃南裕固族自治县	1.94	40.1	8062	15	12568	14
肃北蒙古族自治县	—	—	9350	11	17698	12.5
阿克塞哈萨克族自治县	0.46	27.31	10000	12.1	17800	13.2
天祝藏族自治县	1.68	62.9	3199	16.2	12572	18.1
张家川回族自治县	—	—	2853	15	11800	13.6
临夏回族自治州	6.84	23.08	2693	13.4	6720	13.87
甘南藏族自治州	5.42	41.3	3106	15.5	12063	16.6

数据来源：《甘肃发展年鉴（2012年）》。

四是完成固定资产投资情况和社会消费品零售总额同比增长速度较慢，在全省7个民族自治地方中均排最后一位，但地方财政支出同比增长率居第1位（见表2-14）。

表2-14 **2011年肃南县与省内其他民族自治地方投资与消费经济指标的对比** （单位：亿元、%）

	完成固定资产投资	同比增长率	地方财政支出总额	同比增长率	社会消费品零售总额	同比增长率
肃南裕固族自治县	28.81	23	9.04	73.2	2.58	15.5
肃北蒙古族自治县	23.84	39.9	—	—	1.14	19.4

续表

	完成固定资产投资	同比增长率	地方财政支出总额	同比增长率	社会消费品零售总额	同比增长率
阿克塞哈萨克族自治县	11.3	67.6	—	—	1.1	19.6
天祝藏族自治县	41.7	59.3	17.7	39.7	13.5	18.4
张家川回族自治县	24.06	49.8	—	—	4.09	19.8
临夏回族自治州	139.74	50.7	110.95	38.49	40.19	19.7
甘南藏族自治州	123.74	53.2	89.54	3.7	22.69	17.2

数据来源：《甘肃发展年鉴（2012 年）》。

（二）与张掖市各县区、甘肃省、全国的比较

从 2011 年的经济发展数据来看，肃南裕固族自治县的经济发展水平与周边各县（区），以及全省和全国的平均水平相比，优势与差距表现为：

一是在张掖市各县区中国内生产总值总量相对最低，但同比增长速度最高，而且高于甘肃省和全国的平均水平。第一产业增加值在张掖市各县区中排在最后一位，同比增长率低于甘肃省、张掖市的平均水平，略高于全国的平均水平。第三产业增加值和同比增长率在张掖市各县区中也排最后一位，但同比增长率低于甘肃省、张掖市的平均水平，略高于全国的平均水平（见表 2 – 15）。

表 2 – 15　　2011 年张掖市及各县区、甘肃省、全国 GDP 及各产业指标的比较　　（单位：亿元、%）

	GDP	同比增长率	第一产业	同比增长率	第二产业	同比增长率	第三产业	同比增长率
全国	471564	9.2	47712	4.5	220592	10.6	203260	8.9
甘肃省	5020	12.5	678	5.9	2542	15.2	1818	11.5
张掖市	256.84	13.2	71.55	5.9	96.01	19.7	89.28	12.6
肃南县	19.39	15.6	3.14	5.5	12.84	19.8	3.41	10.5
民乐县	26.95	13.0	9.23	5.5	9.25	18.5	8.47	13.0
高台县	31.73	13.5	12.68	5.9	11.09	24.3	7.96	13.0
临泽县	31.44	13.5	10.48	6.0	11.42	23.1	9.54	13.0
甘州区	115.35	13.4	29.36	6.0	39.73	19.9	46.26	13.5
山丹县	31.66	13.4	6.41	5.5	13.16	19.9	12.09	13.0

数据来源：《肃南裕固族自治县统计年鉴（2011 年）》。

　　二是第二产业在国民经济各产业门类中所占比例不但高于张掖市各县区的水平，也高于甘肃省和全国的平均水平。但第三产业所占比例不但低于张掖市及其他县区的水平，也低于甘肃省、全国的平均水平（见表2-16）。

表2-16　　　2011年张掖市及其各县区、甘肃省、全国三次产业结构的比较

	第一产业（%）	第二产业（%）	第三产业（%）
全国	10	47	43
甘肃省	14	50	36
张掖市	28	37	35
肃南县	16	66	18
民乐县	34	34	32
高台县	40	35	35
临泽县	33	36	31
甘州区	26	34	40
山丹县	20	42	38

数据来源：根据《肃南裕固族自治县统计年鉴（2011年）》的有关数据计算。

　　三是地方财政一般预算收入和同比增长速度在张掖市各县区中均排第二位，但同比增长率高于张掖市、甘肃省和全国的平均水平。农牧民人均纯收入同比增长率不高，低于全国和张掖市的平均水平，略高于甘肃省的平均水平，在张掖市各县区中居中间水平，但绝对值均高于张掖市各县区的水平和张掖市、甘肃省、全国的平均水平。城镇居民可支配性收入同比增长率与全国、甘肃省和张掖市的平均水平差距不大，但绝对值低于全国、甘肃省的平均水平（见表2-17）。

表2-17　　　　　2011年张掖市及各县区、甘肃省地方财政与
居民收入情况的比较

	地方财政一般预算收入（亿元）	同比增长率（%）	农牧民人均纯收入（元）	同比增长率（%）	城镇居民可支配性收入（元）	同比增长率（%）
全国	—	29.1	6977	17.9	21810	14.1
甘肃省	450	27.4	3909	14.2	14989	13.6
张掖市	10.3	35.4	6467	16.0	12400	14.2
肃南县	1.94	40.1	8062	15.0	12568	14.0

续表

	地方财政 一般预算收入 （亿元）	同比 增长率 （%）	农牧民 人均纯收入 （元）	同比 增长率 （%）	城镇居民可 支配性收入 （元）	同比 增长率 （%）
民乐县	0.92	27.0	5503	12.2	11055	12.5
高台县	0.98	56.3	6499	17.1	11061	14.5
临泽县	0.85	33.5	6875	16.8	11516	14.4
甘州区	2.78	35.6	6870	17.2	12625	16.3
山丹县	1.04	42.2	6298	16.5	11387	13.8

数据来源：《肃南裕固族自治县统计年鉴（2011 年）》。

四是固定资产投资同比增长率在张掖市各县区中居末位，也低于张掖市和甘肃省的平均水平，却高于全国的平均水平；而社会消费品零售总额不但在张掖市各县区中居于末位，同比增长率也低于张掖市各县区，以及张掖市、甘肃省和全国的平均水平。

表 2 – 18　　　**2011 年张掖市及各县区、甘肃省、全国投资与消费类经济指标的对比**　　　（单位：亿元、%）

	完成固定资产投资	同比增长率	社会消费品零售额	同比增长率
全国	311022	23.6	183919	17.1
甘肃省	4180	40.2	1618	18.2
张掖市	162.84	34.8	80.3	18.6
肃南县	28.81	26.5	2.58	15.5
民乐县	19.56	40.0	7.92	17.1
高台县	17.33	44.9	6.77	18.5
临泽县	20.41	44.4	6.21	18.3
甘州区	56.88	28.6	49.55	19.1
山丹县	19.85	45.0	7.25	18.5

数据来源：《肃南裕固族自治县统计年鉴（2011 年）》。

（三）比较中的发展特点

通过上述比较，可以发现裕固族聚居区的经济发展有这样几个特点：

一是经济总量不大，但增长速度较快。虽然其 GDP 相对于甘肃省各民族自治地方处于前列，但低于张掖市其他县区的水平，排在最后一位。但经济增长的势头非常强劲，增长速度不但高于张掖市其他各县区，也高于张掖市、甘肃省和全国的平均水平。在甘肃其他民族自治地方中，也仅低于阿克塞哈萨克族自治县。

二是各产业发展水平不平衡。第二产业在国民经济中所占比例和增长速度均高于张掖市其他县区和张掖市、甘肃省和全国的平均水平，在甘肃省各民族自治地方中也处于前列。但第三产业在国民经济中所占比例和增长速度却均低于张掖市其他县区和张掖市、甘肃省和全国的平均水平，在甘肃省各民族自治地方中也居于后列。

三是居民收入水平差距明显。农牧民人均纯收入在甘肃省各民族自治地方中居前列，也高于张掖市其他县区，甚至高于张掖市、甘肃省和全国的平均水平；但城镇居民人均可支配性收入却远低于全国的平均水平，也低于甘肃省的平均水平，在甘肃各民族自治地方中也属于较低水平。牧民的收入水平总体上要高于农民。如聚居于酒泉市黄泥堡地区和明花乡从事农业种植的家庭，经济收入水平总体上要低于大河乡、康乐乡、祁丰藏族乡、皇城镇等牧区的水平。

五　问题与思考

上述比较说明了成就，也显示了差距，而差距的背后也隐藏着存在的问题。若从问题的突出程度上讲，其内容主要包含生态环境保护与治理、农牧民增收、经济发展方式转变、地方经济增长与财政收支、城镇化进程等方面。

（一）生态环境保护与治理中的问题

裕固族聚居区全境地处国家"三北防护林工程"项目区，肃南县南部片区大部分又地处祁连山水源涵养区，其生态环境保护与治理的状况在河西走廊地区，乃至西北地区的经济社会可持续发展中均具有十分重要的战略地位。虽然21世纪以来，裕固族聚居区生态环境持续恶化的趋势得到了遏制，但由于这一地区生态环境问题历史欠账太多，保护与建设的任务十分艰巨。祁连山水源涵养林的保护与建设、雪线上升、草原退化、草原超载滥牧、干旱缺水、小流域污染等问题依然突出。而且环境保护与资源开发、农牧民增收、地方经济发展之间的矛盾一直存在，保护和治理的愿望、任务与能力之间的矛盾比较尖锐，破坏生态环境的一些现象没有从根本上消除。

造成这种状况的原因是复杂的，有些问题和原因又互相交织。对于环境保护与地方经济发展的矛盾问题，肃南县政府的一位负责同志讲，"肃南县虽然是牧区，但产业结构中工业成分的比重占 70% 以上，工业主要是水电、矿山企业。但现在工业的发展遇到了前所未有的困境，因为肃南县的土地面积占祁连山甘肃境内的面积达 75% 以上，由于祁连山是国家实施生态保护的重要地区，国家和省上出台的祁连山生态功能区保护与规划的逐步实施，对肃南县工业的发展是个巨大压力。而旅游业能否成为支撑民族地区（肃南裕固族自治县）发展的重要产业，还有待观察"①。事实的确如此，肃南县 21 世纪以来的经济快速增长，主要是由工业的高速发展推动的。如果没有工业的支撑，或工业经济受限，肃南县经济的进一步发展必然会受很大影响。但发展工业如何处理好与保护环境的关系，则需要认真研究和探索。

环境保护与治理能力不足的问题，主要原因包含如下几方面。

一是裕固族聚居区大部分生态脆弱，其土地面积要么属于祁连山生态功能区，要么属于荒漠化、半荒漠化戈壁草原区，生态环境保护与治理的任务繁重，需要的资金量非常大，国家和省上实施的保护与治理政策大多需要地方有配套政策与资金，但地方财政收入有限，不能保证所有配套资金都到位，结果就使保护任务的落实大打折扣。一种代表性的意见就是，"中央和省上很多政策都是一刀切，尤其在生态环境保护与治理方面，要求地方配套的经费问题，没有完全考虑民族地区的实际，政策的落实确实有难度"。

二是乱挖乱采、过度放牧、超标排放等破坏生态环境的行为仍然没有杜绝。皇城镇的一位村干部反映，"我们这里是石羊河上游，草原生态环境退化还很严重。政府部门说主要是牧民过度放牧造成的，但其实不是，主要是牧区开采矿产资源造成的，尤其是煤矿企业采煤，对这里的生态环境破坏很严重"。祁丰藏族乡政府的一位负责同志也说，"（祁丰藏族乡）矿山企业多，环境污染严重。非法开采、超范围开采、生产行为达不到环保要求的现象不少，对草原生态破坏严重。因为没有明确规范外来企业污染、破坏草原的有关政策，所以这种现象仍在发生，生态退化的现象没有得到遏制"。"草畜平衡、适度放牧的政策在执行中有困难，放牧区（即

---

① 基于学术规范，本书对在实地调研时访谈对象的姓名一律略去，括号中的文字是为便于理解而添加的。后文同上。

限牧区）和禁牧区一般都相连，因为没有全面禁牧，一些牧民有时会把牲畜赶到禁牧区去放牧，我们这里地广人稀，管理起来很难。"

三是对生态环境破坏行为的相关制裁性政策措施缺失，地方政府在监管中有难题。一些外来企业，特别是矿产资源型企业，不履行企业的社会责任，破坏生态环境的行为时有发生。地方政府在监管中，一方面，因为缺乏强制性的惩罚性措施，破坏行为得不到根除；另一方面，对一些上级部门直接管理的企业的行为，地方政府无力管理、制裁。马蹄藏族乡政府的一位干部讲，"外来企业开发资源，与地方乡政府、老百姓都没有关系，可以说也没有贡献。但对生态环境造成的破坏，老百姓要承受恶果"。

（二）"三农"发展中的问题

相比周边地区、甘肃省其他民族自治地方，以及全省、全国的平均水平，裕固族聚居区的农牧民人均纯收入较高，但由于多方面的原因，群众的实际生活状况与统计数据反映的水平还是有一定的差距。农牧业发展、农牧区经济繁荣和农牧民增收都面临诸多困难和问题。造成这些问题的原因大致可以归结如下：

一是基础设施建设仍然滞后。农牧区道路、人畜安全饮水、农电线路以及公共服务设施的缺口仍然较大。这种情况在不同乡镇表现不同，祁丰藏族乡的村民和干部说，"我们一直想发展舍饲牧业，但就是缺水，牧畜的饮水解决不了"。"祁丰舍饲畜牧业的发展，现在最大的困难一个是缺水，另一个是缺资金。"而在明花乡，农牧业发展面临的主要问题则是道路和用电问题。用明花乡一位负责同志的话讲就是"基础设施建设滞后，抗灾能力弱。全乡有278眼机井，但大多已老化，维修跟不上。电力保障年年有投入，但跟不上发展的速度，一到夏季灌溉高峰期，电压低，进场拉闸限电，影响农作物生长。道路建设方面，有些地方还没有砂石路，到边远草场、牧场走一趟很困难"。其实，在三大贫困片区，绝大多数贫困村和牧场都远离中心集镇，农牧民群众购买生活资料和向外输送牧畜产品都非常不便，而且一些处于高寒地区的牧场缺水、缺电，人畜饮水需要到数十公里外的地方去拉运，使牧民生产生活成本居高不下，增收困难。一些农牧民家庭经济收入忽高忽低，稳定性较差。

二是舍饲牧业发展缓慢。舍饲牧业是顺应生态环境保护、牧民定居、新农村新牧区建设的一项富民产业。相对于传统畜牧业，其优越性是毋庸置疑的。但由于资金、技术和基础设施等因素的制约，这一产业目前仍处于起步阶段，发展缓慢，农牧民要依此增加经济收入，前景尚需观察。

三是地方金融在"三农"发展中没有发挥应有的作用。农牧民发展舍饲牧业、从事多种经营、扩大生产、购买定居住宅都需要较多的资金，但绝大多数家庭没有足够的积蓄，所以，向地方金融机构贷款就是大多数家庭的选择。但贷款并不容易，地方金融机构贷款的数额也难以满足需要。大河乡政府的一位负责同志讲，"在少数民族地方，金融推动农牧民增收的作用几乎没有。因为信用社贷款利息高，手续烦琐。每年都向农牧户贷款（放贷），但资金太少。放贷也是越有经济实力的家庭，获得贷款越容易。现在省上准备搞'双联'贷款，但资金额度只有 5 万元，这个数额对肃南县而言太少了，至少 10 万元到 20 万元的政策性贴息贷款，才能对我们这里农牧业生产的发展有推动作用"。祁丰藏族乡政府的一位负责人也表达了相同的看法。但信用社的工作人员也有苦衷，说"我们信用社资金量有限，想多放贷，但存款支持不够啊。现在上级部门给地方上的惠农涉农资金补助都通过农业银行、工商银行发放，但对农牧民的金融服务都是信用社，这对信用社的服务能力有影响"。

四是农牧区剩余劳动力普遍缺乏技术，劳务输转能力弱。当前，剩余劳动力输出在许多地方都是农牧民增收的一条重要途径。裕固族聚居区的情况也一样。比如 2012 年，马蹄藏族乡的总人口为 4220 人，外出务工者总人数就在 1000 人以上。但由于缺少劳动技能，外出就业都只能从事体力活，收入不高，要再发展，有困难。酒泉市黄泥堡乡党委的一位同志认为，"黄泥堡乡的经济发展，与国家的支持关系紧密。劳务经济现在是我乡的一个支柱性产业，但劳务输出中的技术培训有难度"。祁丰藏族乡政府的一位干部说，"少数民族成员到企业就职，高不成、低不就的现象比较普遍。现在国家实施草原生态保护，家家有草畜平衡，或草场禁牧的补贴。一些剩余劳力到附近的企业去就业，工资高的工作因为没有技术干不了，工资低的又看不上"。显然，农牧民外出务工，没有技能，仅靠从事简单的体力劳动，收入再增加的目标就难以实现。

五是草原生态保护中的奖补政策不完善，导致部分牧民家庭收入减少。肃南县南部各乡镇境内的草原都属于祁连山高山草原，牧草类型好，如果载畜量高，农牧民收入比较可观。但由于草原生态保护中的禁牧和草畜平衡奖补政策主要是以牧民家庭承包草场的类型和面积为标准来执行的，一些牧民家庭因为子女多，经代际变化后，新组成的家庭实际拥有的草场承包面积已经很少。禁牧或草畜平衡（有限放牧）后，肃南县境内统一的奖补标准，使得一部分牧民家庭的收入大幅度增加，一些则大为降低，如果没有新的出路，其家庭经济收入增加没有保障。如在大河乡，家庭承包草场面积的平均数为5000多亩，但实际上分布极不平衡，承包面积最多的家庭有11000多亩，最少的不足1000亩。这种情况在康乐乡、白银蒙古乡、祁丰藏族乡和皇城镇都普遍存在。皇城镇一位曾多年担任村支书的藏族老人讲，"草畜平衡、禁牧，对老百姓的生活影响是很大的。我们响应国家的政策，在镇上买了游牧民定居住宅，生活条件是好了，但家庭支出也大大增加了。国家的以草定畜的补贴标准太低了，如果严格按照政府的政策执行，不让牧民多放牧，那牧民家庭的收入会减少很多"。此外，据当地干部群众反映，相比同一生态保护区的邻省的奖补资金标准，肃南县要低很多。对此他们颇有怨言。

（三）经济发展方式转变中的问题

21世纪以来，裕固族聚居区经济总量保持了高速增长的态势，但总体上讲，发展方式仍然属于粗放型的增长模式。而裕固族聚居区总体上生态环境脆弱，生态环境退化状况已十分严重。所以，转变经济发展方式，实现可持续发展的任务非常紧迫。但如何加快已有发展方式的转变，既需要进一步提高认识，采取切实措施，更需要反思已有的做法。目前，制约当地转变经济发展方式的主要问题表现为：

一是资源采挖型的重工业技术转型亟待加强。肃南县工业经济比重很高，但工业结构却一直比较单一，轻、重工业发展不均衡，资源采挖型的重工业所占比例很高。据统计，2012年，肃南裕固族自治县的全部工业单位数为128个，其中重工业有113家，轻工业企业只有15家。重工业主要以水电和矿产资源的开发为主，主要工业产品为原煤、石灰石、萤石、铁矿石、铁精矿、钨矿精粉、铅锌矿石、铜精粉、水电发电和白酒（见表2－19）。重工业总产值为327648.66万元，销售产值为304435.9万元；轻工业总产值为44679.3万元，销售产值为41513.9万元。① 轻重工业总产值和销售产值相差悬殊。同时也可以看出，工业产品主要是资源

---

① 参见肃南裕固族自治县统计局《肃南裕固族自治县年统计年鉴（2012）》，2013年6月，第252页。

型的初级产品，产品附加值很低，而为此付出的生态环境代价却很大。祁丰藏族乡的土地面积占肃南县的 42.8%，境内祁青工业园区的工业总产值占肃南县的比例在 60% 以上，而这里的工业主要是矿产资源采挖型的企业。祁丰藏族乡的一位干部讲，"外来企业对祁丰乡的影响有利也有弊。不利的一面主要是非法开采、超范围开采、不按环保要求开采等行为，严重破坏了生态环境"。祁丰藏族乡的例子在裕固族聚居区最具典型性。

表 2-19   2012 年肃南裕固族自治县主要工业产品及产量

	原煤	水电发电量	石灰石	铁矿石	铁精矿	萤石	钨矿精粉	铜矿精粉	铅锌矿石	白酒
单位	万吨	万千瓦	万吨	万吨	万吨	万吨	吨	吨	吨	吨
产量	58.57	302640	100.06	62.8	10.21	1.2	3060	11867	6263	92

数据来源：参见《肃南裕固族自治县统计年鉴（2012 年）》。

二是现代畜牧业总体发展仍然滞后。畜牧业是肃南县的传统产业，也是优势产业。但传统畜牧业向现代畜牧业转变的步伐明显落后，前文已述的舍饲牧业发展缓慢就是例证。同时，其县域经济中的畜牧业产业链条也较短，现有牧畜产品的增值主要依靠销售初级产品。而畜牧产品的精深挖潜和加工能力明显不足，在周边市场有一定的竞争力，但在西北市场及全国范围内知名度不高。同时，农牧村合作经济组织发展滞后，已有组织作用发挥不够，畜产品市场流通体系不健全。在舍饲牧业发展中，牧民的组织化和市场化程度比较低。牧畜产量有一定提高，但由于分散经营销售，收入状况不佳的情况也比较普遍。

三是旅游业发展较快，但对农牧民增收发挥的作用不大。官方提供的各种统计数据显示，作为一种 21 世纪才逐渐在裕固族聚居区发展起来的产业，旅游业在直接拉动地方消费、促进第三产业发展、加快城镇化等方面都发挥了重要作用。随着旅游业的发展，县城周边、各乡镇驻地和一些大的旅游景点附近出现了一些"农家乐"、"牧家乐"等餐饮个体户。但从全县的情况来看，从事这个行业的总数不多，而且很多都是外地人，本地农牧民并不多。2012 年，肃南县成立了马蹄寺管委会，意在加快马蹄寺景区的旅游资源开发，推动马蹄藏族乡旅游业的发展，但如何让当地群众更好地参与旅游业的发展，却是个难题。管委会规定，原居住于景区的当地农牧民，可以在景区的服务点每家有一个摊位。但由于摊位数有限，而且农牧民家庭不是每户都有能力从事经营活动，所以，这一政策的落实遇到了阻力。一些群众对此很有意见，认为"马蹄寺的开发没有征求群众的意见，没有长远规划。马蹄寺管委会解决不了群众的问题，是一个多余的单位"。

四是城镇化进程相对缓慢。21世纪以来，新农村（牧区）建设和游牧民定居工程的实施，使裕固族聚居区的农牧民向城镇集中的步伐大为加快。但这种居住地点的集中并没有明显加快农牧业向第二、第三产业的转移。很多牧民虽然定居在县城、小集镇和中心村，但他们赖以生存的生计方式，仍在原来的畜牧业。一个普遍的情况是：老人、小孩居住、生活在定居点，而青壮年劳动力继续在原来的牧场从事牧业生产。从目前的趋势来看，定居牧民要大规模地实现生计方式的转型，需要时间。如果没有主动的、有意识的推动，这个时间可能是相当漫长的。应该说，定居只是农牧民实现城镇化的一个形式，定居本身并非等于城镇化。官方提供的统计数据表明，截至20世纪末，肃南县的城镇化率为21.5%，非农业人口占总人口的比例为26.7%。2012年，全县总人口为37579人，其中城镇人口为9546人，非农业人口为12036人。[①] 可以推算出，2012年肃南县的城镇化率为25.4%，非农业人口的比例为32.03%。也就是说近12年来，城镇化率和非农业人口的比例分别只增加了3.9和5.33个百分点。而2012年全国的城镇化率为52.57%，甘肃省为38.75%，张掖市为37.11%。很明显，肃南县的城镇化进程有比较大的差距。

（四）地方财政收支不平衡的问题

相比甘肃省的其他民族自治地方，裕固族聚居区的总体经济发展水平、地方财政收入水平和增长速度都处于前列，但即便如此，这一地区的地方财政收入总额及增长速度仍远低于支出总额及增长速度，仍不足以支撑其经济社会发展的刚性需求。具体而言，肃南县的地方财政收入虽在逐年增加，但基础设施的建设与完善、生态环境保护与建设、各项社会事业发展等方面的财政扶持资金需求旺盛，保工资、保运转、保民生的刚性支出也在逐年增加。

"十五"和"十一五"期间，地方财政收支比例由2000年的1∶2.24

---

① 参见肃南裕固族自治县统计局《肃南裕固族自治县统计年鉴（2012年）》，2013年6月，第71页。

增加到了 2010 年的 1∶4.51，收支差额的绝对值由 2000 年的 2744 万元，增加到了 2010 年的近 3.9 亿元；到了 2012 年，这一差额绝对值又增加到了近 8.9 亿元（见表 2-20）。可以看出，地方财政支出增长的速度远高于收入增加的速度，收支矛盾不断加大，对上级财政转移支付的依赖不断增加。

表 2-20   2000—2012 年肃南县地方财政收支状况

年份	地方财政收入（万元）	地方财政支出（万元）	收支差额（万元）	收支比例
2000	2215	4959	-2744	1∶2.24
2001	2352	7986	-5634	1∶3.39
2002	2669	8960	-6291	1∶3.35
2003	3171	10580	-7409	1∶3.37
2004	3346	11476	-8130	1∶3.42
2005	4058	20671	-16613	1∶5.09
2006	5138	24018	-18877	1∶4.67
2007	6686	29951	-23265	1∶4.48
2008	8059	34700	-26641	1∶4.31
2009	8888	41169	-32281	1∶4.63
2010	11111	50109	-38998	1∶4.51
2011	19355	88330	-68975	1∶4.56
2012	23899	112444	-88545	1∶4.7

资料来源：数据依据《肃南裕固族自治县年鉴（2012 年）》有关数据计算。

造成地方财政收支矛盾加剧的原因主要还是地方经济发展的总量不足，税源不足，但还有两个方面是值得注意的。

一是在财政收入方面，肃南县地方财政收入原本可以有较大幅度增加的空间，只是由于国家有些政策的落实不够，才使得肃南县经济增长虽快，财税增收的速度却一直不能相应提高。尤其是民族区域自治法对在民族地区投资兴业的外来企业履行社会责任的一些规定难以落实，致使裕固族聚居区地方政府难以从这些企业中获取应有的财税收益。这种不合理的现象，在中央企业和省上、市上直接主管的企业中表现得更为突出。

二是在财政支出方面，21 世纪以来，国家和省上为加快裕固族聚居区的经济发展，投入了大量的项目和资金，但这些项目大多数都需要地方财政资金做配套，地方财政支出需求大幅度增加。尤其是生态环境保护与治理的任务日益艰巨，需要投入的资金量非常大。

（五）走科学发展和有特色的经济发展之路

裕固族聚居区存在的上述问题，既是发展中的问题，也需要通过发展来解决。但这种发展只能是以人为本，全面协调可持续的发展。坚定不移地贯彻科学发展观是解决问题的根本。由此，针对裕固族聚居区存在的问题，我们认为应着重在以下几个方面作出努力。

一是将生态文明建设放在突出位置，合理开发利用自然资源。裕固族聚居区的生态环境不仅关系着本地各族人民的生活状况和发展前景，更关系到河西走廊，全省乃至全国经济社会发展的大局。所以，在生态环境保护与资源开发出现矛盾时，应坚持将生态环境保护放在第一位，这也正是坚持了长远利益、全局利益。应坚决杜绝一切不利于生态环境保护与建设的经济发展项目。对已有企业的生产排放情况，必须严格监管，强力执法。同时，应坚持保护与治理相结合，以祁连山水源涵养区生态环境综合治理为重点，切实大力推进冰川、森林、草原、湿地、防护林和小流域综合治理等生态保护工程建设。应全面落实生态保护的各项奖补政策和救助政策，加快建成生态功能区补偿实验区，确保生态环境保护与建设不影响农牧民经济收入稳定增长，生态环境保护与治理成效才能得到有效巩固。

二是完善基础设施条件，进一步改善农牧区经济发展环境。裕固族聚居区大部分地方地广人稀，山大沟深，自然环境严酷，自然灾害发生频率高，边远山区的基础设施建设仍然滞后，农牧民生产生活成本居高不下。因此，应继续加快边远山区的公路建设，完善城乡路网，提高路网的标准和通达的深度，力争实现所有农牧村都通公路，所有乡镇和中心村都通班车。加快完善农牧区水利、电力通信、自来水、清洁能源等基础设施，进一步改善农牧区生产生活条件。不折不扣地切实落实各项支农惠农政策，加快建立城乡一体化的生产要素市场，积极引导资金、技术、人才等生产要素向农牧业、农牧村流动，增强"三农"发展的活力。

三是加快发展现代畜牧业，努力促进农牧民增收。相比传统的草原游牧和放牧，依托于现代科学技术的舍饲牧业具有风险低、产出高、受自然条件限制小等诸多优势。而牧民大规模集中定居和生态环境保护硬性任务的双重作用，使得传统畜牧业发展空间日益受限，发展舍饲畜牧业成为大多数定居牧民生计方式转型的必然选择。目前，舍饲牧业的发展已有相当的基础，今后努力的重点应是增加舍饲牧业资金扶持力度和惠农贷款发放力度。同时，还应加快完善基层农牧业科技服务网络，推广标准化技术，普及畜种改良、暖棚养殖等实用技术，增加农牧业科技含量，提高农牧产品产出率。大力扶持农牧民发展生产专业合作社，推进农牧业产业化进程。积极培育和扶持地方畜产品、农产品深加工龙头企业，开发具有地区特色的高原绿色有机食品，提高畜产品和农产品附加值，促进现代畜牧业发展和农牧民增收。

四是坚持走新型工业化道路，提高工业经济发展质量。新型工业化道路是转变经济发展方式，实现经济社会可持续发展的必然途径。因此，应依托资源优势，加快工业转型升级，科学合理地开发水电、煤炭和矿产资源。为此，应加快工业园区建设，推进工业集群化发展，促进矿产资源循环利用和矿产品深加工。加大工业企业技术改造力度，延伸产业链条，努力提升工业经济发展质量。加强与周边地区的区域合作，提升区域工业经济发展的竞争力。同时，还应积极学习酒泉、敦煌等地发展光伏产业的先进经验，吸引更多外来投资，加快光伏产业园区的建设。

五是充分发挥地方特色和民族特色，加快旅游产业发展。作为一种新兴产业，旅游业在直接拉动地方消费、促进产业发展、加快城镇化等方面都具有重要的动力作用。裕固族聚居区特有的历史遗产，民族文化，自然风光等为旅游业的发展提供的空间还非常广阔。因此，应继续围绕"祁连风光、石窟艺术、丹霞地貌、民族风情"等具有地方特色和民族特色的重要旅游资源，重点加快与周边地区的合作，构建环线旅游格局。应继续加大招商引资力度，加快已有旅游景点的基础设施建设，加快发展酒店、餐饮、娱乐等旅游业配套服务业，加快培育和扶持地方旅游服务业综合开发型的龙头企业发展，提升旅游业服务水平，扩大旅游产业规模，加快旅游产业体系构建。应严格执行旅游行业标准，加强旅游市场监管，营造诚信经营环境。应实施旅游产品"走出去"战略，加大旅游产品的对外宣传力度，吸引更多的游客资源。同时，应切实重视旅游资源地农牧民参与地方旅游资源开发，从旅游业发展中合理受益的问题。应积极吸纳更多的当地农牧业人口到旅游服务行业就业，为地方群众增收拓展渠道。

六是发挥比较优势，加快发展特色高附加值产业。高原牛羊肉和乳制品、鹿茸、玉石、祁连野山菌等都是肃南县具有比较优势的特色产品，也是具有高附加值开发潜力的地方名产，品质上乘。但已有产品的附加值挖潜不足，知名度不高。对这些优质资源的开发，应大力度做好广告宣传，引进在业内综合实力强、有大品牌开发经验的企业来开发。尤其是祁连玉石，色彩典雅、质地细腻，是玉中佳品，被称为中国五大玉种之一。[①] 肃南县的祁连玉石资源丰富，市场潜力巨大，具有良好的发展前景和广阔的发展空间。玉石产业的开发，应该走科技研发与文化产业相结合的路子，继续通过加快玉石文化产业园建设，形成玉石产品加工交易集散地，形成规模效益，提升其附加值。

七是加大牧民定居工程实施力度，加快小集镇建设和城镇化进程。牧民定居是缩小裕固族聚居区城乡发展差距，消除城乡二元结构，推动第三产业发展，促进农牧业剩余劳动力就业和生态环境保护的重要途径。因此，应用好用活国家实施游牧民定居工程的相关政策，鼓励和扶持更多、更大范围的农牧民向肃南县城、向以各乡镇机关驻地为中心的小集镇集中，向非农产业转移。

八是加快民生事业发展，不断提高人民生活水平。经济发展的终极目的是造福人民，是不断提高人民群众日益增长的物质文化生活水平。而加快旨在改善民生的各项基础设施建设，增强地方政府提供公共服务的能力，既是实现经济发展终极目的和不断提高各族群众生活水平的必然途径，其本身也是推动地方经济发展的有机构成。

（六）落实和完善政策，加大扶持力度

21 世纪以来，裕固族聚居区经济发展取得的历史性成就，既是当地各族人民努力奋斗、自力更生的结果，也是党和国家正确领导的结果。而裕固族地区目前发展中面临的问题，有些是当地干部群众通过自身的努力能够得到解决的，有些则是需要国家有关部门予以协调和帮助解决的。帮助和支持少数民族和民族地区加快发展，是上级国家机关义不容辞的责任。依据裕固族聚居区目前存在的问题，我们认为，国家应优先从如下几个方面给予更大的扶持。

一是继续加大对生态环境保护的投入力度。应切实着眼于构筑西部生态安全屏障的大局，从政策、资金、项目等各个方面给予裕固族聚居区生态环境保护与建设更大的扶持。尤其应加大对生态移民、退耕还林、退牧

---

① 祁连玉是对祁连山、阿尔金山脉多种玉石的总称，因多产于祁连山而得名。

还草、草畜平衡、天然林保护工程和生态功能区建设的扶持力度。鼓励地方政府探索让在祁连山水源涵养区生活的游牧民永久撤离原居地的政策措施。对因保护生态环境而丧失、减少发展机遇的农牧民，要考虑到物价上涨因素，逐年适度提高经济补助，延长经济补助发放年限。对因保护生态环境作出牺牲的农牧民，政府应保证他们的经济收入和生活水平不能下降。唯此，才能从根本上维护群众保护生态环境的积极性和自觉性。

二是切实规约在民族地区投资兴业的外来企业履行其应负的社会责任。应督促落实民族区域自治法，或尽快出台专门的、强制性的政策法规，规范和约束外来企业，尤其是上级国家企业在民族地区的资源开发中切实履行生态环境保护与治理、带动地方经济发展、造福一方百姓的社会责任和义务，逐步消解外来企业生产经营行为与地方政府职权不协调的矛盾问题。

三是改革对各级政府业绩考核的办法。由于以经济建设为中心，长期以来经济增长一直是我国考核各级政府领导班子业绩的主要内容。应该说，改革开放以来我国生态环境的加速恶化，与这样一种考核的目标取向有着直接关系，在生态环境脆弱的地区更是如此。中央提出科学发展观之后，上述情况有了改变，但基于各种复杂的利益因素和政策惯性，并没有发生根本的变化。因此，为落实科学发展观、建设生态文明，必须切实改革各级政府领导班子的考核办法，大幅度降低经济增长速度和数量在考核中的权重，相应大幅度增加生态环境保护与治理的内容。唯此，才能有效制止经济增长和环境破坏的恶性循环。

四是加大金融惠农政策实施力度。信贷资金的缺乏已成为制约裕固族聚居区发展舍饲牧业、多种经营的瓶颈。所以，应创新、简化农牧民"惠农贷款"流程，加大政策性贷款扶持力度，加强贷款使用监管，让真正需要惠农贷款的农牧民家庭及时得到政府的惠农金融服务。应根据群众需求和经济发展的需要，增加惠农贷款资金总额和单户家庭贷款额度，延长惠农贷款财政贴息时间，以使惠农贷款能够真正发挥带动农牧民增收、舍饲牧业发展、促进群众生活水平提高的作用。

五是加大农牧民生产生活基础设施建设力度。应对边远山区和贫困地区的道路交通、水利设施、人畜饮水、农牧民住房、清洁能源、电力通信等基础设施建设作出更大的政策倾斜和财力投入，为农牧民发展生产，彻底摆脱贫困，尽快提高生活水平创造条件。

　　六是切实落实和改进对民族地区的税收优惠政策。裕固族聚居区是水电和矿藏资源富集区。近年来的资源开发使得这里经济增量高速增长，但由于国家的税制政策和民族区域自治法的相关规定得不到落实，裕固族聚居区的地方财政收入增长远低于经济增长速度。所以，应采取切实措施，认真落实民族区域自治法，进一步完善对民族地区税收方面的优惠政策，以提高裕固族聚居区地方的财政收入，缓解财政收支矛盾日益加剧的状况。

　　七是加大上级政府财政转移支付力度。实践证明，少数民族和民族地区的经济快速发展，离不开国家在财政方面的全力支持。所以，要加快推进裕固族聚居区的现代化建设，尽快缩小发展上的差距，维护好这一西北地区的重要生态屏障，必须加大对裕固族聚居区的财政转移支付力度。

第三章

逐步推进的政治文明建设

裕固族地区历史上受部落上层和其他封建剥削阶级统治。随着中华人民共和国的成立，以肃南裕固族自治县的建立为标志，社会主义政治文明建设逐步推进。其间，该地区的行政沿革发生过多次变化，党的组织建设、人大、政协和基层民主制度经历了从无到有、发展完善的过程，民主法制和少数民族的干部队伍建设等也取得了长足的进步。这些变化和进步在进入21世纪之后表现得更为清晰和显著了。

一　民族区域自治制度的建立及行政沿革

（一）裕固族的传统部落制度

中华人民共和国成立前，部落形式的封建统治是肃南裕固族社会制度的特点。它既包含古老的部落组织的遗迹，又明显地表现出封建的阶级剥削和统治。国民党势力进入后，又委派部落头目为乡长、保长，把部落封建制度和保甲制度结合起来，在裕固族人民的身上又加了一道压迫和剥削的锁链。中华人民共和国成立时，裕固族有10个部落（部落又称为"家"），即大头目家、东八个家、罗儿家、四个马家、杨哥家、西八个家、五个家、贺郎格家、亚拉格家和曼台部落。

部落之间虽有严格的界线，各自占有一定的区域，但由于经济的发展和历史原因，有的部落界限已经相互交叉。这10个部落的大致分布情况是：大头目家、东八个家、罗儿家、四个马家、杨哥家分布在今康乐乡、皇城镇；西八个家及五个家分布在今大河乡；贺郎格家和亚拉格家分布在今大河乡及明花乡，曼台部落分布在今皇城镇。

中华人民共和国成立前，裕固族由一个大头目统辖各部落。每个部落有正副头目，是部落的直接统治者，总揽部落大权。正副头目下设有总圈头（或称大圈头）一人，康乐乡所属地域各部落头目下还设有辅帮一人。总圈头和辅帮是辅助头目处理日常行政事务的总管。总圈头和辅帮下设有老者和小圈头一人至若干人，小圈头是为头目跑腿办事的差役。

大头目和部落头目都是世袭的，各部落头目都是安姓，故有"天下头目都姓安"的说法。大头目管辖所有部落，有权召集和主持各部落头目会议，部落的大事情一般由大头目批准处理，日常事务由本部落头目处理。大头目名义上是管辖所有部落，但实际上他的势力仅限于今康乐乡、皇城镇的五个部落（即大头目家、东八个家、罗儿家、四个马家、杨哥家）及曼台部落。其余各个部落的实权则掌握在本部落的头目手里。

副头目的产生，有的世袭，有的"选举"；所谓选举是一种形式，往往都是头目预先指定，交部落会议通过。牧民们慑于头目的淫威，对其提出的人选不敢非议。

总圈头、辅帮、老者是由部落头目指定的。头目在酌定上述人选前，一般都有寺院上层和大户（牧主及富牧）参加。总圈头、辅帮几乎都由大户担任。一般任期是一年或三年，可以连任。

小圈头都是由部落头目指派，有的部落则由交不起"茶马"的贫苦牧民轮流充任。小圈头的任期，一般也是一年至三年，但往往被头目指派连任有达六七年或十几年的。他们被迫为头目服役，根据头目的命令，完成送信、跑腿、催收"茶马"、充当打手等任务。同时还必须侍候头目，如铺床叠被、端茶敬烟、牵马、喂马，等等。

部落每年举行几次会议。部落会议由头目召集，一般每户都要派人参加，名义上是民主议事，实际上一切问题均由头目和总圈头等决定。

中华人民共和国成立前，肃南裕固族地区还设有千户二人和老者若干人。两个千户，一是大头目的助手艾罗千户，一是亚拉格家的正头目安进朝，人称"安千户"。千户是青海佑宁寺土观活佛和马步芳的师长韩起功为扩张统治地盘而加封的。千户势力很大，亚拉格家、贺郎格家、五个家等部落的重要事务，以及总圈头的更换等，都要和他们商量。各部落头目一年内总要几次去请示"安千户"。老者（或称族长即部落下按姓氏划分，负担差役等的组织者）在明花乡和大河乡是由头目指定的，负责征集部落的各种款项和协助头目处理纠纷；在康乐乡是由卸任的总圈头或辅帮充任，不担负具体事务，供头目有事咨询。

部落有一套完整的封建统治制度。头目、总圈头和辅帮等部落上层都有各种封建特权，利用部落封建制度在政治上、经济上对人民进行统治。

头目、辅帮和总圈头有裁判诉讼，打、罚、施刑和处理部落一切事务的权力。部落中发生偷盗、打架、草原纠纷和家庭诉讼一切案件，都由头目、总圈头、辅帮和老者审讯处理。中华人民共和国成立前，草原纠纷很多，主要是牧主、大户侵犯和霸占牧民的草场。但是在诉讼前后，无论原告被告，都必须向头目请客送哈达、送礼和出官司钱。审理时，要负担所有参加审理人的茶饭和牲口的草料。明海村头目在审理草原纠纷时，还规定原告必须划给头目一块草场。由于贫苦牧民没有告状的财力，加之大户与头目串通一气，本来有理的官司也难打赢，甚至还要挨打受罚。对贫苦牧民来说，诉讼只有带来新的灾难。

部落头目等在审讯中可以任意用刑，最普遍的是用柳条抽打，有的受刑后终生残废。还有"打背花"（用柳条抽打脊背）、砸踝骨和吊打等刑罚，对妇女除打"背花"外，还用泡湿的鞋底子打嘴巴，妇女常被打得鼻青脸肿，鲜血横流。

头目、总圈头等部落统治者还常常监禁群众。他们在拴马的桩子上拴人，用锁马的铁绊锁人；寒冬腊月，深更半夜，把人拴锁在帐篷外边，常被冻得半死。贿赂和罚款可以"赎罪"免刑，但罚款数目巨大，拿不起罚款就必须把自己的草滩割划给头目、牧主，或出卖劳动力挣钱交款，交得慢了仍不免受刑。罚款都归头目和总圈头所有，因而审理诉讼也是头目的一项巨大的收入。

部落统治者每年在部落会议上，向各户分配应交的"茶马"数字。世袭的正副头目不交"茶马"，其他所有各户按照经济情况评为上户（多为牧主）、二户、三户和末户四等，实行"按等出钱"。实际上，所有负担都落在贫苦牧民的身上。

部落上层同牧主往往两位一体，凭借封建特权，对牧民进行野蛮的经济掠夺。头目等每年利用为政府摊派"官马"、"官羊"的机会，向群众大肆搜刮，中饱私囊。头目为了谋取牧民的草滩，就给牧民多派款项，负担不起时，牧民的草滩就被头目霸占。他们还利用特权，霸占部落公有草场，并将其出租、索收大量租金。每年汉族农民入山打猎、伐木，也被规定要给部落头目送礼和交入山税。有的头目如看中群众的贵重财物，则进行低价强买或无代价的夺取。此外，头目还任意分派牧民服无偿劳役。

贫苦牧民在封建部落制度的统治下，没有任何权利和地位。如规定遇见头目必须俯首下跪，呼头目为"老爷"，若骑马相遇必得下马伫立问候。牧民见头目时不能穿短衣，不能抽烟和大声说话，否则就要遭到惩罚。牧民群众的婚姻及丧事，必须与头目商量，请他们参加，有时头目不来，要一而再地送礼，等他们来了仪式才能进行。总圈头和辅帮也同样随意打骂欺压群众，被称为"总老爷"。东八个家的妇女哄吓孩子时，一说"总圈头来了"，孩子就不敢哭了。

有的部落贫苦农牧民经受不住部落头目、牧主、地主等的残酷压榨，纷纷逃亡他乡，另谋生路。四个马家部落到中华人民共和国成立时，仅剩八户人家。

在半封建半殖民地的旧中国，封建的统治阶级——牧主、地主和部落上层拥有大部分的牲畜、草场和土地；广大牧民和农民却很少或完全没有生产资料。他们不仅遭受着牧主、地主和部落上层的残酷剥削，而且还遭受着国民党政府的支差派款、苛捐杂税的经济掠夺。保护这种封建制度的，在肃南地区是当地的部落组织及其统治机构；头目是部落的最高统治者，在社会上拥有种种封建特权。国民党政府则通过部落上层，对人民进行统治。在黄泥堡地区，国民党政府则是采用保甲制度进行直接统治。

（二）肃南裕固族自治县的建立

自治县成立以前，其所辖地域分别隶属酒泉、高台、张掖、民乐等县。① 1952 年《中华人民共和国民族区域自治实施纲要》颁布后，党和人民政府开始筹建肃南裕固族自治区。1953 年 5 月，中共酒泉地委批准成立中共肃南县工作委员会。1953 年 7 月 10 日至 18 日，受中共甘肃省委、甘肃省人民政府委托，酒泉专员公署在酒泉主持召开祁连山北麓各族各界人士座谈会（以下简称"北麓"会议），会议同意省人民政府关于以酒泉县祁明区、高台县第六区、张掖县康乐区为基础建立肃南裕固族自治区的决定，商定了自治区民族构成、自治主体民族的称谓、自治区名称、行政地位和自治区人民政府机关驻地等问题，选举产生了肃南裕固族自治

---

① 祁丰、明花归酒泉县，设祁明区；大河一带归高台县，设直属乡，后改为第六区；康乐一带归张掖县，设康乐区；马蹄一带归民乐县，设马蹄区；协和乡归张掖县，后并入马蹄区。参见《肃南裕固族自治县概况》，政协肃南裕固族自治县委员会编《辉煌五十年——肃南文史资料（第四辑）》，第 2 页。

区筹备委员会。

"北麓"会议后，中共肃南县工作委员会和自治区筹备委员会抽调97名干部，分3个工作组深入祁明、康乐、高台六区的牧民群众中，以群众会、团结会、上层民主人士座谈会、青年民兵积极分子等形式深入宣传座谈会议精神，并大力宣传民族区域自治政策和党在牧区的"不分不斗，不划阶级，牧工牧主两利"及扶助贫苦牧民发展生产等一系列政策。同时，着力培养和选拔少数民族干部，加强党政和地方武装建设以及行政管理机构的筹备组建。在此期间，经过充分协商，广泛征求意见，选举产生了出席自治区各族各界人民代表会议的代表100名，其中裕固族代表44名，藏族代表23名，蒙古族和其他民族代表33名。这些代表中有牧民、劳动模范、青年、妇女、民兵、各级干部和部落头目及宗教上层爱国人士，充分体现了广泛的代表性。

1954年2月14—20日，肃南裕固族自治区首届各族各界人民代表会议在红湾寺召开，会议选举产生了自治区人民政府，肃南裕固族自治区（县级）正式成立。1955年5月，根据宪法的相关规定，肃南裕固族自治区更名为肃南裕固族自治县，自治区人民政府改称自治县人民委员会，各族各界人民代表会议制度改为人民代表大会制。

从1954年成立民族自治地方起，每年2月20日便成为自治县县庆日，1989年5月，甘肃省第七届人民代表大会第八次常务委员会批准通过了《肃南裕固族自治县自治条例》，正式确定每年8月1日为县庆日。

（三）肃南裕固族自治县的行政沿革

肃南地区历史悠久，地域辽阔，民族迁徙频繁，建制沿革比较复杂。1949年中华人民共和国成立时，以今肃南县属祁丰、明花、大河、康乐、马蹄等乡以各少数民族部落为基础，建立了区、乡人民政权。其中，祁丰、明花属酒泉县属，设祁明区；大河一带归高台县属；马蹄一带归民乐县属，设马蹄区；协和乡归张掖县属，后归马蹄区。

1953年，根据西北行政委员会召开的甘青新三省边境各族代表座谈会议精神，将肃南疏勒川草原划归肃北蒙古族自治县。1954年成立肃南裕固族自治区（县级），酒泉祁明区、高台第六区、张掖康乐区划归肃南统一管辖。1957年又将马蹄区划归肃南县管辖。1959年，肃南与青海的行政区划进行了一次大的调整，将肃南的陶莱东部、八字墩、友爱的草原划归青海省；将青海省的皇城滩草原移交肃南县。同年，经甘肃省人民委员会批准，天祝藏族自治县的铧尖、泱翔大队划归肃南县管辖。1971年，以战备的名义，将肃南县的祁丰区分别划归嘉峪关和酒泉县管辖，皇城区划归永昌县和武威市管辖。1972年祁丰区和皇城区复归肃南县管辖。

　　1954年2月肃南裕固族自治县成立后，全县辖金泉区、康乐区、明花区、祁丰区等4区共13个乡。金泉区辖红湾乡、韭菜沟乡、水关乡；康乐区辖青龙乡、白银乡、杨哥乡、泉源乡；明花区辖明海乡、莲花乡、前滩乡；祁丰区辖祁林乡、祁连乡、祁文乡。

　　1958年，根据中央《关于在农村建立人民公社问题的决议》精神，肃南县采取撤区撤乡、合并、建社、调整组织机构等措施，将原有的53个农牧业初级合作社和5个公私合营牧场合并，成立了5个人民公社，18个生产大队。全县2042户农牧民全部入了社，到了1958年底，全县实现了人民公社化。

　　1962年，经过体制调整，恢复了派出机构区的建制，并确定生产队是基本核算单位和生产、生活的组织单位，把人民公社的基本核算单位下放到生产队。全县辖6个区26个人民公社92个生产队（基本核算单位）。

　　1967年，在"文化大革命"中对基层政权机构进行了更名。全县辖6区26个公社，除祁丰区及所辖5个公社外，其余5个区及所辖公社进行了更名，名称均带有"革命"色彩。如大河区更名为长征区，辖长征、红星、东方红、五星、红霞5个公社；明花区更名为南泥湾区，辖南泥湾、明海、前滩3个公社等。1970年恢复原区、社名称，全县辖6个区23个人民公社87个生产大队。1984年人民公社改为乡的建制，生产大队改为村民委员会。

　　2004年，肃南县撤销了6个区公署建制，将原来的6区24乡镇撤并为明花乡、大河乡、康乐乡、祁丰藏族乡、马蹄藏族乡及白银蒙古族乡等6个乡，以及红湾寺和皇城2个镇，辖6乡2镇101个村民委员会3个社区居民委员会。

（四）各民族乡的建立及沿革

　　祁丰藏族乡位于肃南县西部、祁连山北麓，东与大河乡相望，西接肃北蒙古族自治县，南与青海省祁连、天峻县为邻，北与酒泉市肃州区、嘉峪关市、玉门市接壤，东西长160公里，南北宽105公里，总面积10202

平方公里。乡政府驻地为文殊沟。全乡点多线长，山高坡陡，农牧民群众居住分散。祁丰乡境内居住着藏、裕固、回、土、汉、蒙古、仡佬等7个民族，截至2012年末，全乡总人口为3016人，其中藏族2567人，占全乡总人口的85%。

祁丰以祁连山水草丰盛而得名，据史料记载，祁丰藏族原居西康，元时征战到此，后变兵为民定居此地。近代临近县市志书中称祁丰藏族为东乐克（东纳）部族，中华人民共和国成立前属酒泉县管辖。中华人民共和国成立初设"祁连直属乡"，1950年与明花乡合并为祁明区，属酒泉市管辖。1954年划归肃南县，改称祁丰区。1958年改建为祁丰公社；1959年与双海公社合并为祁明公社；1960年析置为祁丰、双海公社。1971年将祁丰区所属祁连、祁林两个公社划归酒泉县，祁青、祁文两个公社划归嘉峪关市，区制撤销。1972年复归肃南县辖，并恢复祁丰区建置，辖祁林、祁连、祁文、祁青4个乡13个行政村。2004年11月，全县进行行政区划调整，撤销祁丰区建置，将原属4个乡合并为祁丰藏族乡，辖13个行政村。

白银蒙古族乡地处祁连山中段北麓，肃南县中部，距张掖市区48公里。东邻马蹄藏族乡，西界大河乡，南连康乐乡，北接临泽县倪家营乡。东西长36公里，南北宽28公里，总面积448平方公里。乡政府驻白银村。白银乡境内居住着蒙古、汉、裕固、藏和回等5个民族，截至2011年末，全乡总人口615人，其中蒙古族297人，占全乡总人口的48%，占全乡少数民族人口的66.3%。

"白银"是蒙语，意为富裕。居住在白银乡的蒙古族属喀尔喀部，1935年前后陆续迁居到此，借裕固族草场居住游牧至今。1949年中华人民共和国成立后，建立白银乡，属张掖县十一区。1954年3月21日划归肃南县，隶属康乐区。1958年撤区并乡，将康乐区改制为泉源人民公社，白银改制为大队。1962年，根据中央关于"调整、巩固、充实、提高"的方针，对行政区划重新进行调整，适当缩小人民公社规模，恢复康乐区建制，将白银大队扩建为白银人民公社，后改为红旗公社。1967年5月29日，康乐区更名为继红区，白银公社更名为团结公社。1970年复称白银公社。1983年10月，撤销人民公社建制，成立白银乡人民政府，生产队改为村委会，辖4个行政村。1985年9月根据国务院《关于建立民族乡问题的通知》精神，经甘肃省政府批准成立白银蒙古族乡，2004年行政区划调整时保留白银蒙古族乡建置，并将所属榆木庄村划归康乐乡管辖。现白银蒙古族乡辖 3 个行政村。

马蹄藏族乡地处祁连山中段北麓，肃南县东南，距张掖市 65 公里。东靠民乐县永固、南丰两乡，西隔黑河与康乐乡相望，南与青海省祁连县为邻，北和民乐县、甘州区部分乡镇接壤，东西长约 73 公里，南北宽约 40 公里，总面积 1998 平方公里。全乡辖 23 个行政村，聚居有藏族、汉族、裕固族、土族、回族、蒙古族六种民族，截至 2011 年末，全乡总人口为 4720 人，其中藏族 2310 人，占全乡总人口的 48.9%，占全乡少数民族人口的 94.2%。

马蹄藏族乡以驻地马蹄寺得名。马蹄藏族乡古称"热琼十四族"①，又称"东西十四族"，分东五族、西八族和板达部落。1949 年中华人民共和国成立后，为落实党的民族区域自治政策，以西八族的横尼、盼西、鄂急、嘉卜斯、黄藏寺（曼台）、板达部落辖地为基础成立协和乡，由张掖县管辖；以东五族辖地和西八族的大都麻、小都麻、河牛口、长岭辖地为基础成立祁连直属乡，由民乐县管辖。1954 年，在上述 14 个藏族部落的基础上成立了民乐县马蹄藏族自治区，辖祁连、协和、黄藏三乡，驻地马蹄寺。1955 年改黄藏乡为友爱乡，马蹄藏族自治区改建为马蹄区公署，仍属民乐县管辖。1957 年马蹄区由民乐县整体移交肃南裕固族自治县管辖。1958 年撤区并乡，建立马蹄人民公社，1959 年改称西水人民公社，将友爱乡牧民迁入皇城。1962 年恢复马蹄区建制，1967 年更名为东风区，1970 年恢复马蹄区建置，时辖大都麻、西水、大泉沟 3 个公社。1983 年撤销人民公社建置，成立乡人民政府，1987 年 9 月，经甘肃省人民政府批准，宣布成立西水藏族乡。2004 年在区划调整中，肃南县决定撤销马蹄区公署建置，合并马蹄区公署所属大泉沟乡、大都麻乡和西水藏族乡，设立马蹄藏族乡，辖 23 个行政村。

黄泥堡裕固族乡属今酒泉市肃州区，"黄泥堡"因古代边道城堡而得名。明代，酒泉境内构筑了诸多军事防御设施和村寨城堡，地处交通要道，曾为酒泉古代的经济繁荣作出过重要贡献。直到民国初期，省政府对甘新古道进行整修时，酒泉以东线路向南进行了移动，甘新道路才不再穿越黄泥堡。黄泥堡的裕固族与肃南裕固族自治县明花乡的裕固族同宗，为

---

① "热琼"为藏语，意为野牛和大鹏，传说古代马蹄地区为野牛和大鹏的栖息地，当地许多地名的命名都源于此。

西部裕固族。中华人民共和国成立前，黄泥堡沿袭保甲制。中华人民共和国成立后，1954 年 4 月成立黄泥堡裕固族自治区，1955 年 11 月从临水区划出后建立酒泉县黄泥堡裕固族自治乡，1958 年 8 月成立人民公社。1981 年 1 月正式挂牌成立黄泥堡裕固族人民公社，1983 年公社改为乡。

二　其他政治制度建设及改革

（一）党的组织建设

中华人民共和国成立以前，肃南地区中共党员很少，没有党的基层组织。中华人民共和国成立后，党员队伍和党组织发展很快，到 1954 年底肃南裕固族自治县有 4 个区党委和 3 个党支部，有中共党员 44 名。1955 年增设祁丰、明花区委，1956 年党员增至 306 人。

1958 年，肃南各区改建人民公社后，在祁丰、康乐、明花、大河、马蹄 5 个人民公社设立党委，党员数量达 601 名，其中少数民族党员 348 名，占党员总数的 58.0%，各级党组织发展到 42 个（26 个党支部、3 个党总支和 13 个党委）。1962 年，随着人民公社体制调整，重组了 6 个区委、26 个乡党委和 93 个生产队党支部，党员数量增加到 842 名，其中少数民族党员 460 名，占党员总数的 54.6%。

"文化大革命"期间，肃南裕固族自治县的各级党组织活动被停止，许多党员干部遭受迫害，全县党员数量停滞不前。

1976 年，粉碎"四人帮"后，重新抓党的思想和组织建设，重点吸收优秀知识分子和各行各业的骨干加入党的组织，到 1979 年党员数量增加到 1370 名，而到 1980 年达 1447 名。

1984 年，中共肃南裕固族自治县第七次代表大会后，党组织建设得到进一步完善，党员数量也逐渐增多。1990 年底，全县各级党组织有 202 个，其中有 6 个区党委、24 个乡镇党委、93 个村支部和县直属机关 9 个党总支和 70 个党支部，并在县人大常委会、政府、政协及公检法系统建立健全党组，全县党员人数达 1817 名。[①]

进入 21 世纪后，中共肃南县委不但重视党员数量的发展，而且形成

---

① 以上参见肃南裕固族自治县地方志编纂委员会《肃南裕固族自治县志》，甘肃民族出版社 1994 年版，第 231—232 页。

了更加规范的党建工作制度。如他们坚持县委工作会安排部署党建工作、全委扩大会汇报党建工作、常委会议定期研究党建工作制度，形成了"书记带头，常委分工负责，各级党组织抓落实"的工作格局。县委在党建工作中，充分尊重党员的主体地位，抓基层班子、党员队伍、人才队伍、后备干部队伍和入党积极分子队伍建设；整合各种资源，加大投入力度，认真解决基层组织活动场所不规范、设施不配套的问题。如今全县98%的基层党组织活动场所达到"十有"标准；开展"基层组织建设年"、城乡党组织"互帮互促、共建联建"等务实有效的主题活动，较好地解决了基层党组织影响力不大、党员队伍活力不够的问题；针对抓基层党建不主动、不自觉、不经常、不持久等问题，努力建立党建工作长效机制、巩固工作成果，健全和完善党建工作责任制、党员教育管理和便民服务代理等科学管用的基本制度，为全县经济社会的快速发展提供坚强的组织保证。

肃南县委以提高执政能力为重点，切实加强和改善党的领导，重视党的思想、作风和制度建设，做好党组织建设，充分发挥各级党组织的战斗堡垒作用和广大党员的先进模范作用。如今，党组织建设更加健全，党员数量日趋增多，党员素质明显提高。全县已有党员4288名，党员成分覆盖农牧村、乡镇社区、机关事业单位和企业。基层党组织有349个，其中10个党委（机关2个，乡镇8个），18个党总支（机关15个、非公企业1个，其他2个），321个党支部（机关77个，事业单位52个，国有企业7个，集体企业1个，非公企业61个，农牧村101个，城镇社区3个，乡镇社区7个，其他12个）。在全体党员中，少数民族党员2428名（其中裕固族1340名），占党员总数的56.6%；从党员学历看，大专以上学历党员1597名，占37.2%；从党员年龄看，35岁及以下999名，占23.3%。

（二）各级人大的建立和发展

人民代表大会制度是我国的根本政治制度，是实现党的领导和人民当家做主的有效组织形式。肃南裕固族自治县的人民代表大会制度是伴随该县的成立而建立的。

1954年2月14—20日，肃南地区召开首届各族各界人民代表会议，会议代行人民代表大会职权，听取审议自治区筹备委员会工作报告，选举产生了第一届人民政府组成人员，宣告肃南裕固族自治区正式成立。之后，将此次会议追记为自治县第一届人民代表大会第一次会议，这标志肃南裕固族自治县人民代表大会制度的正式建立。

与全国一样，肃南裕固族自治县人民代表大会制度在"文化大革命"期间遭受破坏，革命委员会替代人民政府，人民代表大会制度处于瘫痪状态。中共十一届三中全会后，拨乱反正，自治县人民代表大会制度得以恢复和发展。1981 年 1 月，依法设立了人民代表大会常务委员会，并陆续组建相应的内部办事机构，1981 年设立了自治县人大办公室，1985 年设立了人事法制工作委员会、财政经济工作委员会和教科文卫工作委员会，1993 年增设了民族代表工作委员会，2007 年又增设了农牧环资工作委员会等。这些委员会的设立为常委会开展工作、充分行使职权，加强和完善人民代表大会制度，创造了条件。

进入 21 世纪以来，肃南裕固族自治县人大以邓小平理论、"三个代表"重要思想和科学发展观为指导，坚持党的领导、人民当家做主、依法治国的有机统一，正确履行宪法和法律赋予的各项职责，围绕全县工作大局，发挥地方国家权力机关的作用，不断加强自身建设，为坚持和完善人民代表大会制度、发展社会主义民主政治，推动自治县经济和社会各项事业的快速发展，构建社会主义和谐牧区作出了积极努力。

肃南裕固族自治县人大根据当地政治、经济和文化等特点，积极做好民族地方立法工作，监督、支持"一府两院"认真落实依法治县的各项措施，为自治县经济建设和社会各项事业的发展提供了重要的法律保障。肃南县十六届人大（2007—2011 年）期间，县人大常委会在广泛调查论证的基础上，制定了《自治县 2007—2011 年民族地方立法规划》，先后组织开展了《自治县自治条例》、《自治县旅游管理条例》、《自治县草原管理条例》三个地方性法规的起草、修订和报批工作。自治县十六届人大三次会议审议通过《关于修改肃南裕固族自治县自治条例的决定》后，及时将《肃南裕固族自治县自治条例修订案》上报省人大常委会，2010 年 7 月，甘肃省人大常委会审查批准了《自治县自治条例（修订）》，自治条例自 2010 年 8 月 10 日起颁布实施，民族地方立法工作取得新成效。

自治县人大常委会坚持把依法治县工作列入重要工作议程，依法行政，开展法律监督，先后开展了自治县城镇市容和环境卫生管理条例、草原法、矿产资源法、环境保护法、水法等 11 部法律法规贯彻实施情况的执法检查。此外，根据监督法规定，县人大常委会制定了规范性文件备案审查办法，明确了规范性文件备案审查范围、审查程序和各工作机构的职责。五年来，县人大常委会对县政府报送的 31 件规范性文件进行了备案审查，对《自治县矿产资源管理条例》等 8 件地方性法规进行了清理，保留 5 件，审查批准 1 件，正在修订完善 1 件，废止 1 件，有效维护了社会主义法制统一的原则。

自治县人大代表的民族构成中，少数民族代表比例高于其人口比例，代表的学历明显提高，年龄结构日趋合理。2011 年 10 月召开肃南裕固族自治县第十七届人大第一次会议时，应出席代表 119 名，其中少数民族代表 84 名，占代表总数的 70.6%。从少数民族代表构成看，裕固族 43 名，藏族 35 名，回族 3 名，蒙古族 2 名，土族 1 名。代表的学历、年龄结构更加趋于合理，代表中大专以上文化程度的有 65 名（占总数的 54.6%），比上届提高了 0.4 个百分点；中专及高中文化程度的 27 名（占 22.7%），即中专以上学历的人数占代表总数的 2/3 以上。从年龄看，35 岁以下代表有 9 名（占 7.6%），36—45 岁的 53 名（占 44.5%），即 45 岁以下代表占 52.1%，代表的平均年龄为 44.4 岁。

从近几届自治县人大常委会主任、副主任构成看，体现了民族自治地方特色（见表 3-1）。[1]

随着自治县人民代表大会制度的建立和发展，乡镇人民代表大会制度也得到逐步健全。1954 年，自治县成立时全县辖 3 个区 12 个乡，后乡镇行政区域几经调整，到 1958 年人民公社时，自治县共召开了 3 届乡镇一级人民代表大会，其主要任务是选举县人民代表大会代表和乡长、副乡长。例如，第一届乡人民代表大会在 1954 年 2 月召开，当时 12 个乡的代表有 312 名，其中少数民族代表 216 名、妇女代表 39 名，选举乡长 12 名和副乡长 11 名。[2]

1958 年 10 月，成立了人民公社，全县建立了 5 个人民公社管理委员会，下设 26 个人民公社，由社员代表大会替代了人民代表大会。至 1966 年"文化大革命"开始前，共召开 3 届社员代表大会，即第四届到第六届乡人民代表大会。

---

[1]　本表和本章其他表的资料来源均为本次调研所获相关资料，非出版物，故未一一注出。
[2]　肃南裕固族自治县人大常委会办公室：《志肃南裕固族自治县人民代表大会志》，2002 年，第 313 页。

表 3 - 1 肃南县第十五届至第十七届人大常委会主任、
副主任一览表（2002—2011）

选举会议	任职机关	职务	姓名	民族	任职时间
县十五届人大第一次会议	县人大常委会	主任	强国年	藏族	2002.12—2006.12
		副主任	黄进荣	裕固族	2002.12—2006.12
		副主任	安新年	藏族	2002.12—2006.12
		副主任	白忠诚	裕固族	2002.12—2006.12
		副主任	贾也霞	汉族	2002.12—2006.12
		副主任	郎建平	裕固族	2002.12—2006.12
		副主任	强国钰	藏族	2002.12—2006.12
县十六届人大第一次会议	县人大常委会	主任	秦学仁	藏族	2007.01—2011.10
		副主任	安新年	藏族	2007.01—2010.7
		副主任	白忠诚	裕固族	2007.01—2011.10
		副主任	贾也霞	汉族	2007.01—2011.10
		副主任	郎建平	裕固族	2007.01—2011.10
		副主任	强国钰	藏族	2007.01—2011.10
		副主任	安志军	裕固族	2010.01—2011.10
县十七届人大第一次会议	县人大常委会	主任	秦学仁	藏族	2011.11—
		副主任	郎建平	裕固族	2011.11—2013.10
		副主任	强国钰	藏族	2011.11—
		副主任	安志军	裕固族	2011.11—
		副主任	朵玉兰	藏族	2011.11—

1978 年以后，人民代表大会建设进入了一个新的历史发展时期。随着县人民代表大会制度的恢复和发展，社、镇人民代表大会制度也得到恢复。1980 年开始，根据第五届全国人大第二次会议通过的选举法规定，由选民直接选举社、镇人民代表大会。1982 年开始实行政社分开，建立乡镇人民政府，到 1983 年底，自治县所辖 23 个人民公社恢复建立了乡人民代表大会和人民政府，12 月召开第十届乡人民代表大会，出席代表共 827 名，其中少数民族代表 571 名、妇女代表 197 名，选举乡长 23 名和副乡长 21 名。

1989 年底，县乡人民代表大会换届时，自治县人大常委会作出《关于在乡镇人民代表大会设立主席团常务主席的决定》。而在 1990 年 1 月召开的第十二届乡人民代表大会第一次会议上，通过投票选举产生了 24 个乡镇人大主席团常务主席，主席团常务主席由乡镇党委书记兼任。乡镇人民代表大会主席团配备常务主席后，乡镇一级人大工作发生明显变化，此后乡镇人大工作趋于规范，乡镇人大闭会期间工作有人抓，能够随时组织代表开展专题视察和调研等工作，乡镇一级人大工作进入完善规范阶段。

人民代表大会制度，在建设健全社会主义法制等方面发挥了重要的作用。从现实看，自治县人民代表大会应该更加积极地发挥人大主导作用，忠实地履行宪法和法律赋予的各项职权，深入推进依法治县进程，切实加强和改进监督工作，充分发挥代表作用，为坚持和完善人民代表大会制度、发展社会主义民主政治，推动自治县经济和社会各项事业跨越式发展作出更大的贡献。

（三）政协制度的建立和发展

1954年2月，在代行人民代表大会职权的首届各族各界人民代表会议上，在正式成立肃南裕固族自治区的同时，选举产生了肃南裕固族自治区协商委员会，这成为自治县人民政协的前身。1955年12月，自治县政协委员会召开第一届第一次会议，根据《中国人民政治协商会议章程》和中共甘肃省委的决定，撤销自治区协商委员会，成立中国人民政治协商会议肃南裕固族自治县委员会。自治县政协成立后，积极宣传党的民族政策和统战政策，协助政府进行牧区民主改革，取得了积极的成效。但后来，由于受"左"的思想干扰和"文化大革命"的影响，政协工作处于瘫痪状态，失去作用。

中共十一届三中全会后，1979年5月，经中共甘肃省委同意，政协肃南裕固族自治县委员会得以恢复。此后，自治县政协在中共肃南县委领导下，认真履行政治协商、民主监督、参政议政的职能，团结组织动员各民族各行业人士积极参与社会主义建设，为自治县民主政治建设、民族团结和经济社会发展作出了积极贡献。

在此过程中，政协组织得到不断发展，自身建设不断加强。自治县政协成立时只有29名委员，中共、共青团、民族、宗教四个界别，到2003年，委员增至68名，代表领域扩大至14个界别。① 民族比例、委员构成及界别分布更加合理，政协的办事机构也由最初的一个秘书处扩大至一个办公室和提案和民族宗教、经济社会和法制、教科文卫体三个专门委员

---

① 政协肃南裕固族自治县委员会：《辉煌五十年》（《肃南文史资料》第四辑），2006年，第32页。

会。政协的阵容日益扩大，代表性愈益广泛，政协委员构成趋于合理。
2007 年 1 月 3 日，政协肃南县第十四届委员会第一次会议召开，出席会
议委员 78 名，其中少数民族委员 58 名，列席会议的各界人士 18 名，选
举高林俊（裕固族）为县政协第十四届委员会主席，杨新华（裕固族）、
马建华（女、回族）、秦秀丽（女、藏族）、周学新、贺占英（裕固族）
为副主席，民族自治地方特性很浓（见表 3 - 2）。

　　肃南县政协为了做好基层政协委员的工作，从 1988 年开始，先后在 6
个区建立了政协委员联络组，组长由各区区委书记兼任，副组长由所在区
的县政协委员担任，主要负责基层政协委员的联络组织工作。2004 年随着
行政区划调整，区政协委员联络组随之撤销。2005 年，在撤并后的 6 个乡 2
个镇成立了政协委员联络组，组长由各乡镇党委书记兼任，职能未变。

　　随着政协组织发展及自身建设的加强，政协在履行主要职能方面更加
有力、有效。肃南裕固族自治县政协利用每年一次的全委会和不同层次的
座谈、协商、情况通报及意见征求，参与全县重大事务的协商讨论，还通
过各种考核、民众评议、价格听证、案件旁听、各项检查等活动进行民主
监督。此外，发挥政协提案职能，不断提高提案、建议案等质量，还开展
各种专题调研和视察活动，上报专题调研报告，扩大调研成果，由此产生
了明显的经济、社会效益。

表 3 - 2　　政协肃南县第十二届至第十五届主席、副主席一览表
（1997—2011 年）

	职务	姓名	民族	任职时间
十二届	主席	安玉林	裕固族	1997. 12—2002. 12
	副主席	马建华	回族	1997. 12—2000. 12
	副主席	杨新华	裕固族	1997. 12—2002. 12
	副主席	凯成俊	藏族	1997. 12—2002. 12
	副主席	兰扎	裕固族	1997. 12—2002. 12
十三届	主席	陈生元	裕固族	2002. 12—2006. 01
	副主席	杨新华	裕固族	2002. 12—2006. 12
	副主席	马建华	回族	2002. 12—2006. 12
	副主席	秦秀丽	藏族	2002. 12—2006. 12
	副主席	周学新	汉族	2002. 12—2006. 12
	副主席	贺占英	裕固族	2002. 12—2006. 12

续表

	职务	姓名	民族	任职时间
十四届	主席	高林俊	裕固族	2007.01—2010.12
	副主席	杨新华	裕固族	2007.01—2010.12
	副主席	马建华	回族	2007.01—2010.12
	副主席	秦秀丽	藏族	2007.01—2010.12
	副主席	周学新	汉族	2007.01—2010.12
	副主席	贺占英	裕固族	2007.01—2010.12
十五届	主席	安玉冰	裕固族	2011.01—
	副主席	周学新	汉族	2011.01—
	副主席	贺占英	裕固族	2011.01—
	副主席	高生富	裕固族	2011.01—2012.12
	副主席	张晓云	汉族	2011.01—
	副主席	朵玉敏	裕固族	2011.01—

进入 21 世纪，在党的统一战线政策指引下，自治县政协始终坚持"长期共存、互相监督、肝胆相照、荣辱与共"的方针，紧密结合自治县实际，在小康社会、和谐社会建设等方面，认真履行人民政协的政治协商、民主监督、参政议政职能，精心协商议政，以委员视察促进重大社会问题的解决，以督办提案促进热点难点问题的解决，以反映社情民意促进群众现实问题的解决，以民主监督促进优化发展环境问题的解决，为维护全县民族团结和社会稳定，为推动社会主义物质文明、政治文明和精神文明建设，促进自治县经济社会发展，发挥了重要作用。

（四）基层民主制度的建立及发展

中华人民共和国成立后，建立区乡人民政权，先后实行互助组、合作社制度。到 1958 年 8 月，牧业合作社和公私合营牧场合并，全县 2042 户农牧民全部入社，实现了人民公社化。[①] 在农村实行公社、生产大队和生产小队等三级集体经营，生产小队干部由社员直接选举，生产大队和生产小队在劳动生产方面有一定的自主性，但还没有达到村民自治的程度。随

---

① 政协肃南裕固族自治县委员会：《辉煌五十年》（《肃南文史资料》第四辑），2006 年，第 82 页。

着改革开放和农村实行生产责任承包制，农村三级集体经营制形式逐渐减弱，到 20 世纪 80 年代中后期，由村民委员会替代了生产大队。

在农村建立和实行基层民主制度，主要是选举村民委员会，实现村民自治，行使民主管理权利。1987 年 11 月 24 日，经第六届全国人大常委会第二十三次会议审议通过并公布的《中华人民共和国村民委员会组织法（试行）》，于 1988 年 6 月 1 日起试行。这是一部加强农村社会主义民主和法制建设、保障农民民主权利的重要法律，它的颁布试行对于提高广大农村基层干部和群众的民主意识，对于加强村民委员会建设和发挥村民委员会作用，对于调动农民当家做主的积极性，促进农村两个文明建设，具有十分重要的意义。

《中华人民共和国村民委员会组织法（试行）》颁布实施以来，肃南裕固族自治县在农牧村广泛宣传该法精神的基础上，开始对全县 96 个村进行整顿，设立村民委员会，成员一般由主任 1 名、委员 5—7 名组成，同时制定了村民委员会各项工作制度。村民委员会负责办理本村的公共事务和公益事业，组织协调生产、维护社会治安、宣传计划生育、调解民事纠纷等工作。1989 年，随着农牧村改革，在康乐、大河、祁丰 3 个区 12 个乡的 39 个村，通过民主选举调整了村民委员会。此后，在肃南裕固族自治县，村委会民主选举，村民自治的农村基层民主制度逐步建立起来。

黄泥堡裕固族乡是酒泉市肃州区唯一的少数民族乡，1987 年初，全乡 10 个组划分为 3 个村民委员会，设正、副主任各 1 名，委员 3—5 名，由村民直接选举产生，村委会下设人民调解、治安保卫、公共卫生、计划生育 4 个委员会。

21 世纪以来，肃南县根据"保障农村村民实行自治，由村民依法办理自己的事情，发展农村基层民主，维护村民的合法权益，促进社会主义新农村建设"① 的精神，在发挥基层民主政治方面做了大量的工作。

到 2010 年底，肃南全县 101 个农牧村"两委"进行换届选举工作，村党支部采取"公推直选"的 57 个，采取"两推一选"的 44 个，而村民委员会均采取"公推直选"，共选举产生农牧村"两委"班子成员 726 名。从民族成分看，少数民族 483 名，占 66.5%；从年龄结构看，35 岁以下的 185 名，占 25.5%，36—45 岁的 321 名，占 44.2%，45 岁以下近 70%。村党支

---

① 参见《中华人民共和国村民委员会组织法》第一条。

部书记平均年龄44.7岁，村委会主任平均年龄41.3岁；从文化程度看，大专及以上文化程度的96名，占13.2%，中专或高中文化的181名，占24.9%。在"两委"班子成员中，妇女102名，占14.0%。在农牧村"两委"班子成员中，经济能人、致富能手563名，占77.5%。

在建立农村基层民主制度、实行村民自治过程中，肃南县坚持以提高基层基础保障能力为重点，将村级组织和社区工作经费全部列入县财政预算，并健全村干部待遇保障机制，加强村级组织活动场所建设。如今，全县2镇6乡的101个村，都通过民主选举组建了村民委员会，实行村民自治，实现了村民行使民主管理的权利。

为了不断深化和完善村级组织规范化管理，实现加强党的领导与充分发扬民主、严格依法办事的有机统一，确保村级组织工作制度化、民主化、科学化、规范化，一些乡村不断创新工作方法。例如2009年，大河乡在全乡农牧村积极推行重大事项决策"四议两公开"的工作法，即凡是村级重大事务和与农牧民群众切身利益相关的事项，都要按照"四议两公开"的程序决策实施。即党支部会议提议、"两委"会议商议、党员大会审议、村民代表会议或村民会议决议和决议公开、实施结果公开（见图3-1）。

大河乡位于肃南县中部，全乡辖17个行政村，聚居有裕固、藏、汉、土、回、蒙古6种民族，以牧业为主。近年来，随着肃南县游牧民定居和危旧房改造项目的实施，大河乡进城定居的农牧民日渐增多，已达2100多人，占全乡农牧民总数的67.3%。他们远离原来的行政村和牧业点，分散居住于县城各社区和城乡结合部，居住状况复杂，产业亟待转型，传统的行政体制和服务模式已难于满足需要。为了在这些集中定居区内便于管理、减少农牧民办事程序、降低行政成本，2011年10月大河乡成立了进城农牧民便民服务中心。即通过划分片区、包村负责、入户联系等方式，把进城农牧民定居区和城郊村划分为若干网格进行管理。每个片区都驻派干部，组成联系服务小组，设有便民服务办事窗口，直接提供咨询、办证、审批、领证等服务事项，提供社保、新农合、农牧村低保等惠农政策的落实，确保为辖区定居的农牧民群众提供全覆盖联系与全方位服务。

这一网格化管理是大河乡为了对进入肃南县城定居的本乡农牧民进行管理和服务，结合外地经验在实践探索中形成的行政体制创新。虽然只是针对一部分定居农牧民的服务，但体现了高效、低成本、惠民、便民的精

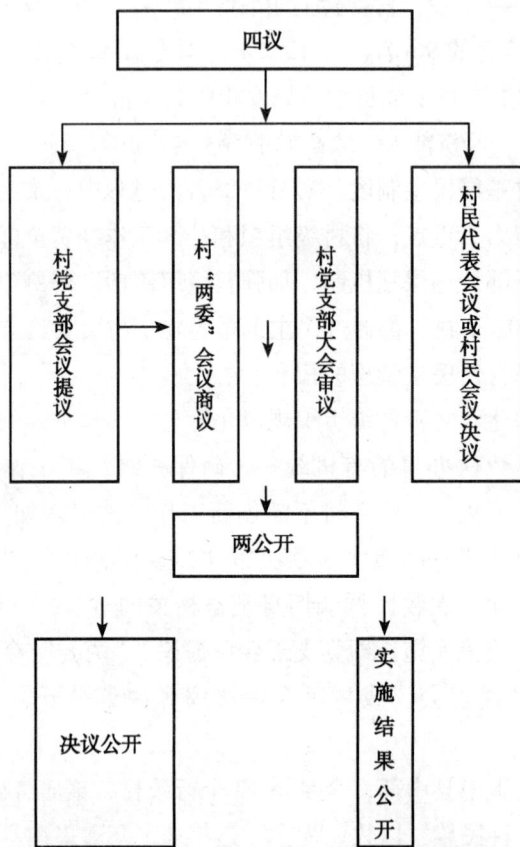

图 3-1　"四议两公开"工作法流程图

神，受到了广大群众的欢迎。

　　这一工作法取得了良好效果，得到了上级的肯定和推广。此外，为完善民主选举、民主决策、民主管理、民主监督的基本自治制度，肃南县举办了村干部培训班，建立了村委会组织台账，深入开展村民自治示范乡（镇）、村创建活动，扩大基层群众的自治范围。

　　在农村，目前最能体现农民的民主参与意识和行使民主权利的就是村民选举，包括各级人大代表的选举和村民委员会的选举。随着这一形式在农村的悄然普及，农民的参与热情和参与程度也在明显提高。

　　肃南裕固族自治县从 1980 年起，实行县、乡两级直接选举，各族群众通过自己推选出的代表行使民主权利，审议决定自治县有关国计民生的大事，提高了人民群众当家做主的热情，各民族群众的民主参与意识渐浓。

（五）行政体制和管理模式的改革

中国共产党十一届三中全会以来，我国在进行社会主义经济体制改革的同时，也开展了一些包括领导体制、行政机构、干部人事制度等在内的政治体制改革。旨在提高政治与行政管理工作的效能，促进社会经济、文化等事业的发展。这些改革已经取得一些成果，如领导干部终身职务制的废除，人民代表大会制度和政治协商制度的发展，村民自治制度和基层民主制度的创新，人事制度的改革，公务员制度的初步建立，等等。

作为我国的一级地方政权，肃南裕固族自治县与国家的政治体制改革同步，也在相应领域进行了改革调整，比如改革各级政府机构，推进事业单位岗位设置和绩效工资制度，事业单位用人公开招考和新录用人员全员聘用，完善和规范特殊急需人才引进"绿色"通道制度，全面落实机构编制实名制管理工作，激发和增强机关单位工作活力，提高行政效能等。

特别是，肃南县在政府机构改革中，有计划地进行乡镇一级区划调整，在实现政府职能转变和加强行政管理工作方面有了重要的进展。

2004年，肃南县委、县政府根据本县经济社会发展和适应可持续发展的需求，按照精简、务实、高效的原则，从有利于提高服务水平、有利于民族团结出发，制定实施了新的乡镇调整方案。经过5个月的精心工作，按照弱合于强、小合于大的原则，将原有6区1镇23个乡镇合并为2镇6乡，撤并率达73.3%。同时，为加强党的领导和加强基层政权建设，健全了乡镇党政机构和事业单位结构。党政机构含党委办、政府办、综治办（含民政司法所）和武装部，事业机构含教委、农牧技术服务站（畜牧站）、计划生育工作站、财政所、水利工作站、中心卫生院、广播电视文化中心、林业站、经营管理站（含草原管理）、中心学校等。肃南的乡镇区划调整，有效地提高了行政管理效能，整合和优化了各类资源配置，巩固了基层政权基础。

三　民族法制建设与发展

（一）自治县自治条例的制定及修改

民族区域自治是一种法制政治。这一点自改革开放以后已被人们广泛认识。因此，各民族自治地方就将制定本地的自治条例作为一项重大的政治任务提上工作日程。1981 年在肃南县九届人大常委会第二次会议上成立了自治条例起草委员会，以此为起点，肃南县自治条例的起草工作正式启动。其后经历 8 年 12 次修改，最终于 1989 年 5 月 4 日经甘肃省第七届人民代表大会常务委员会第八次会议批准，《肃南裕固族自治县自治条例》正式颁行。

《肃南裕固族自治县自治条例》（以下简称《自治条例》）是根据宪法、民族区域自治法的基本原则，参照《甘肃省实施民族区域自治法的若干规定》的精神，结合当地政治、经济、文化特点制定的。但进入 21 世纪以后，随着改革开放的持续推进和自治县县情的重大变化，特别是在宪法和民族区域自治法先行进行了修改的背景下，自治县自治条例的修改工作便也提上了日程。

整个修改工作于 2003 年开始。在县委的统一领导下，自治县人大常委会把《自治条例》修改列入了《2003—2007 年民族地方立法规划》，成立了由县委、人大、政府、政协分管领导及相关部门负责人组成的修订工作领导小组，制定了《自治条例修订工作方案》。在征求各部门意见的基础上形成了修改稿，修改稿经过县人大常委会两次审议修改，又提交县四套班子联席会议进行讨论修改。之后，在广泛征求县内各方面意见和省人大民侨委、省民委、张掖市人大、市政府及有关部门的意见和建议的基础上又对自治条例进行了系统的修改和规范，并经县委常委会讨论审定。

整个修改工作于 2003 年开始，经过学习考察、制订方案（2003—2004 年）；重点修订、征求意见（2005—2006 年）；上下沟通、规范完善（2007—2008 年）三个阶段，八易其稿，于 2010 年 7 月 29 日经甘肃省第十一届人民代表大会常务委员会第十六次会议批准，自 2010 年 8 月 10 日起施行。在自治条例的修改过程中，党委领导、人大指导、政府承办、各方参与，广泛征求社会各方面特别是基层群众的意见，反复讨论，使立法工作具有坚实的群众基础。在立法调查研究、可行性论证及条例起草工作阶段充分发扬民主，立法的规范化和民主化程度逐渐加强。

修改后的自治条例共 8 章 58 条，其中原条例 55 条，保留 2 条，修改 39 条，增加 17 条，删除 14 条。肃南裕固族自治县自治条例的修改，遵循"不抵触、有特色、可操作"的原则，体现了坚持法制统一和突出民族自治地方特色相结合。

一方面，根据宪法和民族区域自治法的修改，相应地修改了指导思想，自治机关、人民法院和人民检察院的民族构成等内容，以保证法制的和谐统一。

另一方面，修改后的自治条例紧密结合自治县的实际，注重突出民族自治地方特色，在基础设施建设、财政税收、矿产资源开发管理、生态环境保护、民族干部培养等方面更加体现了自治县的特殊情况。例如，根据该县行政区域界线长，接壤地区多，边界纠纷时有发生的情况，在修改中增加了"自治县行政区域界线一经确定受法律保护，未经法定程序，不得变动"的规定。又如，为了使县内丰富的矿产资源、水能资源和旅游资源得到合理有序开发，自治县在境内的马蹄乡、祁青地区分别设立了马蹄旅游景区管理委员会和祁青工业园区管理委员会。但是这些机构不具备行政执法主体资格，难以在辖区内有效行使行政执法权。为了维护这类地区的合法权益，自治条例在修改中规定："自治机关可以根据工作需要，依照法律法规和规章的规定，授权或委托具有管理公共事务职能的符合相关条件的组织，在授权或委托的范围内行使行政执法权。"

此外，在财政管理方面，自治条例在修改中增加了"各民族乡除享受省市安排的发展资金外，自治县应每年给每个民族乡补助五万至十万元，用于民族乡的建设事业"的内容，这是对《甘肃省实施〈中华人民共和国民族区域自治法〉若干规定》的贯彻落实，并在其基础上加大了对民族乡的支持力度，同时，规定了明确的民族乡发展资金的额度范围，增强了自治条例的可操作性。①

关于培养和使用少数民族干部，修改中增加了"有计划地推荐优秀少数民族干部到上级国家机关或发达地区交流、挂职或任职"的规定。同时为了吸引和稳定各类专业技术人才，在修改中规定"在自治县专业技术职称评聘中，适当放宽职称评聘的外语、计算机应用能力考试条件。副高级和中级专业技术职务的结构比例由自治县自行核定"，"凡户籍在自治县居住十年以上的汉族公民，其子女在升学、就业时与少数民族人员的子女享有同等待遇"等。这些规定对于鼓励专业人员积极参加自治县各项社会事业建设，加快人才强县进程，维护民族团结正在产生重要的促进和保障作用。

---

① 根据《甘肃省实施〈中华人民共和国民族区域自治法〉若干规定》："在省对乡镇统一的财政补助之外，每年给每个民族乡由省财政拨 10 万元，市州、县（区、市）财政各配套 5 万元"，肃南县在此基础上加大了支持力度，体现了该县对民族乡建设事业的重视。

(二) 单行条例的制定及现状

自 1995 年以来，自治县历届人大常委会从加快自治县经济和社会各项事业发展，进一步保护和建设生态环境的需要出发，积极开展单行条例立法工作，先后颁布了《甘肃省肃南裕固族自治县矿产资源管理条例》、《甘肃省肃南裕固族自治县草原管理条例》、《肃南裕固族自治县关于实施〈甘肃省计划生育工作条例〉的变通规定》、《甘肃省肃南裕固族自治县森林防火条例》、《甘肃省肃南裕固族自治县家畜家禽防疫条例》、《甘肃省肃南裕固族自治县草原防火条例》、《甘肃省肃南裕固族自治县城镇市容和环境卫生管理条例》7 部单行条例（见表 3 –3）。

表 3 –3　　　　　　肃南县 1995 年以来公布实施的单行条例

单行条例名称	审议通过和批准时间
《甘肃省肃南裕固族自治县矿产资源管理条例》	1995 年 2 月 21 日自治县第十三届人大第三次会议审议通过，1995 年 12 月 15 日甘肃省第八届人大常委会第十八次会议批准
《甘肃省肃南裕固族自治县草原管理条例》	《甘肃省肃南裕固族自治县草原管理条例（修正）》于 1999 年 3 月 6 日自治县第十四届人大第二次会议审议通过，1999 年 9 月 2 日甘肃省第九届人大常委会第十一次会议批准
《肃南裕固族自治县关于实施〈甘肃省计划生育工作条例〉的变通规定》	1997 年 11 月 26 日自治县第十四届人大第一次会议审议通过，1998 年 5 月 30 日甘肃省九届人大常委会第四次会议批准
《甘肃省肃南裕固族自治县森林防火条例》、《甘肃省肃南裕固族自治县家畜家禽防疫条例》	2001 年 1 月 13 日自治县第十四届人大第四次会议审议通过，2001 年 6 月 2 日甘肃省九届人大常委会第二十二次会议批准
《甘肃省肃南裕固族自治县草原防火条例》	2002 年 11 月 11 日自治县第十四届人大第七次会议审议通过，2003 年 8 月 1 日经甘肃省第十届人大常委会第五次会议批准
《甘肃省肃南裕固族自治县城镇市容和环境卫生管理条例》	2006 年 1 月 12 日自治县第十五届人大第四次会议审议通过，2006 年 7 月 28 日甘肃省省十届人大常委会第二十三次会议批准

从肃南裕固族自治县单行条例的制定过程可以发现，单行条例的制定和修改，反映出在某一特定领域内，民族自治地方的发展诉求与上级国家机关统一管理之间的有效协调，是民族自治地方实现自治权的基本途径，也为其合法有据地行使自治权提供了重要的制度保障。这一过程，涉及上下级国家机关之间、相邻地域之间以及不同部门之间的利益博弈。以《甘肃省肃南裕固族自治县草原防火条例》的制定为例，早在 1998 年县人民政府就组织畜牧、草原、法制等有关部门、单位的负责人和专业技术

人员成立了草原防火条例起草领导小组，并完成了第一稿的起草工作。由于自治县周围与许多农业地区相毗邻，历史上遗留有 50 多万亩签有协议的草场由外县（市）借用，放牧牲畜。因此，在制定该条例时，分别在农牧系统中，高级专业人员和畜牧业比重大的区、乡、村各级领导、人大代表、政协委员及牧户中广泛征求意见，最终确定该条例适用于自治县境内的一切草原。县政府还就该条例向张掖地区人大工委、行署相关部门、省人大民侨工委、省政府相关部门做了汇报，征求意见。1998—2002 年，该条例六易其稿，最终于 2002 年 11 月 11 日经肃南裕固族自治县第十四届人民代表大会第七次会议审议通过。

在结合实际进行单行条例制定的同时，肃南县也在积极主动地根据上位法的变动情况对现行法规进行清理和修订。如根据《甘肃省人口和计划生育条例（2002 年修订本）》的规定，2004 年肃南裕固族自治县第十五届人大和人民政府对《甘肃省肃南裕固族自治县实施〈甘肃省人口与计划生育条例〉的变通规定》作出修订，并报省人大常委会批准实行。2007 年以来，根据《肃南裕固族自治县 2007—2011 年民族地方立法规划》，先后组织开展了《自治县旅游管理条例》和《自治县草原管理条例》的起草和修订工作。《自治县草原管理条例》自 2009 年启动修订工作以来，县政府成立了修订工作领导小组，制定了工作方案，结合国办"47 条"[1]和有关法律法规，正在做进一步修订完善工作。《自治县旅游管理条例》在起草过程中因《甘肃省旅游管理条例》已颁布实施，按照法制相统一的要求，县人大常委会作出了《关于取消自治县旅游管理条例立法计划的决定》。[2]根据《肃南裕固族自治县 2012—2016 年民族地方立法规划》，2016 以前将完成《自治县草原管理条例》和《自治县矿产资源管理条例》的修订工作。按照立法进程和年度立法计划，2013 年县人大常委会对《自治县草原管理条例（修订案）》进行了第一次审议。目前县政府正根据审议意见做进一步的修改完善。

（三）民族乡的法规建设

肃南县有三个民族乡（分别是马蹄藏族乡、祁丰藏族乡、白银蒙古

[1]　即《国务院办公厅关于进一步支持甘肃经济社会发展的若干意见》，参见中央政府门户网站 http：//www.gov.cn/zwgk/2010－05/06/content_1600275.htm，最后访问时间 2013 年 11 月 1 日。

[2]　肃南县人大常委会：《肃南裕固族自治县人大常委会工作报告（2011）》。

族乡），故该县的民族法规建设也包括民族乡部分，但甘肃省尚未制定专门的民族乡工作条例，也未对国家民委发布的《民族乡行政工作条例》制定相应的实施办法，关于民族乡的政策法规建设只能表现在对于《民族区域自治法》、《民族乡行政工作条例》以及《甘肃省实施〈中华人民共和国民族区域自治法〉若干规定》、《甘肃省肃南裕固族自治县自治条例》等一般法规的具体落实。而这些规定也涉及民族乡的内容，如根据2006年修订公布的《甘肃省实施〈中华人民共和国民族区域自治法〉若干规定》，县级以上财政行政部门应当"设立民族乡发展资金。在省对乡镇统一的财政补助之外，每年给每个民族乡由省财政拨10万元，市州、县（区、市）财政各配套5万元"。2010年修订的《甘肃省肃南裕固族自治县自治条例》规定"各民族乡除享受省市安排的发展资金外，自治县应每年给每个民族乡补助五至十万元，用于民族乡的建设事业"。

肃南县民族乡工作以促进各民族共同团结奋斗、共同繁荣发展为出发点，认真贯彻中央和省上关于民族工作的方针政策，按照《民族乡行政工作条例》的规定，为3个民族乡制定了工作规则、发展规划，并给予政策倾斜，进一步加大扶持政策的落实力度。2007年民族乡发展资金设立五年以来，肃南县为3个民族乡共争取民族乡发展资金330万元。其中包括省级补助150万元，市配套105万元，县配套75万元。各民族乡严格按照《甘肃省民族乡发展资金管理办法》的要求，认真管理组织实施项目，确保项目资金专款专用，2007—2011年3个民族乡共实施项目15个。通过民族乡项目的实施，使民族乡的基础设施条件明显改善，经济发展速度明显加快，各族群众的生活水平不断提高，营造出了民族团结、共谋发展的浓厚氛围。[1]

（四）民族政策法规的贯彻和落实

近年来，肃南县委、县政府始终把学习贯彻民族法律法规作为普法活动和思想政治教育的重要内容，广泛开展干部群众的学习教育，并通过及时组织行政执法大检查等有效措施，督促落实，使各族干部群众依法办事的自觉性明显增强，党群干群关系和民族关系进一步和顺。具体做法是：

广泛宣传，不断将民族政策法规的贯彻落实引向深入。坚持把党的民

[1]《肃南县认真贯彻落实民族乡优惠政策》，《肃南民族宗教信息》2012年第50期，2012年6月11日。

族政策、法律法规的宣传教育纳入思想政治工作的重要内容，充分利用新闻媒体等各种宣传渠道，积极开展普法宣传月、宣传周、宣传日、法律咨询、知识竞赛、法律培训等活动，集中对《中华人民共和国民族区域自治法》、《甘肃省实施〈民族区域自治法〉若干规定》、自治县经济社会发展、国家扶持人口较少民族规划实施、藏区跨越式发展和"两个共同"示范县建设等进行宣传。通过举办民族团结进步成就展、文艺演出和政策宣讲等形式，加大党的民族政策法规、民族常识的宣传力度，进一步增强广大干部群众贯彻落实民族法律法规的自觉性。

高度重视，深入开展民族团结进步创建活动促进民族关系和谐发展。近年来，肃南县紧紧围绕"共同团结奋斗，共同繁荣发展"这一主题，始终把加强民族团结进步工作作为全县工作的重点，始终坚持把开展民族团结进步表彰活动作为加强民族团结的重要举措，教育广大群众牢固树立"三个离不开"思想。广泛开展对口支援活动，加强与周边市、县（区）的睦邻友好关系。开展多种形式的交流合作，通过多渠道、多形式宣传党的民族政策，使各民族之间、接壤地区民族之间的关系更加融洽。加强民族宗教工作分管领导和干部的教育培训工作，全面正确地贯彻党的宗教信仰自由政策，依法管理宗教事务，将僧人纳入低保、养老金、医疗范围，发放生活费，修缮僧舍和基础设施，积极改善他们的生活条件。

围绕民生，加强实地调研。相继完成了《做好民族宗教工作促进和谐社会建设访谈录》、《加强民族团结发展生态经济努力推动肃南经济社会发展》、《肃南县"十一五"期间民族贸易和民族特需商品生产优惠政策落实情况》、《肃南县"十二五"基本发展思路及规划编制工作进展情况》、《肃南县实施甘肃省清真食品管理条例的情况》、《民族地区科学发展在构建和谐社会中的重要性》、《多元文化环境下的裕固语双语教学述评》等专项调研工作。较好地完成了民族自治地方国民经济和社会经济发展统计报表、扶持人口较少民族聚居村监测数据工作。加大对《甘肃省清真食品管理条例》的宣传贯彻，规范了清真食品经营户牌和清真食品经营户营业证，对全县新增加的清真食品经营户补发证牌，并进一步完善清真食品管理情况档案，加强了清真食品的规范管理。

把握政策，项目带动效应明显增强。肃南县积极把握国家推进西部大开发、扩大内需、扶持人口较少民族、支持甘肃发展等重大政策机遇，项目带动效应明显增强。根据国务院扶持人口较少民族发展规划，肃南县于

2006 年开始先后编制实施《扶持人口较少民族发展"十一五"专项建设规划》（2006—2010）、《扶持人口较少民族发展"十二五"专项建设规划》（2011—2015），在"十一五"期间实施人口较少民族发展项目 145 个，总投资 8346 万元。根据省委、省政府《关于贯彻落实国务院支持青海等省藏区经济社会发展若干意见的实施意见》精神，肃南县主动与上级部门沟通，促成了省委、省政府将肃南县纳入参照藏区跨越式发展和长治久安政策实施范围，为加快发展提供了政策支持。2011 年度全市支援肃南藏区 400 万元资金主要用于县二中和祁丰藏族乡学校教师周转宿舍修建；2012 年全市帮扶肃南藏区资金 500 万元，修建明花乡、马蹄藏族乡干部职工公寓楼，改善基层干部生活条件，现大部分项目已竣工投入使用。同时，积极组织人员赴对口帮扶肃南县的酒钢集团公司进行走访交流，就帮扶事宜进行对接，初步达成 2012 年帮扶资金 1000 万元的意向。根据省委、省政府《关于建设各民族共同团结奋斗共同繁荣发展示范县（市、区）的意见》，借助将肃南县列为全省"两个共同"示范区的有利时机，结合本县实际，对自治县基础设施建设、生态安全建设、特色优势产业、民生改善以及社会事业建设等方面项目进行了认真的梳理，讨论确定了"两个共同"示范区建设项目内容。2011 年下发专项资金 700 万元，主要用于皇城镇、康乐乡、祁丰藏族乡三个示范点供暖设施改造、敬老院修建、小集镇街道亮化工程。同时，以"1414"对口支援①为契机，积极组织人员向省政府分管领导和帮扶单位及金川公司汇报情况，就帮扶事宜进行对接。

　　通过民族政策的落实和相关项目的带动，肃南县农牧村基础设施条件、农牧民收入水平和生活质量、少数民族综合素质和发展能力等各方面都得到了明显的提高。截至 2013 年，电力、公路、通信、广播电视通达率分别达到了 100%、69%、97% 和 98%，这不仅为群众生活提供了便利，而且使相当一部分农牧民群众开阔了眼界，更新了观念，增强了市场经济意识，更重要的是为发展生产创造了条件。他们充分利用交通、地理等优势，积极参与旅游产业开发、舍饲养畜、畜产品返销、屠宰加工等活动，加快了脱贫致富奔小康的步伐。肃南县注重把扶持项目的实施与退牧还草、牧民易地搬迁和集中定居、牲畜舍饲养殖等工程有机结合起来，统

---

　　① "1414"对口支援的具体内容包括：1 名省委或省政府领导牵头负责，4 个单位共同参与，对口支援 1 个示范县（市、区），每年至少办成 4 件实事。参见《甘肃实施"1414"对口支援全力推动"两个共同"示范区建设》，《中国民族报》2012 年 9 月 4 日。

筹安排，促使农牧民进一步转变了思想观念，转变了生产方式，逐步向交通便利、人口相对集中的前山地区集中定居，减少了人畜对林区和草原的破坏，有效缓解了草原生态恶化，推动了项目区人口、资源和环境的协调发展，农牧产业、人口较少民族综合素质和发展能力显著增强。

加强领导，民族宗教领域继续保持了和谐稳定。肃南县制定出台了《关于进一步加强新形势下宗教工作的意见》和《肃南县少数民族共产党员随顺民族习惯与参加宗教活动的界限》，编印下发了《民族宗教政策50问》等宣传知识手册，在全县干部职工和农牧民群众中广泛开展民族宗教法律法规教育。协调各方面关系，及时解决了教职人员在住房、寺院维修、发放生活费和以寺养寺等方面的实际困难。同时，针对各宗教寺庙教职人员生活困难的实际，在2007年办理医保的基础上，2008年又办理了农村低保，解决了僧人的基本生活保障问题。从2010年开始根据省委、省政府关于发放僧人生活补助费的要求，县财政每年支出16万元，用于僧人生活费的发放。加强基层民族宗教工作的领导，在宗教工作任务相对较重的皇城镇、马蹄藏族乡、祁丰藏族乡分别配备了1名宗教工作专职副书记。在积极引导宗教与社会主义相适应的基础上，注重发挥宗教凝聚人心、服务社会的作用，进一步增强了宗教人士与群众的联系。

拓宽渠道，不断加大少数民族干部的培养选拔力度。肃南县高举"两个共同"发展大旗，重视少数民族干部培养，相继出台了《关于加强培养选拔少数民族干部工作的意见》和《肃南县少数民族人才发展规划》等一系列政策措施，采取在职培训、外出委培进修、函授、脱岗学习、挂职锻炼等多种渠道和途径，多层次、多方面加强对少数民族干部的培养教育，少数民族人才队伍建设取得了长足发展。目前，全县各级干部中少数民族干部占50.8%，少数民族县级干部占同级干部的65.5%、科级干部占同级干部的54.8%。

注重实效，推进民族法规政策落实的执法检查。肃南县扎实推进执法检查工作，力争做到执法检查与人大述职评议和代表调查视察相结合、与部门执法责任制相结合、与当前经济工作相结合、与调查研究相结合、与舆论监督相结合。2000年以来，分别对《民族区域自治法》、《甘肃省实施民族区域自治法若干规定》以及《甘肃省肃南裕固族自治县自治条例》、《肃南裕固族自治县实施〈甘肃省人口与计划生育条例〉的变通规定》、《甘肃省肃南裕固族自治县矿产资源管理条例》、《甘肃省肃南裕固族自治县城镇市容和环境卫生管理条例》等民族法律法规进行了执法检查。这些检查促进了民族法规政策的全面落实，从而为经济社会的可持续发展、社会稳定、西部大开发战略的实施等提供良好的法制环境。

民族法律法规和各项扶持政策的出台，对于保障少数民族的平等权利、维护民族团结、促进民族地区经济建设社会发展发挥了积极的作用，但在一些方面仍然存在问题和差距。主要体现在以下两个方面。

一是具体民族政策不能与时俱进，政策调整落后于民族地区经济社会发展的步伐。肃南县的干部群众反映，随着形势的变化，以往执行的一些特殊照顾政策已经不适应现今的情况，但新的替代政策却未能及时出台，或出台后的政策不够具体。如现有的民族地区补贴、防寒补贴还一直停留在20世纪80年代甚至60年代的发放标准。对此，一些政策虽然有了提高标准的规定，但比较原则，尚没有具体的落实措施。此外，上级国家机关在制定出台新政策时，在调节手段和方法上较单调，往往采取"一刀切"的做法，不能给予民族自治地方应有的照顾，有的虽体现了照顾，但其标准有所降低。肃南县地处偏远山区，海拔高，行政成本和生活成本都很高。但肃南县的地方津、补贴和周边各县执行统一水平，与省、市平均水平差距较大，与周边省区青海、内蒙古和毗邻自治县阿克塞、肃北、天祝等县相比，也有相当差距。

二是部分扶持政策不能落实。以藏区扶持政策为例，省委、省政府出台的《关于推进全省藏区跨越发展和长治久安的实施意见》将肃南县纳入藏区扶持范围，比照藏区享受扶持政策。但其中的"公益性建设项目取消县级政府配套资金，藏区的均衡性转移支付补助系数高于其他市（州）3个百分点以上"等政策尚未得到落实。再比如，得到甘肃省人大常委会批准的《肃南裕固族自治县自治条例》第二十四条规定了"自治县依法对水资源进行保护和管理，实行取水许可制度和有偿使用制度"，但在具体实践中并未能得到有效执行。

四　干部队伍建设

（一）干部队伍的基本情况

干部问题非常重要，大到治理国家，小到治理基层单位，尽管性质不同，但要繁荣昌盛，用人之道是相通的。正确的政策路线确定之后，干部就是决定因素。干部是做好一切工作的关键，正确地选拔和任用干部事关国家发展、民族振兴和人民幸福。

在肃南裕固族自治县成立之前，该地的党组织建设和各类干部培养没有进入正轨，自治县成立当时，各级各类干部只有 152 名。[①] 随着自治县的成立和发展，全县干部数量逐渐增多，1964 年全县干部有 675 名，1974 年全县干部数量为 944 名，1984 年全县干部增至 1310 名。[②]

进入 21 世纪，肃南县干部队伍更加壮大，干部队伍朝着"革命化、年轻化、知识化、专业化"发展，干部队伍的年龄结构、文化程度、专业知识等都有了明显的变化。2001 年底，全县各类干部有 1636 名，其中大专以上学历的 666 人，中专学历的 648 名，高中学历的 206 名，初中以下的 116 名，各占干部总数的 40.7%、39.6%、12.6%、7.1%；专业技术职称上分，高级 13 名，中级 248 名，初级 427 名，分别占专业技术干部的 1.8%、33.6%、57.9%；从年龄看，30 岁以下 433 名，31—40 岁 709 名，41—59 岁 342 名，51—60 岁 152 名，各占干部总数的 26.5%、43.3%、20.9%、9.3%。[③] 到 2012 年，全县各类干部总数已增加到 2174 人，其文化程度显著提高，大专以上学历的占 88.3%，年龄更趋于年轻化（见表 3 - 4）。

（二）少数民族干部的选拔任用

在民族自治地方，少数民族干部是党和政府联系少数民族群众的重要桥梁。他们一般都熟悉本民族的历史和现状，通晓本民族的语言、风俗习惯和文化，感情上更贴近当地少数民族群众，在处理民族事务上能够发挥更大的作用。

[①] 安官布什嘉：《肃南裕固族自治区七个月来的筹备经过及今后工作任务》，政协肃南裕固族自治县委员会编《肃南政协工作五十年》（《肃南文史资料》第三辑），2002 年，第 147 页。

[②] 肃南裕固族自治县地方志编纂委员会：《肃南裕固族自治县志》，甘肃民族出版社 1994 年版，第 240—241 页。

[③] 参见政协肃南裕固族自治县委员会调查组《关于自治县少数民族干部培养情况的调查报告》，政协肃南裕固族自治县委员会编《肃南政协工作五十年》（《肃南文史资料》第三辑），2002 年，第 719 页。

表 3 - 4　　　　　肃南县 2012 年各类干部学历与年龄结构

（单位:%）

		各类干部	公务员	专业技术人员
大学以上	人数	1040	397	503
	所占比例	47.8	51.5	46.9
大专	人数	880	292	442
	所占比例	40.5	37.9	41.2
中专及以下	人数	254	82	128
	所占比例	11.7	10.6	11.9
35 岁以下	人数	829	232	473
	所占比例	38.1	30	44.1
36—45 岁	人数	714	255	351
	所占比例	32.8	33	32.7
46—55 岁	人数	624	220	215
	所占比例	28.7	28.5	20.1
56 岁以上	人数	117	64	34
	所占比例	5.3	8.3	3.1

　　肃南自治县成立时，少数民族干部只有 85 人，占全县干部总数的 55.9%，其中裕固族 49 人、藏族 28 人、蒙古族 5 人、回族 2 人和土族 1 人。[1] 此后，全县少数民族干部数量逐渐增多，但所占比重有所下降，尤其是 20 世纪六七十年代，少数民族干部比重下降很明显，到 20 世纪 80 年代以后，少数民族干部比重逐渐回升，到 2012 年基本接近自治县成立时的比重。例如，1964 年全县少数民族干部 289 人，占干部总数的 35.4%；1974 年全县少数民族干部 298 人，占干部总数的 31.6%；1984 年全县少数民族干部 547 人，占干部总数的 41.8%。[2] 2001 年底，全县各类少数民族干部 780 人，占干部总数的 47.7%[3]；到 2012 年，全县各类

　　① 安官布什嘉:《肃南裕固族自治区七个月来的筹备经过及今后工作任务》，政协肃南裕固族自治县委员会编《肃南政协工作五十年》(《肃南文史资料》第三辑)，2002 年，第 147 页。

　　② 肃南裕固族自治县地方志编纂委员会:《肃南裕固族自治县志》，甘肃民族出版社 1994 年版，第 240—241 页。

　　③ 政协肃南裕固族自治县委员会组:《关于自治县少数民族干部培养情况的调查报告》，政协肃南裕固族自治县委员会编《肃南政协工作五十年》(《肃南文史资料》第三辑)，2002 年，第 719 页。

少数民族干部 1169 人，占干部总人数的 53.8%（见表 3 - 5）。[①]

表 3 - 5　　　　　　　　2012 年肃南县少数民族干部总数及所占比例

（单位:%）

总人口	少数民族	所占比例	裕固族	所占比例	藏族	所占比例
37600	21200	56.4	10200	27.0	9659	25.7
各类干部总数	少数民族	所占比例	裕固族	所占比例	藏族	所占比例
2174	1169	53.8	551	25.3	485	22.3
科级以上干部	少数民族	所占比例	裕固族	所占比例	藏族	所占比例
638	347	54.8	215	34.0	298	47.0
公务员总数	少数民族	所占比例	裕固族	所占比例	藏族	所占比例
771	412	53.4	217	28.1	170	22.0
专业技术人员总数	少数民族	所占比例	裕固族	所占比例	藏族	所占比例
1073	539	50.2	238	22.2	228	21.2

　　培养使用少数民族干部是落实党的民族政策的一项重要的任务。尤其是在经济迅速腾飞、政治民主化不断完善发展的今天，培养和选拔优秀的少数民族干部，加强少数民族干部队伍建设，是加快少数民族地区经济社会发展、全面建设小康社会的现实需要。

　　进入 21 世纪以来，肃南县在少数民族干部的培养和使用方面，认真贯彻落实党的少数民族干部政策，结合当地实际情况，加大少数民族干部培养、选拔工作的力度，相继出台了《少数民族干部教育培训五年规划》、《关于加强培养选拔少数民族干部工作的意见》和《2005—2010 少数民族干部培训规划》等，制定了吸收录用、培训提高、选拔使用少数民族干部的一系列政策措施，完善干部选拔、培养、评价、激励机制，采取在职培训、外出委培进修、函授、脱岗学习、挂职锻炼等多种渠道，多层次、全方面加强对少数民族干部的培养教育，扎实抓好少数民族干部的培养选拔工作，促进少数民族干部队伍的整体素质不断提高，各类干部中少数民族干部都占有一定比例。同时，一大批优秀少数民族干部走上了各级领导岗位。目前，少数民族县级干部占同级干部的 65.5%、科级干部

---

　　① 政协肃南裕固族自治县委员会调查组：《关于自治县少数民族干部培养情况的调查报告》，政协肃南裕固族自治县委员会编《肃南政协工作五十年》（《肃南文史资料》第三辑），2002 年，第 719 页。

占同级干部的54.8%。

　　肃南裕固族自治县少数民族干部队伍日益壮大发展，少数民族干部队伍的整体素质进一步提高。但是，仍然存在少数民族干部比例没有达到其人口比例；干部的结构不合理，行政单位里多，专业领域里少；缺乏经济管理人才和专业技术人才，尤其是缺乏高层次、高技能人才及对当地出身的少数民族干部的培养和使用还不够等问题，亟须得到解决。

第四章

和谐民族关系和社会稳定的维护

　　裕固族地区虽主要为裕固族聚居，但历史上各民族迁徙频繁，也是一个多民族杂居区，族际关系复杂。中华人民共和国成立后又因自然地理、行政变革等原因，草场和边界纠纷频发。党和政府为化解纠纷和改善民族关系作出了巨大努力。21 世纪以来裕固族地区各级党委政府转变观念，加强领导，不断探索，为解决纠纷、维护社会稳定和民族团结方面作出了显著贡献。

一　历史上的民族关系

　　肃南裕固族自治县成立前，其所属地区称为走廊南山或祁连山区。该地区历史悠久，很早就有人口居住，但民族迁徙频繁，没有一个相对完整的历史记载。据史书记载，春秋战国时期就有许多民族在河西地区活动，主要有乌孙、月氏、匈奴等，他们主要居住在"敦煌—祁连间"。公元前176 年，匈奴入据河西走廊，建立强大的军事政权，统治河西走廊和祁连山区。公元前 111 年祁连山一带正式归入中原版图。此后，祁连山区曾被北凉、北魏、吐蕃、回鹘、西夏、元等少数民族政权所管辖。辛亥革命后，肃南地区大部分属安肃道管辖，隶属酒泉、高台、临泽、张掖、民乐各县。可见，该地区在历史上留下了多民族活动的踪迹，形成多民族居住的格局。到 1954 年成立肃南裕固族自治县时，该地区已经成为以裕固族为主体民族，有汉、藏、蒙古、土、回、满、东乡、保安等 11 个民族居住的多民族地区。

　　中华人民共和国成立以前，裕固族地区一直遭受军阀马步芳的反动统治，在"分而治之"政策下，裕固族聚居区域被分割得四分五裂。一些汉、回族地主依仗蒋、马统治集团的势力,霸占草原,滥伐森林,挑起农区与牧区、部落与部落之间的争斗纠纷,而他们则利用这些争斗纠纷,敲诈和鱼肉人民。例如,临泽恶霸地主张怀智勾结四个马家的大圈头,霸占了该部落大部分草原,迫使22户牧民逃亡,到1949年部落里仅剩下8户人家。① 各民族反动统治阶级的挑拨离间,使裕固族与周围民族之间,产生隔阂,甚至仇杀。生活在祁连山区的各族人民在政治上受歧视,在经济上受剥削,社会动荡不安,民族关系紧张。1949年,中国人民解放军第一野战军解放了大西北,祁连山区获得解放,由此裕固族聚居地区进入了一个民族平等、团结友爱的新时代。

中华人民共和国成立后,今肃南县所属的祁丰、明花、大河、康乐、马蹄等区以原有的各少数民族部落为基础,建立了区、乡基层人民政权,从各民族的优秀分子和部落头目、宗教上层人士中选出区乡领导。1954年2月和4月,肃南裕固族自治县和酒泉市黄泥堡民族乡先后成立,裕固族地区的经济文化和民族团结事业得到很大的促进。

中国共产党和人民政府帮助裕固族群众解决生产生活中的困难,发展经济文化,建立民族自治地方,与中华人民共和国成立前反动统治者进行政治压迫和经济剥削,实行民族分裂政策,把民族搞得四分五裂的行径形成鲜明对比。裕固族地区各族群众从中认识到民族平等、团结、互助的重要性,自觉地协商解决民族内部和民族之间的问题和纠纷。例如,当时大河区裕固族群众就自行解决民族内部和民族之间的纠纷29起。②

20世纪50年代,为解决中国民族问题,发展少数民族社会经济文化,中国共产党和政府制定出许多行之有效的民族政策。裕固族聚居地区在党和国家正确的民族政策指导下,在解决民族问题方面取得了显著的成就。民族自治地方加强自治机关与各民族人民的密切联系,切实帮助各族群众解决生产生活中困难,加强各民族的亲密团结,除了自治民族外,还吸收非自治民族代表参加管理和"当家做主"的事务,逐步建立起平等、团结、互助的社会主义新型民族关系。

但是,由于受"左"的错误思想和民族工作中"融合风"影响,贯

---

① 《裕固族简史》编写组:《裕固族简史》,甘肃人民出版社1983年版,第55页。
② 国家民委民族问题五种丛书编辑委员会《中国少数民族》编写组:《中国少数民族》,人民出版社1981年版,第170页。

彻落实党和国家民族政策的工作在民族地区曾出现反复。在肃南县，1958年开始的民主改革及反封建斗争，曾出现混淆两类不同性质的矛盾，斗争扩大化倾向，将民族宗教界中上层人士都当作重点打击对象。尤其是，制造了两起所谓的"反革命阴谋叛乱集团案"，打击了一大批民族宗教人士、干部及群众，严重地影响了当地民族关系。当时，全县受到各种处理的人员达775名，其中逮捕法办、关押劳教的有377名，戴帽批斗的有398名。在法办逮捕人员中，有民族中上层人士38名，宗教中上层人士35名，脱产干部49名；此外，县人民委员会25名委员中9人被逮捕，县政协35名委员中22人被逮捕。[①] 上述人员，不仅在政治上受到迫害，而且其家庭财产被没收和清算，经济上也蒙受很大损失。宗教寺院也遭破坏，当时全县23处寺院均被拆除，无一幸免。

　　1958年的这种斗争扩大化错误严重地破坏了党和国家的民族政策和宗教政策，引起了少数民族群众的不满，给民族关系带来阴影。其后，肃南县为解决这次斗争扩大化带来的遗留问题，曾进行了两次平反冤、假、错案。第一次在1961年，第二次为中共中央十一届三中全会后。第一次未能解决的问题，第二次自1980年到1986年，历时7年才将其基本解决。20世纪六七十年代发生的"文化大革命"给民族工作带来全面灾难，其间民族工作被迫停止，民族区域自治名存实亡，大批少数民族干部、民族宗教人士遭受迫害，民族关系破坏更为严重。

　　党的十一届三中全会以来，拨乱反正，正本清源，认真解决历史遗留问题，形成民族团结新局面，再一次改善和发展了社会主义民族关系。

二　21世纪以来和谐民族关系的发展

　　党和国家制定实施了以民族区域自治为基本政策的众多民族政策，其涉及领域涵盖了政治、经济、文化等各方面。党和国家的民族政策是促进少数民族经济社会发展，保障少数民族平等权益，实现少数民族当家做主的重要保证。

　　肃南县历届政府认真贯彻落实党和国家的相关民族政策，维护民族平等团结，促进民族地区经济社会发展，自治县各项事业都取得了显著

---

　　① 安富贵：《1958年反封建斗争及后来的两次落实政策纪实》，政协肃南裕固族自治县委员会《肃南文史资料》（第二辑），2000年，第26页。

成就。

进入 21 世纪以来，中央和省、市出台的扶持人口较少民族发展、支持牧区发展、推进藏区跨越式发展和长治久安、建设"两个共同"示范区等一系列加快民族地区经济社会发展的政策，为自治县改革和发展带来了无限生机与活力。

2005 年国家出台了《扶持人口较少民族发展规划》，甘肃省随即制定了《甘肃省扶持人口较少民族发展规划》。2006 年，肃南裕固族自治县被国务院确定为"人口较少民族"县。自此以来，该县抓住国家扶持少小民族发展政策机遇，积极争取和实施扶持人口较少民族发展项目，到 2010 年已落实国家扶持项目 161 项，总投资达 11088 万元。① 自 2011 年开始，肃南县实施国家扶持人口较少民族发展的第二个五年规划（2011—2015 年）。两年多来，肃南县争取和实施扶持人口较少民族发展项目 21 项，总投资 3110 万元。② 这些项目的争取和实施，有力地促进了自治县经济、社会、文化等各项事业的协调稳步发展。

在党和国家民族政策指引下，在上级政府的扶持和该县广大干部群众的努力下，肃南裕固族自治县经济发展迅速，综合实力不断增强，基础设施日臻完善，人民生活水平显著提高，在政治、经济、文化等各方面均取得快速发展。肃南县经济社会的发展，当地干部群众有目共睹，他们对当地各级政府贯彻落实党和国家的民族政策，促进民族地区经济社会快速发展的做法给予肯定，并积极响应和参与其中。

为了加强民族团结，构筑更加和谐的民族关系，肃南县坚持开展民族政策和民族团结教育，相继制定了《关于建设民族团结进步县的意见》、《关于进一步开展民族团结进步创建活动的决定》、《关于深入开展两个共同示范区示范点创建活动的通知》等文件，坚持每年 5 月开展民族团结进步宣传周，8 月开展民族团结进步宣传月，广泛宣传"三个离不开"思想，积极开展民族团结进步创建活动，并通过召开民族团结进步表彰大会，表彰奖励民族团结进步先进集体，倡导全社会关注民族团结工作，不

---

① 王生忠：《肃南县大力实施人口较少民族发展项目》，甘肃统计信息网（http://www. gstj. gov. cn/doc/ShowArticle. asp? ArticleID = 8947）。

② 安文韬：《肃南县扶持人口较少民族发展结硕果》，张掖日报网（http://gs-zy. com/news/2013 - 07/25/content_ 833760. htm）。

断地巩固和发展平等、团结、互助、和谐的社会主义民族关系，2009 年获得全省"民族团结进步模范集体"荣誉称号。

在肃南县，边界纠纷问题是影响当地民族团结、民族关系和社会稳定的一个主要隐患。对此，肃南县十分重视，主动上门与周边县市建立联系，协调解决边界矛盾，做到情况互通，矛盾互解，纠纷互谅，巩固睦邻友好关系，努力消除影响民族关系的隐患，基本保障了边界地区稳定。然而，由于肃南地域广阔，与外县市接壤地段长，发生边界纠纷的概率仍然存在。尤其是，随着经济开发、人口扩张等，当地生态环境趋于恶化，草原和耕地面积日趋萎缩，因此争草、争地、争水等纠纷事件时常发生，影响民族关系和社会稳定的因素仍然存在。边界纠纷不仅给当地农牧民生产、生活带来严重的影响，而且成为影响当地民族团结、民族关系的严重隐患，也为我们如何更加科学地处理经济开发、社会发展、环境保护等关系问题提出了挑战。

此外，资源开发中出现的生态环境被破坏现象，当地少数民族群众看在眼里，急在心中，如果处理不好就有可能影响当地民族关系的和谐。

不同民族之间的通婚状况是民族关系和谐与否的重要指标。肃南县由于各民族杂居，不同民族之间的宗教信仰也相似（肃南地区的裕固族和藏族都信仰佛教），这为民族之间的通婚提供了条件。但族际通婚的普遍实现则只有在民族关系和谐的社会条件下才能发生。如今在肃南县民族通婚非常普遍，以 2010 年为例，家庭中两个或两个以上民族成分的户数占总户数的 20.74%。[1] 表 4 - 1 是肃南县 2004—2013 年各主要民族通婚的统计情况。

表 4 -1　　　　　　肃南县 2004—2013 年民族通婚情况

族内婚			族外婚		
	对数	比重（%）		对数	比重（%）
小计	871	52.25	小计	796	47.75
汉族与汉族	254	15.24	汉族与傣族	1	0.06
藏族与藏族	189	11.34	汉族与裕固族	121	7.26
裕固族与裕固族	197	11.82	汉族与藏族	125	7.50

① 张掖市第六次人口普查办公室、张掖市统计局编：《张掖市 2010 年人口普查资料》（上册），第 393 页。

续表

族内婚			族外婚		
	对数	比重（%）		对数	比重（%）
回族与回族	85	5.10	汉族与回族	20	1.20
蒙古族与蒙古族	146	8.79	汉族与朝鲜族	1	0.06
			汉族与蒙古族	106	6.36
			藏族与蒙古族	45	2.70
			藏族与回族	3	0.18
			藏族与裕固族	94	5.64
			藏族与土族	65	5.82
			蒙古族与裕固族	118	7.08
			蒙古族与土族	97	5.82
合计			1667		

数据来源：肃南县民政局 2004—2013 年婚姻情况登记表。

该表数据显示，肃南县各民族的族内婚为 52.25%，族外婚为 47.75%。具体到各主要民族：裕固族共 530 对，其中族内婚为 197 对，占裕固族通婚的 37.17%，族外婚共 333 对，占 62.83%；汉族共 628 对，其中族内婚 254 对，族外婚共 374 对，分别占 40% 和 60%；藏族共 521 对，其中族内婚 189 对，族外婚 332 对，分别占 36% 和 64%；蒙古族共 512 对，其中族内婚 146 对，族外婚 366 对，分别占 28.5% 和 71.5%。即便受宗教影响族外通婚较少的回族，在总计 108 对婚姻中，也有 23 对族外婚，占其总通婚数的 22%。

此外，我们就肃南县族际通婚情况的问卷调查也得到了相近的数据。表 4－2 数据显示，在 100 名被访者中，家族中有其他民族成员的比例达到了 62%，其中裕固族的家族中有其他民族成员的达到了 70.27%，藏族家族中有其他民族成员的达到了 66.67%，汉族家族中有其他民族成员的达到了 52.38%。同样是这一问题，当我们在问到是否介意自己的亲人与其他民族通婚①的问题时，80% 的被访者回答不介意族际通婚。

---

① 问卷问题具体是"您是否介意儿子娶其他民族"、"您是否介意女儿外嫁其他民族"、"您是否介意孙女外嫁其他民族"、"您是否介意孙子娶其他民族"、"您是否介意姐妹外嫁其他民族"、"您是否介意兄弟娶其他民族"。

表4-2　　　　　　　　　　　肃南县族际婚的调查

		您的家族中是否有其他民族成员			合计
		有	没有	未填写	
民族	裕固族	26	11	0	37
	藏族	10	4	1	15
	蒙古族	1	1	0	2
	汉族	22	20	0	42
	其他	1	1	0	2
	未填写	2	0	0	2
合计		62	37	1	100

数据来源：由课题组调研问卷调查所得。

这些调查都说明，在肃南县，族外婚已成为各族婚姻的主流。这是该县民族关系和谐的一个突出表现。

当然，我们在调查中了解到，在不同民族通婚后，一般情况下汉族与少数民族结婚的后代倾向于选择少数民族身份，裕固族与非裕固族结婚的后代倾向于选择裕固族身份。这说明，族际通婚并没有导致少数民族的汉化，也没有削弱自治地方自治民族的主体地位。总体上是民族政策产生的积极效果，有利于民族关系的和谐。

当然，民族间通婚的增加也是各民族在现代化的进程中不断增进交往和交流的结果。在调查期间就有当地干部指出，族际通婚比较多的是外出务工者或者在外上学者。这预示着，随着肃南县经济社会的进一步发展，族际婚的范围和规模将会更大，由此也会对民族关系产生更积极的影响。

三　草场及行政辖区纠纷问题的化解

（一）历史上草场和辖区纠纷频发的原因

地理环境因素。肃南裕固族自治县地处河西走廊中部、祁连山北麓的狭长地带，整个区域沿祁连山主脉呈一字形横贯分布，东西长650公里，南北宽120—200公里，这种狭长的区划使得整个行政区域横跨河西5市，与甘、青两省的15个县市接壤，行政界线长达1551公里。肃南县由三块不连片的地域组成，东部皇城为一块，中部及西部马蹄、康乐、大河、祁丰四乡连为一块，北部明花乡为一块，其中皇城镇和明花乡是与肃南县其余乡镇均不接壤的行政"飞地"。

地形地貌复杂、边界犬牙交错、飞地型政区多的地理环境使肃南县自成立起就不断面临着要处理在草场使用和边界纠纷等方面的问题。

历史及行政区划沿革因素。肃南县历史上就是七族黄番（裕固族）和八族黑番（藏族）居牧和生活的地方，部落之间缺乏严格的法定边界，大多沿用了历史上的习惯线，模糊性很大。边界地区的冲突常常使习惯线演变为争议线，在边界纠纷中，往往因为双方边界地区人数不同、地形地貌条件差异等因素引起实际控制线在冲突过程中的迁移，边界地区各种形式的移民也会引起边界地区资源利用结构的变化，进而引发边界地区新的力量重组。①

中华人民共和国成立前，肃南县所辖区域分别隶属酒泉、高台、张掖、民乐等县管辖。1954 年肃南裕固族自治区成立时，自治区明文规定："它的界线应以 3 个区②现有界线为界线。在此界线以内者，一律由自治区管辖。现居住在界线以内的居民，即自治区的居民，不问民族成分如何，均享受民族平等权利。"但是，自肃南县成立以来，其行政区划经历了多次调整，所辖乡镇多次划拨给毗邻县市，后又拨还肃南县。这就使得牧民草场和生产生活用地不得不随着行政区划的变化而变化，而为了保持牧民生产生活的稳定，即使划定边界，也规定"双方群众在界线两侧的生产生活维持不变"，致使肃南县历史上遗留有 50 多万亩草场协议由外县（市）借牧，这就为草场和边界纠纷埋下隐患。

资源环境因素。行政边界纠纷实质是围绕资源问题而形成的利益冲突，肃南县与青海省的边界线处于祁连山区，放牧条件好、矿藏丰富。在边界线附近，围绕资源的归属发生了多次冲突，尤其是在农牧交错地带，边界线模糊地段存在着农区与牧区的用地之争，农牧矛盾成为边界纠纷的基本形式。20 世纪 90 年代以来，随着资源有偿使用制度的实行，人们认识到谁占有资源谁就处于发展有利位置，因此，围绕资源争夺而产生的草场及边界纠纷有加剧的趋势。

---

① 王爱民、刘宇、缪磊磊：《少数民族地区行政边界纠纷的诱因和对策探讨——以甘青农牧交错带为例》，《干旱区资源与环境》2002 年第 4 期。

② 即张掖康乐区、高台第六区和酒泉祁明区。

（二）21 世纪以来草场及辖区纠纷的预防治理及经验

近年来，肃南县着力打造"平安边界"，通过与周边县区建立关系联谊、工作联动、情报联通、矛盾纠纷联调、治安问题联防、文化联办、责任联究"七大工作机制"，先后与十多个市县（区）签署了促进睦邻友好协作的文件协议，签订经济协作、边界纠纷调处、学生就近入学、群众就近看病、有线广播电视资源共享、通乡通村公路对接、用电同网同价、用水一视同仁等协议、合同 50 多份，通过保持与毗邻省、市、县、乡长期合作，优势互补，互惠互利，共谋发展的睦邻友好关系，深化与毗邻省、市、县、乡的合作与发展，利用毗邻地区的优势，带动和促进自治县边远少数民族困难地区的经济和社会发展，解决影响和制约民族地区经济发展的问题。

联谊共筑诚信。肃南县充分利用民俗文化艺术节等契机，主动与周边县市区开展互访活动，大力开展文化交流活动，增进相互间的沟通与理解。2010 年先后组织双向、多向文化交流活动 4 次，走访相邻县区座谈 13 次，召开平安边界建设联谊交流会议 7 次，积极磋商社会治安联防联治的形式与做法，通报周边治安动态和敏感问题。发放平安边界建设倡议书 300 多份，累计接纳周边县市区群众就医、就学人数达 6500 多人次。通过一系列的联谊和互动活动，加深了理解，增进了友谊，构筑了信任。

祁丰藏族乡把边界矛盾纠纷和整治治安混乱区域作为重中之重，积极做好与临近县市乡村的睦邻友好工作，主动联系沟通，及早做好防范。按照树立"和谐相处、互惠互利、共同发展、实现双赢"的新理念和"干部多握手，教育群众不出手"、"干部多走动，群众没矛盾"的主导思想，加强与相邻乡镇友好往来，巩固互访沟通机制，积极争取友邻乡镇领导的支持。在庙会期间祁丰乡与相邻 11 个乡镇进行互访，召开座谈会，签订友好协议，妥善处理好内部草原矛盾纠纷和与邻市县乡村的边界问题，避免边界纠纷发生。

联防共创协作。肃南县积极主动，与周边相邻县区签订《行政边界地区综治协作与创建平安边界协议》和《边界维稳协调领导小组工作制度》15 份。县公安局与周边邻县市公安机关协商制定了《边界县级公安机关维稳及办案协作制度》，每月互发一期本地区边界及周边地区刑事、治安案件发案动态，对可能涉及两个地区或蔓延发展的犯罪动向，及时通报对方，避免冲突和事端的发生。2010 年与周边县区共联合办案 13 起,抓获刑事作案人员 17 人,治安处罚 38 人;收缴非法储存的雷管 1359 枚、自制土抢 6 支、子弹 570 发、炸药 136 公斤,有效维护了边界地区和谐稳定。

肃南县马蹄藏族乡在边界维稳工作中坚持以"请进来座谈、走出去沟通"的方式,本着"坦诚友好、化解矛盾、解决问题"的原则,建立健全了边界维稳综治情报信息互通、共享机制和联防联治机制,通过召开联防联治会议,开展联谊活动、签订睦邻友好协议等形式促进边界群众和谐相处。目前,已与张掖市甘州区 3 个乡镇和民乐县的 7 个乡镇进行往来沟通和联谊座谈 6 次,签订协议 10 份,发放宣传材料 16000 多份,调处矛盾纠纷 12 起。[①]

联动共调纠纷。肃南县与周边县区坚持边界相邻乡镇、村每月排查一次矛盾纠纷,相邻县区每季度排查分析一次。尤其在春夏季牲畜转场时节开展专项排查,对资源权属纠纷较多、治安形势复杂、法制宣传教育薄弱地区进行经常性的滚动式排查。对发现的跨界放牧、山林、水土、矿产资源开发等纠纷,及时通报对方,实行联动调处,做到早发现、早报告、早介入、早控制、早处置,使矛盾纠纷及时解决在基层和萌芽状态。2010年,共化解边界纠纷 3 起。

肃南县康乐乡针对牧户居住分散,草原边界矛盾纠纷多发,不能及时调处的实际情况,实行乡领导分片负责,乡干部包村包户,并在各村成立调委会配合工作,建立了矛盾纠纷排查新机制。2007 年以来,包村领导干部深入各村社,通过讲解政策,宣传法律,积极引导群众遇到矛盾纠纷互谅互让、心平气和地解决问题。对于个别上访户,采取做思想工作,多关注、多走访的方式使群众上访转变为工作人员下访,切实做到事事有人管,件件有着落。建立和完善了长效工作机制、责任制度、信息反馈制度和督察制度,确保矛盾纠纷少发生,发生矛盾早解决,力争把问题解决在当地。2007 年上半年全乡共排查重点矛盾纠纷 12 件,调处 12 件,调处成功率达 100%。[②]

联治共促繁荣。相邻县区在边界地区联合组建治安联防队伍、联合召开治安防范会议、联合打击跨界犯罪、联合排查整治治安乱点,重点加强流动人口、暂住人口和出租房屋、矿山开发、施工企业等场所的治安整

---

① 《肃南马蹄乡多措并举打造平安边界》,新华网甘肃频道 http://www.gs.xinhuanet.com/dfpd/2010 - 06/03/content_ 19974256. htm,最后访问时间 2013 年 11 月 1 日。

② 《肃南县康乐乡矛盾纠纷调处出实招》,《张掖日报》2007 年 10 月 10 日。

治，全面加强边界地区的治安防范工作。先后在边界地区双方群众中开展
普法教育、发放勘界宣传材料、召开群众大会、举办法律知识培训班、组
织典型案例图片展等各种形式的宣传教育活动，增强了边界地区群众的法
律意识，有效地维护了边界地区的和谐稳定。①

　　针对甘青线两侧历史上存在跨界放牧、开矿等问题，2005 年 5 月至
10 月，甘、青两省开展了行政区域界线联合检查工作。结果表明：自
2001 年国务院批复《甘肃省人民政府、青海省人民政府联合勘定的行政
区域界线协议书》以来，两省认真执行勘界协议，接壤地区干部群众严
格遵守法定界线和双方联合签订的勘界协议书的有关规定，双边群众和睦
相处，界线附近地区总体稳定。对于在联检工作中发现的门源回族自治县
群众同肃南裕固族自治县群众在下账房沟和石头沟地区放牧纠纷问题予以
及时解决，两省决定将张掖市与海北州 2005 年 7 月 2 日协商达成的《调
处门源肃南两县草原放牧纠纷协商会议决定》中确定的临时放牧线，作
为今后双方群众的长期放牧线，并督促两市州及门源、肃南两县进一步做
好群众工作，切实维护这一地区的稳定。

　　历史和现实长期的实践，已经为肃南县提供了处理辖区边界纠纷的丰
富经验。

　　勘定界线，依法治界，夯实边界地区稳定的工作基础。边界纠纷的根
本原因是行政区域界线不清，界线管理无法可依。为从根本上解决行政边
界争议，1989—2002 年，国务院全面勘定了我国省、县两级行政区域界
线。1989 年 6 月，根据《国务院关于勘界试点工作的批示》，甘肃省将肃
南裕固族自治县列入县级试点单位。经过 12 年的努力，截至 2001 年 12
月，勘定了自治县与周边甘、青两省 15 个县市的行政区划界线 1551 公
里，县内区、乡级行政界线和村、场级权属界线 12865 公里。行政区域界
线的勘定，从根本上结束了因界线不清导致纠纷频发、严重影响界线附近
地区群众生产生活甚至生命财产损失的历史，为依法治界奠定了基础。但
是，由于历史、民族、宗教和经济利益等原因，勘界后，一些干部群众仍
然积怨难消，存在不少思想认识方面的偏差，在暂不划定界线的地区，甚
至已经划定界线的地区，因资源开发、放牧等问题仍发生了不少纠纷，有
的甚至引发了群体性事件。因此，必须通过政府强有力的领导和各部门的

① 《肃南："四联四共"打造平安边界》，《甘肃法制报》2011 年 1 月 27 日。

相互配合和扎实工作，充分调动各方面的积极因素，认真细致做好基层干部群众的思想工作，使依法管理界线、守法经营的观念深入人心，才能有效化解矛盾纠纷，巩固勘界成果。

转变观念，加强领导，探索边界地区稳定的长效机制。边界稳定工作要与时俱进，树立正确的调处边界矛盾纠纷的新思路和新观念，改变过去出现的非组织性、自发性、强制性、报复性等错误认识和做法，将边界纠纷处理从定边界、调处纠纷的层面扩展开来，扩大到双边经济、文化的多领域合作，实现由调停问题的被动管理方法向树立预警机制的前瞻型管理模式的转变，实现由垂直型政府结构向横向联合协作的交互式结构的转变。①

界线管理是一项长期的任务，是地方政府的一项重要职能。重视界线管理与关注民生、维护边界稳定、落实科学发展观、促进新农村建设密不可分。各级党委、政府把加强界线管理，创建平安边界，始终放在重要位置，高度重视解决界线管理工作中的问题。在遇到重大矛盾纠纷时，主要领导亲自过问，安排调处工作；建立健全责任制和联合检查制度，保证了有章可循。同时，在人员和经费方面也受到了足够的重视与支持，保证了有人干事、有钱办事，有力地维护了边界地区的稳定。

近年来，各级党委和政府都高度重视发展睦邻友好关系，广泛开展了与友邻市县区建立友好关系活动和创建平安边界活动，边界地区的乡镇也与省内外周边接壤乡镇建立了友好关系，开展了互访活动。2003 年以来，肃南县和民乐县成立了维护边界稳定联络小组，制定了《民肃两县边界维稳协调联系小组工作制度》、《民肃两县关于民乐牲畜进山放牧工作制度》，有力地促进了边界地区的社会稳定工作，为两县人民营造了一个宽松的外部发展环境，极大地提高了两县干部群众做好边界稳定工作的积极性和责任心。

肃南县及时排查调处人民内部矛盾，预防和避免了群体性事件的发生。2000 年以来，县四套班子领导亲临现场做群众思想工作，相关部门各司其职、认真解决问题，上下联动，较好地调处了一些矛盾冲突。事实证明，只要在纠纷处理中坚持"实事求是、顾全大局、互谅互让"的原则，诚心相待，遇事多协商、多沟通，就能增进友谊、促进发展、共建和谐、维持稳定。

---

① 王爱民、刘宇、缪磊磊：《少数民族地区行政边界纠纷的诱因和对策探讨——以甘青农牧交错带为例》，《干旱区资源与环境》2002 年第 4 期。

第五章

民生进步和社会保障事业的发展

经济和社会发展的进步最终都需在民生的保障和改善上体现出来。中华人民共和国成立以来裕固族聚居区人民生活的得到了翻天覆地的改善。教育的发展尤其值得称道。早在 20 世纪末，肃南县已基本实现了现代学校教育对全县学龄人口的全覆盖，进入 21 世纪后又有了更大的进步。此外，城乡居民的收入水平、消费结构等都有大幅度的提高和改善，医疗、养老等社会保障制度的建设也稳步推进。但在快速的现代化过程中，如何在当地实现持续的农牧民增收、促进劳动力就业水平的提高等还有许多工作要做。

一 历史上裕固族聚居区的教育

（一）中华人民共和国成立前的教育

裕固族聚居的祁连山北麓牧区近代以前尚无学校教育，佛教寺院对僧侣进行的宗教文化传承教育，是当地比较系统的传承知识的主要方式，至中华人民共和国成立前，仍有很多裕固族、藏族儿童被寺院收为班弟。[①] 进寺院念经为当地民众和儿童获取文化知识的主要途径。民国 18 年（1929）东五族（藏族部落）老人王当智在马蹄区大泉沟设立初级小学。[②] 这是在相关资料记载中，目前能够查寻到的肃南境内创办的最早学校，可视为当地近、现代学校教育的开始。而近代祁连山北麓牧区对教育区域作出规划，

---

① 中国科学院民族研究所甘肃少数民族社会历史调查组编：《裕固族简史简志合编》（初稿），中国科学院民族研究所 1963 年版，第 55 页。

② 肃南裕固族自治县《马蹄区志》编委会：《马蹄区志》，2007 年 12 月，第 177 页。

成批兴办学校，并得到国家资助的教育事业则始于民国 27 年（1938）。

据马铃梆在《顾嘉堪布传——祁连山藏民教育之创办者》中记载：

> 各校之倡办。民二十七年冬，乘组织巡回宣传团之便，召集各地发起人会议，由堪布等主持，成立董事会，各部落首领为校董。决定南山三山口为一教育区，以郭家诺门罕卓锡之西藏寺为校址；东海子与西海子亚贺两族付头目所辖地为一教育区，校址设立于西海子莲花寺；亚贺黑三部落为一教育区，校设于贺族之慈云寺。西八个马家五个家罗尔家为一教育区，以红湾寺为校址。各校以所在地之地名名之。莲校、慈校、西校、红校均于民二十八年先后成立。创办之初，回校学生仅九十九人。学校基金：莲校为草头税及柴税与公共牧地，红校为罗、五、西三部落共有垦地之一部分按年收租，慈校为草头税及垦地之租麦，西校为乐捐、猎捐、草头税与麦租。中英庚款董事会，蒙藏委员会，教育部补助之。民三十二年复成立明海寺校，马蹄寺校亦相继成立。学校之成立，几经波折，寺院主持屡经反对，顾嘉堪布从中斡旋，与有力焉。

表 5-1　1944 年（民国三十三年）裕固族地区春季各校学生统计表

校别	校址	性别	学生人数	年龄	招生地区
西藏寺小学	西藏寺	男	38	最高 19，最低 11	酒泉南山磁窑口与甘坝口黄草坝
慈云寺小学	西岔河新舍	男	23	最高 18，最低 7	高台南山贺郎噶家及黑番家（内有汉生 8 名）
红湾寺小学	红湾寺	男	25	最高 22，最低 9	高台、临泽南山西八个马家五八个及罗儿家（内有汉生 10 名）
马蹄寺小学	马蹄寺	男	36	最高 16，最低 9	张掖南山马蹄寺十四族
莲花寺小学	莲花寺附近新舍	男	25	最高 20，最低 12	酒泉高台西海子
明海寺小学	明海寺附近新舍	男	25	最高 20，最低 11	酒泉高台东海子

资料来源：摘自《新西北局》1944 年 7 卷 7、8 期合刊。引文为原文，未做更正。

上述六所小学为四年制初级小学。各校校舍借各寺房屋或民房略加修改后使用或筹集资金新建。学校从酒泉等地聘请了有一定学历和教学经验的 6 名教师，教授国文、算术、体育、音乐、常识等科；藏文教员由顾嘉堪布动员各寺喇嘛、法台、管家义务担任。顾嘉堪布兼任西藏寺（又名

"西沟寺")、红湾寺、莲花寺、慈云寺(又名"水关寺")小学董事长和慈云寺小学义务藏文教师。① 上课时教师用汉语讲授,课外学生用本民族语言交谈。教育经费主要由蒙藏委员会在边疆教育补助费中给予补助。1942 年,改归教育部补助,不足经费由地方群众集资。②

简言之,祁连山北麓牧区学校教育是在裕固族、藏族各部落僧侣的支持下,依附于当地部落的佛教寺院创办的。学校的运行经费主要依赖当时国家教育行政机关的资助。

祁连山北麓裕固族聚居区寺院创办学校,缘起于顾嘉堪布(第七世顾嘉堪布,本名为罗桑青利嘉木错)、马罗汉等在当地有一定社会影响力的佛教僧侣对现代教育的认识。顾嘉堪布、马罗汉等因常出入于酒泉城,与蒙藏委员会祁连山调查组的人员接触较多,对在祁连山牧区兴办学校渐具热心。由于佛教寺院在肃南牧区是宗教与传统聚会活动的固定场所,加之倡导者顾嘉堪布作为宗教上层的特殊身份,裕固族聚居区现代学校教育依托佛教寺院这一固有的宗教文化传承机构起步,在寺院所依附的部落社会与部落头人的支持下创办学校,是有其便利条件的。如,顾嘉堪布是红湾寺寺主,又有威望,红湾寺小学的生源来自于西八个家、五个家、罗儿家三部落,所以,红湾寺小学办学比较顺利。而在他圆寂后,红湾寺小学办学阻力就多了起来。③

在肃南牧区倡议兴办学校,宣传学校教育的意义与当时抗日救亡的宣传活动分不开。据《祁连山北麓调查报告》记载,民国二十七年(1938)秋,顾嘉堪布在慈云寺抗战建国大会上以裕固、藏、汉等语言,讲述"守边御侮,守土有责,使民族生存"的团结救国宏旨时,特意对教育的功能、教育与经济文化的关系等加以解释。民国二十八年(1939),顾嘉堪布、马罗汉与蒙藏委员会酒泉调查组成员一起组织"祁连山藏民抗战建国宣传团"。在其宣传要点中就把兴办教育,提高祁连山区牧民文化素质,改善经济生活作为重要内容。由于祁连山牧区地处偏远、天灾人祸频繁,当地裕固族、藏族等主要从事游牧业,生活艰难,受传统观念与宗教

---

① 政协肃南裕固族自治县委员会编:《肃南文史资料》(第一辑),1994 年 4 月,第76—77 页。

② 甘肃省肃南裕固族自治县地方志编纂委员会:《肃南裕固族自治县志》,甘肃民族出版社1994 年版,第299 页。

③ 高自厚、贺红梅:《裕固族通史》,甘肃人民出版社2003 年版,第253—254 页。

思想影响，牧民对开办学校、发展文化教育一向持消极态度。通过顾嘉堪布等耐心劝导，反复宣传，牧民们逐渐消除了思想顾虑。一些过去反对办学的僧侣、头人，经过耐心劝导则成了办学的骨干力量。[1]

经顾嘉堪布等倡导兴起的学校教育虽然起步，但发展并不顺利，至1949年，6所小学仅有77名学生，平均每校只有十多人。[2] 在校学生70多人中，大部分是部落头目和牧主、地主的子弟。[3]

（二）20 世纪后半期教育事业的振兴

中华人民共和国成立后，裕固族聚居区和全国一样，教育成为社会主义事业的重要构成部分。因此，无论举办教育的主体、目的和教育经费的来源，还是受教育者以及教育的内容等均发生了根本性的转变。首先，举办教育的主体由顾嘉堪布等开明的宗教人士、部落头人，更新为作为新生国家政权构成部分的肃南县自治机关，其举办教育的社会动员与组织能力，以及国家财力的有效保障等，均是顾嘉堪布等旧中国教育事业的开创者们无法相比的。其次，受教育者也主要由部落头目和牧主、地主的子弟等，普及至普通农牧民家庭的适龄儿童。再次，学校教育的内容也采用国家统一编制的教材，向学生传播现代科学文化知识。通过数十年学校教育的普及，现代文明成果源源不断地输入各民族当中。在20世纪五六十年代受教育的儿童，今天已经是六七十岁的老人。如今裕固族聚居区的主要人口都不同程度经受过规范的学校教育；学校教育的普及大大提高了裕固族聚居区各民族的文化水平。

中华人民共和国成立后，祁连山北麓裕固族聚居区的教育事业从接收、巩固和扩充顾嘉堪布等创办的6所初级小学开始。当地政府不仅加强了对6校的领导和管理，解决其所面临的各种难题，还在其他未建校的区乡建立了小学。例如，肃南康乐区在1952年第一次建立起小学，第一批招收学生37人，其中裕固族学生36人。[4] 从中华人民共和国成立至肃南自治地方创立前仅是一个短暂的过渡期，至1954年肃南裕固族自治区建

---

① 政协肃南裕固族自治县委员会编：《肃南文史资料》（第一辑），1994年4月，第76页。
② 高自厚、贺红梅：《裕固族通史》，甘肃人民出版社2003年版，第139页。
③ 国家民委民族问题五种丛书编辑委员会《中国少数民族》编写组：《中国少数民族》，人民出版社1981年版，第173页。
④ 中国科学院民族研究所甘肃少数民族社会历史调查组编：《裕固族简史简志合编》（初稿），中国科学院民族研究所1963年版，第55页。

立时，共有小学 8 所，在校学生 307 人。① 其中裕固族学生 180 人。② 但学制仍继续沿用民国时期的"四二"（初小四年、高小二年）分段制；肃南县所办小学都仍停留在四年制初级小学的层次。

1954 年 2 月肃南裕固族自治区的成立，开创了裕固族聚居区现代教育事业的全新时代。当时区人民政府下设教育管理机关"文教科"。"文教科"的创立，标志着肃南裕固族聚居区建立起了统一的县域国家教育管理机构，肃南教育开始纳入国家教育事业的统一体系。

从肃南裕固族自治地方建立到 20 世纪 80 年代之前的 20 多年间，肃南建立起了从幼儿园、小学、初中到高中等国家公办的基础教育体系，教育规模不断扩大并最终使基础教育在全县得到普及，展现了肃南教育事业在新中国社会主义建设实践中不断进步的足迹。

1955 年全县制定了发展小学教育事业的计划。经上级批准将红湾寺初级小学扩建为六年制完全小学。六年制完全小学的创办，使肃南县的小学教育体系趋于完整。而到了 1958 年，在红湾小学于前一年附设初师班的基础上，筹建起了肃南县第一中学。③ 这是肃南地区出现的第一所完整中学。此外，1958 年后，肃南还创建了半工半读的林业学校、卫生学校和畜牧学校，学生总数 187 人，其中裕固族学生 60 人。④

据统计，1949 年中华人民共和国成立时肃南地区有 6 所小学，在校学生 77 人，教职员工 7 人；1954 年肃南自治区筹建时发展为 8 所小学，在校学生 307 人，教职员工 11 人；1955 年有 10 所小学，在校学生 427 人，教职员工 18 人；1956 年发展到 12 所小学，在校学生增加到 726 人，教职员工 17 人；1957 年有 15 所小学，在校学生首次突破千人，增加至 1077 人，教职员工突增至 48 人；1958 年有所减少，为 11 所小学，在校学生却增至 1788 人，教职员工 43 人；1959 年有 15 所小学，在校学生 1680 人，教职员工 52 人；1960 年有 17 所小学，在校学生 2459 人，教职

① 甘肃省肃南裕固族自治县地方志编纂委员会：《肃南裕固族自治县志》，甘肃民族出版社 1994 年版，第 299 页。

② 中国科学院民族研究所甘肃少数民族社会历史调查组编：《裕固族简史简志合编》（初稿），中国科学院民族研究所 1963 年版，第 55 页。

③ 高自厚、贺红梅：《裕固族通史》，甘肃人民出版社 2003 年版，第 139 页。

④ 中国科学院民族研究所甘肃少数民族社会历史调查组编：《裕固族简史简志合编》（初稿），中国科学院民族研究所 1963 年版，第 96 页。

员工68人。① 1960年小学在校生人数为在校生数的峰值，之后的整个20世纪60年代，肃南学校教育发展步入徘徊停滞期。1961年以后，为了集中精力办好中学，撤销了初级师范，学生转入了中学学习，撤销了初级卫校、畜牧学校、林业学校。

上述数据说明，肃南县建立后，1955—1960年这五年是肃南学校教育发展的快速成长期。其快速发展的强劲动力主要来自三个方面，一是学校教育的社会运行机制发生质的变迁。肃南民族自治地方的建立，使发展学校教育成为自治机关应尽的责任。强大的政府组织能力是这一阶段肃南教育发展的主要动力。二是民主改革与社会主义改造使社会结构发生重大变迁。这一变迁不仅改造了肃南牧区传统的部落制度，同时也使得由区、乡、行政村等为单位组成的集体经济组织承担起主要的生产职能，原来以家庭为单位构成的社会生产体系解体。这就使大量学龄儿童从家庭辅助劳动力的角色中解放出来，肃南的学校教育有了充足的生源。三是社会的急剧变迁引起人们思想观念的迅速更新。在社会大变革的时代背景下，各民族民众都普遍认识到：在儿童将来走出家庭、融入社会的过程中，被社会所接纳、确定其社会角色和地位乃至其命运的决定性因素，是他的受教育程度。因此，全社会的思想观念在很短时间内就发生了彻底转变。谁家的孩子不读书就成了被社会所歧视的对象；文盲在社会生活中也变得越来越寸步难行。这种观念的转变几乎是新中国的时代性特征；祁连山北麓虽偏居中国的西北地区，但同样被席卷于这一强大的时代潮流之中。社会观念的剧变，为肃南县学校教育迅速扩展以及基础教育普及提供了坚实的基础。

孕育于城市工业文明的现代学校教育，以学龄儿童集中在一起授课为主要办学模式。20世纪中叶，由于祁连山北麓牧区人口密度低、生产的流动性大、牧民生活贫困、县域财力有限等客观因素的限制，使肃南县的学校教育面临广泛普及方面的困难。1965年，肃南县针对这种困难，根据中共中央关于两种教育制度、两种劳动报酬的精神，作出了《关于恢复和发展小学教育有关问题的决定》。该《决定》贯彻"两条腿"走路的

---

① 甘肃省肃南裕固族自治县地方志编纂委员会：《肃南裕固族自治县志》，甘肃民族出版社1994年版，第307—308页。

方针，采取民办公助的办法，举办民办牧读小学。[①] 牧读学校是根据当地环境及游牧生产方式的特殊性，随放牧点游动分散授课的一种办学形式。学校无独立机构设置和教师编制，政府许可在生产队内附设教学组织，教师为生产队社员，劳动报酬为记公分、参加生产队的分配，是被称为"民办学校"的办学形式之一。至20世纪70年代初，这种流动在牧民帐篷间的"学校"逐步在肃南县牧区得到普及。"马背小学"成为全国牧区普及五年制教育的典型。

典型个案：

肃南县康乐区红石窝生产队1965年8月底共有160人，其中学龄儿童31名，入学10名，入学率32.3%，适龄女童14名，入学2名，入学率14.3%。红石窝生产队于1965年9月25日在秋季牧场大兰边举行了隆重的牧读学校开学典礼，参加会议的有区、社、队领导等一百多人。生产队副队长兼任校长，成立了由队干部、教师、红西路军老战士等5人组成"三结合"的红石窝牧读学校管理委员会；学制为5年制教育。一名教员一匹马，走马巡回在一千多平方公里的群山和草原上分布的36户人家之间；共办有13个教学点，教师全年在各教学点巡回60次左右；全学年教学时间约11个月，不分学期，只在牧业生产最忙的季节放假一个月，每个教学点教学时间达174小时左右；教员一人讲授一至五年级和牧民扫盲的所有课程，开设有语文、算术（含珠算）、阶级教育（即"思想政治"课）和常识（包括农牧业生产、卫生和一般历史地理常识）等课程；毕业时学生能识常用汉字2500—3000个。1965年底，全队适龄儿童中除1名因随父母到千里之外的高崖泉放牧而未能入学外，其余30名适龄儿童全部入学，入学率由原来的32.3%提高到了96.8%，14名女童全部入学。截至1965年底，肃南县共办起牧读小学25所，到1972年全县36个纯牧业生产队都办有牧读小学。[②]

---

① 甘肃省肃南裕固族自治县地方志编纂委员会：《肃南裕固族自治县志》，甘肃民族出版社1994年版，第300页。
② 政协甘肃省肃南裕固族自治县委员会编：《肃南文史资料》（第二辑），2000年12月，第165—173页。

　　这种因地制宜的独特办学形式，既在当时条件下从一定程度上解决了适龄儿童上学难的问题，又在裕固族聚集的牧业地区普及基础教育过程中发挥了重要作用。1965 年底，全县小学数量由前一年的 32 所迅速增加至 50 所，在校学生由 1432 名增长至 2056 名，教职员工由 83 名增加至 98 名。

　　1966 年全国"红卫兵"大串联，肃南县各级学校也相继停课闹"革命"，学校处于瘫痪或半瘫痪状态，教育遭受挫折。这一突变更深刻的影响在于，长期历史积淀在中国人心目中的对教育神圣、敬畏的崇尚心理被打破，也使肃南教育走出寺院之后进一步世俗化了。在那个特殊的年代，肃南迈出了"大众教育"的畸形发展步态，学校教育以简单、粗放、低质量的状态开始迅速膨胀。经过近十年的扩张肃南学校教育又步入一个特殊的高峰期。据记载，到 1975 年，全县有小学 96 所，在校学生 5217 名，教职员工 280 名。全县大部分生产队都办起了"马背牧读小学"，部分公社相继办起了初中。1976 年，全县小学增加到 106 所，在校学生 5178 名，教职员工 294 名。1977 年，全县有小学 105 所，在校学生 6101 名，教职员工 250 名。"文化大革命"结束时开始回落。1978 年，全县小学 94 所，在校学生 5949 名，教职员工 286 名。1979 年，全县有小学 91 所，在校学生 6144 名，教职员工 289 名。同期，中学教育发展轨迹亦基本相同。1965 年底，肃南县有普通中学 1 所，在校学生 75 名；牧中 1 所，在校学生 17 名。到 1975 年 9 月部分公社相继办起了初中；1976 年肃南县有中学 16 所，在校中学生 1596 名。①

　　这一时期是肃南教育快速膨胀的第二高峰期。除了"文化大革命"特殊的政治背景外，另一个重要原因是肃南县医疗卫生事业的快速发展，大幅度提高了新生儿的成活率，20 世纪 60 年代生育高峰时出生的儿童相继步入学龄期。适龄儿童群体规模的快速扩大，为教育规模扩展提供了社会基础。

　　"文化大革命"结束与十一届三中全会召开标志着中国步入改革开放所主导的又一个社会转型时代。农村家庭联产承包责任制的推行，人民公社制度向乡、村等新的基层社会组织制度转变以及其他社会变革，使原有的教育体制和形式，如民办牧读小学及执教的民办教师等问题也面临挑

战。肃南县教育历经上述两次快速扩张之后，也面临着适应新的时代变化的调整问题。

1982年，伴随着改革和调整，全县压缩了12所公社小学附设的初中班，相应充实和加强了小学的教学力量。1983年对中等教育结构进行了改革，将县二中改为"肃南县牧业中学"，从高中一年级起，增开畜牧兽医课，学制三年，当年从全县范围招生38名。到1984年，全县经过调整共有学校65所。其中乡、村小学54所，重点小学1所，小学附设初中班的学校6所，小学附设高、初中班的学校1所，完全中学1所，牧业中学1所，寄宿制民族中学1所。在校小学生4482名，在校中学生1684名。学生总数中有少数民族学生2840名，学龄儿童入学率达73.5%；全县有中小学教职工513名（含民办代课教师和临时工150名，其中中学专任教师123名，小学专任教师294名）。1986年3月召开全县教育工作会议，制定了《教育体制改革实施方案》，确定对全县基础教育实现分级办学、分级管理的体制。1988年9月召开了全县科教大会，县委、县政府作出《关于加快和深化牧区教育体制改革的决定》，开始由单一的普通教育向普通教育、成人教育、职业技术教育相结合的方向发展。截至1990年，全县有学校63所，其中：乡中心小学20所，村小学33所，小学附设初中班的学校6所（含2所国有农牧场子弟学校），小学附设初、高中班的学校1所，完全中学2所，寄宿制民族中学1所。这63所学校中11所为寄宿制学校。在校学生6047名，其中：小学生3902名，初中生1658名，高中生487名。在校学生总数中少数民族学生3496名。全县中小学教职工535名，其中：专任教师479名，行政人员32名，工勤人员24名。专任教师中中学教师162名。小学教师317名；教职工总数中有民办教师91名，代课教师17名，临时工31名。[①] 1993年实现了普及初等教育的目标，1994年实现了基本扫除青壮年文盲的目标；1997年顺利实现"两基"（基本普及九年义务教育和基本扫除青壮年文盲）目标；全县小学阶段适龄儿童入学率达到98.95%，辍学率控制在0.17%以内，毕业率达到99%以上。15周岁人群中，初等教育完成率为98.78%。初中阶段适龄少年入学率达到97.18%，辍学率控制在0.3%以内，毕业率达到99.2%。

---

① 甘肃省肃南裕固族自治县地方志编纂委员会：《肃南裕固族自治县志》，甘肃民族出版社1994年版，第301页。

17 周岁人群中教育完成率达到 97.05%。[①] 而截至 20 世纪末，肃南县有各类学校 58 所。其中：完全中学 2 所，全日制小学 1 所，8 年制学校 6 所，乡中心小学 21 所，村小学 11 所，职教中心 1 所，教学点 13 处，幼儿园 3 所。在校学生 5559 人，其中：幼儿学前班 452 人，小学 3526 人，初中 1335 人，高中 141 人，职教中心 105 人。[②] 至此，经过半个世纪的发展，肃南县基本实现了现代学校教育对全县学龄人口的全覆盖。九年义务教育已成为全县各民族人口必经的社会化过程。基础教育的普及建立起了体制化的惠及全县人民的现代文明传播体系。"两基"达标意味着教育的功能已不再是简单的识字读书、掌握知识，现代科学知识的习得不仅提高了裕固族及全县其他民族人口的素质与技能，也成为肃南各民族步入现代文明的主要途径。

二　21 世纪以来教育事业的全面发展

（一）肃南县教育事业发展的整体状况

步入 21 世纪，随着改革开放和现代化的推进，裕固族聚居区人民对教育的态度也发生了重大变化，即由"自古以来，放羊的只拿鞭子，不拿笔杆子，文化和牧民没有相干"，到应该读书识字不能做"睁眼瞎子"，通过教育改变命运，追求接受高质量的教育转变。肃南县通过不断调整中小学布局，优化县域教育资源配置，使办学质量得到提高。特别是利用 2004 年肃南县行政区划调整、撤区并乡的机会，经过有计划的调整，大大减少了各级各类学校的数量，由步入 21 世纪时全县的 43 所学校，经过调整减少为 2013 年的 13 所。这些学校以寄宿制学校为主，标准化程度较高。

肃南县教育布局的调整旨在优化教育资源，提高教学质量。这是一个持续深入的过程。2001 年全县撤并了 2 所区学校初中部（大河区学校、明花区学校初中部）、1 所乡中心小学（西柳沟小学）、2 所村小学（白庄子、西城村小学）和 2 个教学点（老虎沟、白银大瓷窑教学点）。2005 年，围绕全县行政区划调整、撤区并乡后集中优势资源，办好乡镇政府所在地九年制寄宿制学校的工作目标，对皇城、康乐两个乡镇的学校进行了

---

① 高自厚、贺红梅：《裕固族通史》，甘肃人民出版社 2003 年版，第 140 页。
② 同上。

调整。将皇城镇北滩中学和小学、马营小学与肃南二中合并为皇城学校。合并后保留肃南二中建制，一套人马两块牌子。新学期报道学生472人，其中：初中生186人，小学生286人（原北滩小学全部学生265人，马营小学全部21人，无一人流失）。将原康乐学校初中部、白银中心小学整体并入新建的康乐明德学校，合并为九年制寄宿制学校。原康乐学校保留小学部，更名为康乐小学。新学期康乐明德学校报到学生141人，其中：初中生47人，小学生94人。"2007新学年撤并了生源少、规模小的村小学6所。并根据乡镇教委职能弱化的现状，报请县委、县政府同意后，撤销了乡镇教委建制，明确了九年制学校副科级建制，实行局管校体制。"2008年制定了新一轮学校布局调整规划。2009年秋学期开学伊始，将县城红湾小学建成寄宿制学校，在家长和学生完全自愿的情况下，将大河学校并入红湾小学、西水小学并入马蹄学校、黄河湾小学并入明花学校。至此，肃南学校数由2008年的18所调整为15所，学校撤并率为16.7%。2013年提出了"高中向县城集中，初中向乡镇集中，小学、幼儿园向行政村集中，大力建设九年制标准化学校"，大力推进城乡教育一体化进程，集中优势资源，促进教育公平的布局调整思路。以寄宿制为主的集中办学方式优化了教育资源，有利于教学水平的提高，但也给学生家庭带来上学费用增加、负担加重的问题。为此，从2008年开始肃南县实施义务教育免补政策。从2009年开始，在落实义务教育阶段"两免一补"政策基础上，将高中阶段和学前教育也纳入免费范围，并为全县所有寄宿生落实交通补助，免除住宿费，实行"三免两补"的15年免费政策。

　　肃南县为教育免补政策的落实提供了大量经费投入：2008年落实义务教育阶段学生免杂费和补助公用经费资金144万元，义务教育阶段4509名学生免除了学杂费。落实1635名寄宿生生活补助资金104万元，小学寄宿生生活补助标准达到人均每天3元，中学寄宿生（含高中生、职中生）生活补助标准达到人均每天4元；落实寄宿生交通费补助20.6万元，最近每生每年补助60元，最远每生每年补助320元；落实高中生"两免两补"资金37.64万元，每生每年免除费用1160元。2009年落实各学校补助公用经费资金及寄宿生生活补助共计413.6万元（含免费教科书），落实高中阶段学生免补资金84万元，落实寄宿生交通补助23.8万元；在此基础上又将学前幼儿教育纳入免费范围，免除学前幼儿保育费、杂支费、取暖费，并补助生活费，共计38.1万元，实现了从幼儿教育到高中阶段教育的"三免两补”，初步实现了15年免费教育。2010年落实义务教育阶段学生免杂费和补助公用经费资金205万元（其中春学期97万元，秋学期108万元），发放免费教科书折价56.11万元，发放寄宿生生活补助127万元（其中中央财政63万元，省级财政38万元，市级财政5.6万元，县级配套20.4万元）；县财政落实高中阶段学生免补资金70.7万元，落实学前儿童杂支费、保育费、取暖费及生活补助47.1万元，落实寄宿生交通费补助18.1万元。2011年落实义务教育阶段补助公用经费资金304万元，寄宿生生活补助76.7625万元，发放免费教科书折价52.97万元，县财政落实高中阶段学生免补资金59.29万元，落实学前儿童杂支费、保育费、取暖费及生活补助44.05万元，落实春学期交通费补助24.22万元。2012年落实义务教育阶段补助公用经费310万元，寄宿生生活补助164.2万元，发放免费教科书折价43.23万元，落实高中阶段学生免补资金108.24万元，学前教育经费70.6万元，春学期交通费补助23.56万元，全面落实了从幼儿园到高中阶段的"三免两补"15年免费教育政策。

表5-2　　　　　　　　21世纪以来肃南县教育基本状况①

年度	学校（所）	在校学生数（人）	教职工（人）	专任教师（人）
2001	43	4350	548	448
2003	43	4932	527	434
2004	43	4543	476	432
2005	43	5056	501	456
2006	43	5574	525	483
2007	37	5574	548	486
2009	15	4728	562	496
2011	14	4885	546	—
2013	13	4515	598	510

（二）幼儿和小学教育

肃南学龄前幼儿教育最早出现于20世纪的"大跃进"时期。与当时的"大跃进"时代背景相对应，也由于缺乏充分的认识与相应的办学条件，肃

---

① 本章各表资料来源除注出外，均为当地有关部门的报表和工作总结，故省略。

南的幼儿教育呈现的是一种大起大落的局面。1958年全县从无到有，一下
建起寄宿制、全日制、半日制等多种形式的托儿所、幼儿园31所，入园儿
童2017名，入园率达100%。1960年，全县有幼儿园42所，入园幼儿1479
名。至1961年，困难和问题凸显，因基础设施和师资缺乏，生活困难和传
染病导致大量儿童夭折等，使学龄前幼儿教育全部停办。

　　改革开放初期，随着肃南县城市发展、企事业单位工作人员规模扩大
和教育事业发展的需要，希望有专门机构分担学龄前幼儿教育的需求增加。
根据"全国托幼工作会议纪要"的精神，肃南县重新试办学龄前幼儿教育。
1980年县政府拨款2.7万元，修建校舍220平方米，抽调教员5人，招收幼
儿30名，在县城办起了机关幼儿园。此后，幼教事业重新得到发展。1990
年，全县有幼儿园4所，在园幼儿120名。① 1998年全县有幼儿园3所，乡
以上中心小学开办了幼儿学前班。截至20世纪末，肃南县有幼儿园3所，
幼儿学前班学生452人。步入21世纪以来，学龄前幼儿教育发展速度加快
（见表5-3），2003年以来，幼儿专任教师学历合格率100%。肃南县从
2009年起将学龄前幼儿教育也纳入教育免补政策范围，免除学龄前幼儿保
育费、杂支费、取暖费，并补助生活费等，学前教育发展有了充足的经费
保障。虽然，近年来幼儿园的数量减少了，但吸引力增大。2012年全县学
前三年幼儿毛入园率达到68.6%，比上年提高5.9个百分点。2013年全县
学前三年幼儿毛入园率达到72%，较上年提高了3.4个百分点。

表5-3　　　　　　　　　　21世纪肃南县学龄前幼儿教育状况

年份	幼儿园（所）	入园幼儿（人）	幼儿教师（人）
2001	3	540	20
2003	3	503	17
2004	3	507	18
2005	3	522	18
2006	3	634	28
2007	—	613	—
2009	1	657	—
2013	1	650	—

---

　　① 甘肃省肃南裕固族自治县地方志编纂委员会：《肃南裕固族自治县志》，甘肃民族出版社
1994年版，第302、303页。

　　小学教育虽然在肃南县各级各类教育中起步最早、办学规模大，在牧区普及基础教育与提高教学质量方面，积累了如马背小学、免费寄宿制教育等办学实践经验，但面对人口密度低、教育对象居住分散、民族语言文化多样（主要有西部裕固语、东部裕固语、藏语、蒙古语）等复杂的办学环境，如何办好牧区小学至今仍是肃南教育中最大的难点。

　　为了适应复杂的教育环境，经过长期实践探索，步入21世纪时肃南小学教育已形成了多样化的办学形式。2001年，肃南县有全日制完全小学1所，九年制学校6所（包括皇城种羊场职工子弟学校），乡中心小学18所（包括宝瓶河牧场职工子弟小学），村小学9所，教学点3个；小学生2029人，小学阶段适龄儿童入学率达99.1%，小学教师247人。这就形成了从规范的全日制完全小学，到九年制学校中的小学、乡中心小学、村小学、教学点等规模不等的小学，以及县教育行政机关举办的普通小学和企业办的职工子弟小学、职工子弟学校中的小学等不同体制的办学格局。

　　经过十多年的调整和发展，肃南县的小学教育基本保持了这样一个多样化的格局。学校数量、学生人数等没有增加，保持了稳定，但硬件设备得到改善。如2013年全县小学生均校舍建筑面积8平方米，教学仪器配齐率达到89%，生均图书达17.7册。

　　21世纪以来肃南县虽然解决了儿童上学难的经济困难，保障了寄宿制教育的正常运转，也得到了肃南各族群众的称赞，但牧区的小学寄宿制教育也带来了一些问题，如寄宿制使儿童较早脱离家庭、长期不与父母等家庭成员共同生活带来的亲情的淡漠，以及民族语言文化传承机制的断裂等。牧民们在亲情与孩子前途间痛苦的选择、民族发展在现代与传统文化间艰难的徘徊等，将是肃南教育中需要不断探索解决的重大问题。

表5-4　　　　　　　　21世纪肃南县小学教育状况

年份	学校（所）	学生（人）	适龄儿童入学率（%）	毕业率（%）	辍学率（%）	巩固率（%）	完成率（%）	教师（人）	小学教师学历合格率（%）
2001	37	2029	99.1	100	0.4	—	—	247	—
2003	37	3095	99.5	100	—	99.42	99.2	255	—
2004	37	2516	99.4	—	0.6	—	—	266	97.4
2005	37	2982	99.5	100	—	99.8	99.3	264	97.4
2006	37	3151	99.5	100	—	99.8	99.3	303	98.6

续表

年份	学校（所）	学生（人）	适龄儿童入学率（%）	毕业率（%）	辍学率（%）	巩固率（%）	完成率（%）	教师（人）	小学教师学历合格率（%）
2007	—	3056	—	—	—	—	—	—	
2009	12	2315	99.1	100		99.84		253	
2010	—	—	100	100	—	100			
2011	11		100	100		100			
2012			100	100					
2013	10	2101							

（三）中学教育

肃南县中学教育起始于 1958 年，那一年在红湾小学附设初师班的基础上建起了肃南县第一中学，当年招收初中生 53 名。① 20 世纪 70 年代中叶，在举办马背牧读学校过程中，肃南县中学教育得到快速发展，1976 年全县有中学 16 所，在校中学生 1596 名。1979 年全县新增中学 3 所，八年制学校 4 所，在校中学生 1679 名。80 年代中学教育布局得到调整，1984 年，全县有完全中学、牧业中学、寄宿制民族中学各一所，小学附设高、初中班的学校 1 所，小学附设初中班学校 6 所，有中学教学班 48 个，在校中学生 1684 名，中学专任教师 123 名。而至 90 年代基本维持了这样一个规模和格局。进入 21 世纪后，肃南的中学教育有了进一步的发展。可见表 5－5、5－6。

表 5－5　　　　　　　　21 世纪肃南县中学教育基本情况

年份	初中生（人）	15 周岁少年初等教育完成率（%）	初中适龄少年入学率（%）	初中生辍学率（%）	初中生巩固率（%）	初中生毕业率（%）	普通高中生（人）	职中生（人）	高中适龄少年入学率（%）	17 周岁人口中等教育完成率（%）
2001	1386	98.1	97.6	1.8	—	100	204	191	80.02	98.5
2003	998	96.8	97.9	—	99.7	98.96	216	123	80.24	—

────────

① 高自厚、贺红梅：《裕固族通史》，甘肃人民出版社 2003 年版，第 139 页。

续表

年份	初中生（人）	15周岁少年初等教育完成率（%）	初中适龄少年入学率（%）	初中生辍学率（%）	初中生巩固率（%）	初中生毕业率（%）	普通高中生（人）	职中生（人）	高中适龄少年入学率（%）	17周岁人口中等教育完成率（%）
2004	742	98.2	—	0.9	99.1	—	534	244	—	—
2005	1139	97.2	98.1	—	99.2	99.7	196	220	—	—
2006	1334	97.2	98.1	—	99.2	99.7	245	210	—	—
2007	1435	—	—	—	—	—	285	185	—	—
2009	1154	100	99.89	—	99.84	100	361	241	—	98.63
2010	—	—	99.93	—	99.87	100	—	—	—	98.9
2011	—	—	98.14	—	99.76	100	—	—	—	98.9
2012	—	99.8	100	—	—	100	—	—	—	98.9
2013	989	—	—	—	—	—	489	286	—	—

数据来源：《肃南县教育局2001—2013年教育工作总结》，表中空缺处系原统计口径不同所缺。

表5-6　　　　21世纪肃南县中学及其专任教师基本情况

年份	学校（所）	中学教师（人）	中学教师学历合格率（%）	初中教师（人）	初中教师学历合格率（%）	高中教师总数（人）	高中教师学历合格率（%）	普通高中教师（人）	职中教师（人）
2001	9	—	—	138	95.4	—	69.8	24	19
2003	8	—	—	123	—	—	—	24	19
2004	8	148	98	—	—	—	—	—	—
2005	9	174	98	—	—	—	—	—	—
2006	9	—	—	123	95.2	29	84	—	—
2009	8	—	—	195	—	48	—	—	—
2011	7	—	—	—	—	—	—	—	—
2013	7	—	—	—	—	—	—	—	—

数据来源：《肃南县教育局2001—2013年教育工作总结》，表中空缺处系各年度统计口径不同所缺。

　　相对于小学教育，初中生已经具有一定独立生存能力，便于集中学习，对举办寄宿制教育难度降低了一些，加之改革开放以来人们对教育的重要性越来越重视。因此，初中办学规模相对于小学而言集中程度要更高一些，初中阶段的升学率较高，基本能够确保未成年人九年义务教育全覆盖。步入21世纪以来，肃南的初中教育发展相对稳定。在教育布局调整、优化教育资源配置的教育改革中，初中布局调整比较顺利。肃南县初中教育的办学形式分为两类：一类是分布在农牧区乡镇，与小学教育一体的九年制学校中的初中部；一类是分布在城市，与高中教育一体的完全中学中的初中部。2001年肃南县有完全中学2所，九年制学校6所；专任教师中有初中教师138人，初中教师学历合格率95.4%。在校初中生1386人，15周岁少年初等教育完成率为98.1%，初中入学率达97.6%，辍学率为1.8%，毕业率达到100%。肃南县2011年有完全中学1所，九年制学校5所；初中阶段适龄少年入学率98.14%、巩固率99.76%、毕业率100%。2012年初中阶段净入学率达到100%，初中毕业率均为100%。15周岁人口中初等教育完成率达到99.8%。这一数据充分显示了肃南县初中教育的稳步提高和巩固。

　　肃南县的高中教育比初中教育的普及程度明显滞后。2001年肃南县的普通高中班有5个，普通高中生204人，全县高中阶段适龄少年入学率达到80.02%，专任教师中有普通高中教师24人，高中教师学历合格率69.8%。到了2013年，肃南县的高中教育有了较大发展，全县的普通高中生达到489人。这一数字比2001年高出一倍多，但与初中教育相比，则少得多。究其原因有两个：一是本地高中教学质量的提高有限，相当一部分生源转入附近县市，尤其是教育质量较高的张掖市，以保证在高考中具有优势；二是一部分学习成绩欠佳的学生转入竞争力较低的职业学校，为早日就业做准备。

（四）职业教育

　　肃南县主要人口从事的产业为农牧业，生产者的生产技能主要通过参与生产实践习得和传承。而现代意义上的职业教育主要包括两部分：一是作为中学教育一种类型的职业中学；二是为劳务输出而举办的技能培训。

　　肃南县职业中学教育起源于1965年在大岔牧场办的1所半牧半读中学（简称牧中）。这个学校学制为2年，开设政治、语文、数学、畜牧兽医4门课，实行半年上课，半年劳动的教学方法。当年从全县范围内招收学生20名，调配教师3名。1983年，将县二中改为"肃南县牧业中学"，这所中学与普通中学不同的是，从高中一年级起增开畜牧兽医课，学制三年。步入21世纪以来，肃南县2001年有职教中心1所，职中教师19名，职中生191名；到2013年，职教中心仍是1所，职中学生286名。这表明，肃南职业中学教育虽有发展但规模始终不大。其主要制约因素在于，职业中学的教育定位是回乡从事牧业，而肃南牧业以经营传统畜牧业为主，生产技能相对简单，无须专业培训，靠放牧实践学习就能解决。所以，职业中学教育缺乏足够的社会发展动力。

改革开放以来，县政府职能部门根据国家的相关政策，为相关产业的发展和劳务输出相继开办了一些技能培训机构。1995 年，肃南县建成了职业技术教育中心，先后与地区职业中专、地区电大联合办学，开办了现代导游和民族艺术等具有民族特色的 6 个专业，为当地旅游业的发展培养实用型人才。到 1998 年，毕业学生 72 名，办短期训练班 43 期，结业 963 名。1996 年以来，全县各区乡建立农科教培训中心，至今已建成 25 所。全县每年有 1000 多人（次）参加培训，为农牧区培训了一批实用性人才。① 经过发展，肃南县的职业技术教育已达到省颁乙级标准，而祁丰区农科教培训中心则达到省颁甲级标准。

但肃南的职业教育还存在一些问题。如种类技能培训由于无确定的就业岗位，加之就业环境中高等学校毕业生竞争的压力，种类职业教育在劳务输转中也缺乏吸引力，政府虽然利用公共财政大力推进，但很难形成规模。如县城所在地红湾寺镇 2011 年参加政府组织的劳动力技能培训只有 70 人。

（五）黄泥堡裕固族乡教育的发展

酒泉市肃州区黄泥堡裕固族乡为裕固族的另一聚居区。1954 年 4 月 9—11 日酒泉县黄泥堡裕固族地区首届人民代表会议召开，黄泥堡裕固族自治区成立，1955 年根据宪法规定改为黄泥堡裕固族乡。当时黄泥堡地区的裕固族人口共 530 人，占民族乡人口的 60%。② 中华人民共和国成立前黄泥堡裕固族地区仅有一所私塾学校，共有 20 多个学生（包括汉族学生在内）。中华人民共和国成立初期政府动员裕固族的儿童到邻近的临水、中渠、下壩等小学学习。1956 年下半年在民族乡建立了一所公立小学，学生 98 名，其中裕固族学生有 60 名。裕固族的学龄儿童全部上了学。1957 年在裕固族乡境内新湖沟又建立了一所公立小学，115 名学生。1958 年两校学生发展到 186 名，裕固族学生达到 97 名。此外，有 4 个裕

---

① 高自厚、贺红梅：《裕固族通史》，甘肃人民出版社 2003 年版，第 143 页。
② 中国科学院民族研究所甘肃少数民族社会历史调查组编：《裕固族简史简志合编》（初稿），中国科学院民族研究所 1963 年版，第 3、4 页。

固族学生上了中学。[①]

　　从民主改革特别是人民公社化后，儿童作为家庭辅助劳动力的社会角色被剔除，基础教育覆盖面到 20 世纪六七十年代扩大到所有适龄儿童。基础教育基本得到普及。1990 年全乡总人口 1734 人，其中裕固族 988 人，占全乡总人口的 57%，学生入学率达到 100%，已达到扫除文盲乡标准。

　　步入 21 世纪，黄泥堡乡学校是全乡唯一带初中部的学校，占地面积 13000 平方米。有教学班 11 个，其中初中班 3 个，小学班 6 个，幼儿班 2 个。学校共有学生 326 名，教职工 21 名。由于各村民小组居住分散，有些居民点地理位置偏僻，师生距学校较远，大部分只能寄宿就读。新湖小学占地面积 3900 平方米，有教学班 7 个，其中小学班 6 个，幼儿班 1 个。学校共有学生 128 名，教职工 5 名。

　　2005 年全乡学生享受"两免一补"优惠政策，为所有学生免除了学杂费、书本费等学习费用，每个学生每月发放近 70 元的生活费，基本解决了住宿学生在校就餐问题。此外，还为学生资助被褥 100 套，高低床 50 套。2006 年实施《黄泥堡裕固族乡人口较少民族发展规划》以来，以优先发展教育为目标，针对学校基础设施残破的落后状况，规划建设了学校教学楼、公寓楼等项重点工程。黄泥堡裕固族学校修建于 20 世纪 70 年代末，校舍全为土木结构平房，使用 30 多年后，至 2006 年危房面积达 1500 平方米以上。黄泥堡乡依托扶持人口较少民族发展项目，2006 年投资 227.5 万元，于 2007 年建成建筑面积 1264 平方米的三层教学楼一栋、建筑面积 1071 平方米的三层宿舍楼一栋。2006 年甘肃省民委专项支持资金 50 万元，配套了实验室和多媒体室的全部设施。此外，项目实施中完成硬化活动场地 1600 平方米、绿化面积 3000 平方米，完成了旱厕改水厕等附属工程建设；先后建成多媒体教室、学生实验室、音体美教室、图书阅览室、师生宿舍等使教学设施得到较大改善，学校基础设施改善使黄泥堡裕固族乡少数民族教育发展有了基本保障。

　　随着寄宿就读条件改善，按照酒泉市肃州区全区教育布局调整的总体部署，完成了中学撤并。2008 年 9 月，黄泥堡裕固族乡初中以上学生都被集中到酒泉城区的酒泉市第三中学就读。由此上学生活费用开支增大，部分贫困家庭负担加重，乡政府为此出台扶持措施，2009 年开始，为 78

---

　　① 中国科学院民族研究所甘肃少数民族社会历史调查组编：《裕固族专题调查报告汇集》1963 年，第 27 页。

名城市就读初中学生每人每年补助交通费 200 元。

表 5 - 7　　　　　　　改革开放以来黄泥堡裕固族乡教育概况

年份	教职工（人）	大专以上学历教师（人）	学生（人）	六科合格率（%）	双科合格率（%）	小学升学率（%）	巩固率（%）	毕业率（%）	普及率（%）
1986	—	—	—	—	—	86	97	97	63
2005	—	—	—	38	80	100	—	—	—
2007	—	—	—	71	95	100	100	100	100
2009	22	17	110	100	100	100	—	—	—
2010	16	12	125	—	—	—	—	—	—
2013	12	8	121	—	—	—	—	—	—

　　目前，黄泥堡裕固族乡有全日制小学 1 所，学校占地面积 18335 平方米，校舍建筑面积 2993 平米。共有中小学教师 12 人，大专以上学历 8人，占教师总数的 66.7%；裕固族教师 9 人，占教师总数的 75%；在校学生 121 人，其中，裕固族学生 72 人，占学生总数的 60%。在小学内附设幼儿园，有三个幼儿教学班，共有 4—6 岁儿童 52 名。近年来黄泥堡裕固族乡教育教学水平稳步上升。小学升学率由 1986 年的 86% 上升到 2007年的 100%；巩固率由 1986 年的 97% 上升到 2007 年的 100%；毕业率1986 年为 97%，2007 年已上升到 100%；普及率 1986 年仅为 63%，而到2007 年也已经达到 100%。

三　城乡居民生活条件的逐步改善

　　中华人民共和国成立前，裕固族聚居区以畜牧业经济为主，主要经营的畜牧种类有犏牛、牦牛、马、羊等，生产工具也比较简单，仅有牧羊棍、鞭、奶角子、剪刀等。裕固族人民深受封建牧主头目的压迫和剥削。以牧主苏安仕对牧工的剥削为例，他雇佣的长短工每年劳动创造的财富共3267 元，消费 385.82 元，剩余的价值就被牧主占有，约占 89%。牧工的生活状况十分贫困悲惨。① 再以明花地区为例，中华人民共和国成立之

---

　　① 中国科学院民族研究所甘肃少数民族社会历史调查组编：《裕固族专题调查报告汇集》，1963 年，第 5 页。

前，70%的草场为私人占有，且都为四季草场，其中大部分优良草场被部落头人占有，25%为公有草场。部落公有草场名义上任何人都可以放牧，但因贫困牧民家庭牲畜很少，实质上草场仍被部落头人和富裕牧户占有。① 中华人民共和国成立前裕固族聚居地区的社会经济长期处于停滞不前的状态，人民生活极度贫困。

中华人民共和国成立后，各族人民得到解放，生活逐步得到改善。比如中华人民共和国成立初期，由于裕固族聚居区成立互助组，实行了分群放牧，大大提高了劳动生产率，也增加了经济收入。以明花地区白桂英互助组为例，1956年互助组成立后，全组收入达到了12296元，每人平均收入152.7元，增加了一倍以上。②

改革开放更是促进了生产力的发展，从1978年到1999年，肃南农牧民的人均收入不断增加，从1983年到1987年的五年内，人均纯收入翻了一番，1993—1997年，人均收入翻了两番（见表5-9和图5-1）。

表5-8　　　　　　　　　　　　牧主苏安仕雇佣牧工情况

工别	每日工作内容	一年劳动天数	每人每天创造劳动价值	一年劳动价值	合计
长工4人	背柴、背水、喂狗、烧茶、挤奶、放羊、喂马、晚上看羔子、剪毛	360天	1.8元	653.4元（1个长工）	2613.6元
短工10人	除以上工作外，搬房子、割草、修圈、驯马	360天	—	653.4元（10个短工）	653.4元
总计				3267元	

资料来源：中国社科院民族研究所甘肃少数民族社会历史调查组编：《裕固族专题调查报告汇集》，第7页。

表5-9　　　　　　　1978—1999年肃南县农牧民人均纯收入的增长

年度	1978	1979	1980	1981	1982	1983	1984	1985	1986
农牧民人均纯收入（元）	273	299	348	348	400	385	423	646	704
年度	1987	1988	1989	1990	1991	1992	1993	1994	1995
农牧民人均纯收入（元）	772	965	971	875	876	952	1055	1268	1585
年度	1996	1997	1998	1999					
农牧民人均纯收入（元）	2320	3203	3458	3503	—	—	—	—	—

资料来源：据肃南裕固族自治县统计年鉴各年度数据整理。

---

① 《肃南裕固族自治县明花区志》，第45页。
② 同上书，第46页。

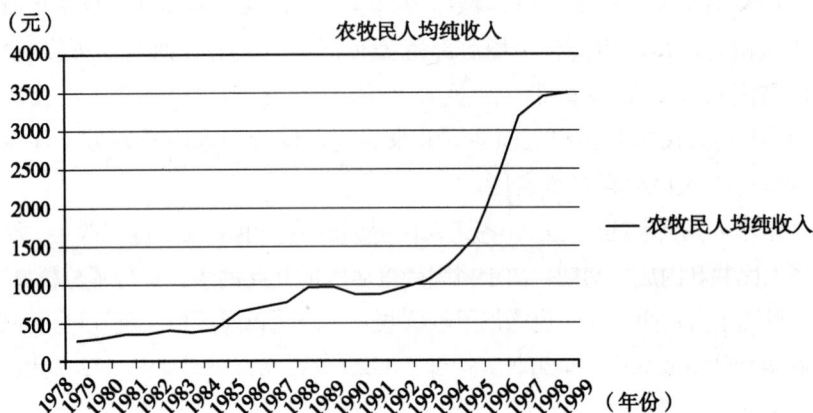

图 5 - 1　　1978—1999 年肃南县农牧民人均纯收入增加趋势

数据来源：肃南县统计局：《肃南裕固族自治县统计年鉴（2011 年）》。

　　进入 21 世纪以后，裕固族地区城乡居民的收入水平大大提高。表 5 - 10 和图 5 - 2 中数据的变化对此做了直观的说明。此外，从表 5 - 10 和图 5 - 2 中我们还可以发现两点：

　　第一，21 世纪以来，肃南县的城乡居民收入增长很快，农牧民的人均纯收入从 2000 年的 3608 元增长到 2011 年的 8062 元，增加了 1.23 倍；城镇居民人均可支配收入由 2000 年的 4173 元增长到 12568 元，增加了 2.01 倍。这种增长大大超过了历史上任何一个时期，是肃南县人民生活水平提高的直接反映，也是 21 世纪以来肃南县各族人民奋发图强，正确贯彻党的各项方针政策，在现代化的征程中取得的重大进步。

表 5 - 10　　　　　　　　2000—2011 年肃南县居民收入状况

年度	2000	2001	2002	2003	2004	2005
农牧民人均纯收入（元）	3608	3766	3895	4040	4299	4552
城镇居民人均可支配收入（元）	4173	5220	5801	6141	6644	7248
年度	2006	2007	2008	2009	2010	2011
农牧民人均纯收入（元）	4754	5006	5522	6098	7009	8062
城镇居民人均可支配收入（元）	7748	8463	9243	10025	11025	12568

数据来源：肃南县统计局：《肃南裕固族自治县统计年鉴（2011 年）》。

　　第二，从 2000 年至 2011 年，肃南县农牧民与城镇居民的收入差距从 565 元扩大到 4506 元；农民人均纯收入增加了 1.34 倍，城镇居民人均可

（元）

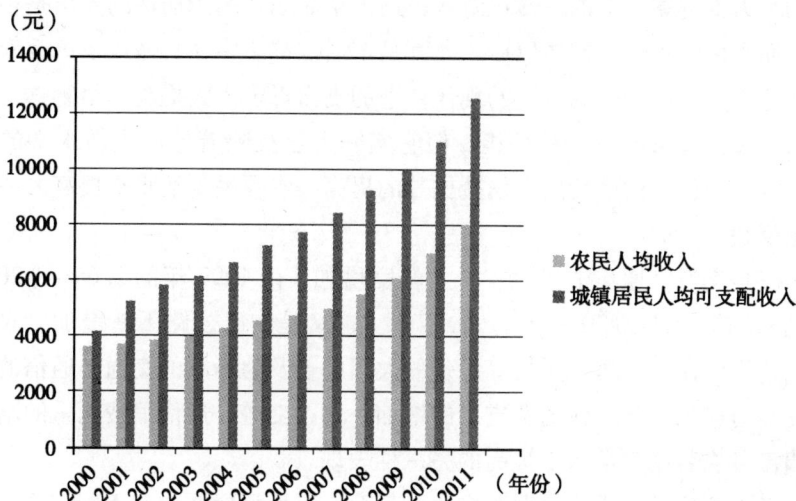

图5-2　2000—2011年肃南县居民收入增长状况

数据来源：肃南县统计局：《肃南裕固族自治县统计年鉴（2011年)》。

支配收入增加了2.01倍。所以，不论就两者增长的绝对数字来看，还是增长的比例来看，城乡差距都扩大了。所以，如何更快地提高农牧民的收入水平，尽快缩小城乡差距，是肃南县在未来发展中切实需要作出回答的问题。

21世纪以来肃南县除了城乡居民的收入水平大大提高以外，在消费结构上也发生了很大变化。在此，我们从1997年、2002年和2011三个年份农牧民家庭消费支出的变化可以看出这样几个特点：

一是食物消费所占比重变化不大。三个年份中2002年食品消费的突然增高显然是偶然因素所致，而其他两年都比38%稍高一点，2011年比1997年稍降，但幅度不大。这都正常，应该说和全国同期的水平差不多。因为21世纪前十年间，食物消费所占中国居民家庭消费比例普遍在38%—40%。肃南县农牧民在这个方面是处于中位或一般水平。食品消费在消费中的比重即"恩格尔系数"，是反映居民生活水平的一个重要指标。38%的比重自1997年以来一直比较稳定，客观反映了肃南县农牧民生活水平的稳定。但38%的比重仍然是一个生活水平较低的指标，要降低这个指标，即提高农牧民的生活水平仍需作出更多的努力。

二是居住消费所占比重跳跃性增加，由1997年的6.9%经2002年的10.38%，一跃而至2011年的23.65%。这和这一时期肃南县牧民定居工程的大力推进相对应的。传统游牧民逐水草而居，用于居住的支出是很少的，而当由游牧转入定居以后，尤其是定居点都集中在县城或乡镇政府驻地周边之后，用于较高水平的现代住宅的支出肯定大大提高。尽管这个提高对牧民家庭来说是一种负担，但它实际上也反映着他们生活水平的提高。或者说，居住消费所占消费比重的提高是农牧民生活水平提高的一种突出反映。

三是交通、通信消费也有了大幅度增加，由 1997 年的 2.6% 到 2002 年的 9.31%，再到 2011 年的 15.77%。这又是和以公路不断增加、农牧民出行不断便捷频繁、手机等设备的大幅度普及为标志的交通、通信的现代化相对应的。与居住消费支出的增加一样，交通、通信消费比重的增加是肃南县农牧民生活水平提高的另一种表现。

四是家庭设备用品消费和文化、教育、娱乐消费两项有不同程度的降低。从理论上讲，生活水平的提高同样应当是与这两项消费支出的提高相对应的，而之所以不升反降主要当是惠农性政策作用的结果和相应消费成本的下降。比如家庭设备用品消费支出的降低，至少与国家出台的"家电下乡"等政策的实施有关。仅以马蹄藏族乡为例，由于这类惠民政策的实施，截至 2011 年，该乡所获各种家电、汽车、摩托车下乡补助资金即达到 441 万元。另外，随着相关优惠政策的落实，农牧民用于教育的开支大大减少；随着电视、手机的普及，文化、娱乐的开支也随着一次性支出的增加而相应减少等。这说明，由于国家政策的支持，农牧民降低了生活成本，提高了生活质量。

表 5-11　　　　　　　　肃南县农牧民各类消费支出比例

年份	1997 年 （%）	2002 年 （%）	2011 年 （%）
食物消费	38.7	44.61	38.34
衣着消费	3.87	5.55	5.76
居住消费	6.9	10.38	23.65
家庭设备用品消费	13.27	3.96	3.9
交通、通讯消费	2.6	9.31	15.77
文化、教育、娱乐消费	9.3	7.46	5.57
医疗保健消费	6.13	9.22	5.48
其他商品和服务消费	19.2	9.51	1.47

数据来源：肃南县统计局：《肃南裕固族自治县统计年鉴（2011 年）》。

　　当然，肃南县各族人民的生活水平在整体得到提高的同时，不同职业、阶层和城乡之间仍然是有差距的。这从表5－12的数据分析中可以看出。

　　首先还是生活质量的差距。从2010年和2011两年的平均数字来看，农牧民家庭食品类消费支出所占比例，即恩格尔系数为38.2%，城镇居民家庭的相应支出为32.3%。恩格尔系数是衡量生活质量的重要指标，在此已从数字上得到了显示。此外衣着类消费，在农村和城镇家庭支出的排序中虽然都为第四位，但农村居民家庭两年支出1806元，城镇居民则支出2699元。衣着服饰上支出的多少也是生活质量的体现，以此显示出的两者差距也是较大的。

　　其次，农牧民的消费支出成本也明显要高于城镇居民。从表5－12可以看出，肃南县农牧民在居住、交通和通信两项支出的绝对数字要大大超过城镇居民。这显然是与一般地区所不同的。正如前述，农牧民在居住方面的消费量大是因为牧民定居工程推进带来的支出增多，而交通和通信支出的增多也是农村和牧区交通改善、出行和对外交往频繁的表现。这些情况一方面说明农牧民生活水平的提高，另一方面也显示了农牧民生产生活成本要高于城镇居民的事实。因为我们已知，牧民定居和其他一些生态工程建设，使得相当多的牧民来往于牧业点和居住地之间，生产生活资料的长距离购买和运送拉高了成本。农牧民家庭食品类消费的绝对数大于城镇居民家庭，也并非农牧民的食物消费比城镇居民档次高，而是因为前者付出的代价大，成本高。这和农牧民要在交通上做更多的投入是一样的道理。

　　此外还可以看出，农牧民在医疗保健类的支出上无论排序还是绝对数也都大于城镇居民。这实际上又是农村医疗保障制度还不如城镇普及和完善的一种反映。可以相信，随着农村医疗保障制度的普及和完善，这种差距会逐渐缩小乃至消除。

表5－12　　　　　　　　2010—2011年肃南县家庭消费支出

	2010年	2011年		2010年	2011年
农（牧）村居民家庭支出（元）	14923	19485	城镇居民家庭支出（元）	12721	16163
1. 食品类	5690	7395	1. 食品类	4377	4952
2. 居住类	2069	4334	2. 交通和通信类	1563	2285

续表

	2010 年	2011 年		2010 年	2011 年
3. 交通和通信类	2858	3042	3. 居住类	1748	2058
4. 衣着类	694	1112	4. 衣着类	1096	1603
5. 文化教育娱乐及服务类	1114	1076	5. 家庭设备、用品及服务类	1194	1475
6. 医疗保健类	1637	1057	6. 文化教育娱乐及服务类	881	1088
7. 家庭设备、用品及服务类	466	757	7. 医疗保健类	719	842

数据来源：肃南县统计局：《肃南裕固族自治县统计年鉴（2011 年)》。

四　社会保障制度的建立与发展

历史上，裕固族聚居区的医疗卫生条件十分落后。以明花乡所在的地区为例，中华人民共和国成立之前，这里除莲花寺院和明海寺院各有一名藏医以外，无任何正规医疗机构。牧民家中有人生病，主要是请僧人念经祈祷，此外别无他法。中华人民共和国成立前，裕固族聚居地区的传染病和瘟疫十分猖獗，由此引起了较高的人口死亡率，人口多年呈现负增长。据史料记载，松木滩、红湾寺等西八个家部落居住的地区，1935 年前还有 60 多户，由于天花、白喉、痢疾等疾病的流传，人口大量死亡，到中华人民共和国成立前夕只剩 30 户了。杨哥家一带 108 人的部落，由于伤寒病流行，死了 42 人。牧民高拉什旦 10 口人的家庭，8 人被病魔夺去生命。[①] 1937 年，杨哥、赛鼎、红石窝、大草滩等地曾发生过瘟疫，人得病后 3—4 天死亡，而疫情只是随部落的迁移逃散才得到终止。[②] 妇幼保健方面由于旧观念的影响，认为"生孩子是肮脏和不吉利的事情，甚至将孩子生在帐篷外的灰堆里或者羊圈里"[③]，妇女生产的感染率、死亡率以及孩子和夭折率都很高。

中华人民共和国成立以后，裕固族聚居区的卫生、预防、保健事业都从无到有得到建立和发展。20 世纪 50 年代初，在"动员起来，讲究卫

---

① 杨魁孚主编：《中国少数民族人口》，中国人口出版社 1995 年，第 356 页。
② 甘肃省肃南裕固族自治县《康乐区志》编委会：《康乐区志》，第 216 页。
③ 郑筱筠、高子厚编：《裕固族——甘肃肃南县大草滩村调查》，云南大学出版社 2004 年版，第 46 页。

生，减少疾病，提高健康水平"的方针指引下，肃南县开展了一系列的爱国卫生运动。如 1954 年开始开展了"灭四害"（灭鼠、灭麻雀、灭蚊、灭蝇）为中心的改善卫生环境活动；1965 年开展了"两管五改"（管饮水、管粪便；改炉灶、改畜圈、改饮水、改厕所、改善环境）的活动。①1967—1973 年，国务院三次派北京医疗队到裕固族牧区指导卫生工作，传播医疗卫生知识，对裕固族地区医疗环境的改善和医疗水平的提高起了很大的促进作用。改革开放以后，爱国卫生运动又作为"五讲四美三热爱"的内容得到了推广。1990 年以来，明花区等地还设置了爱卫会，由分管卫生的专门负责人抓爱卫工作，积极引导农牧民养成良好的卫生习惯。

包括地方病在内的疫病防治工作也得到了开展。多年来裕固族地区主要防治的疫病包括鼠疫、碘缺乏病、地方性氟中毒、包虫病、结核病等。20 世纪 80 年代以后，有关部门每年为上万头牲畜免疫注射，有效防治了牲畜的寄生虫病，控制了布鲁氏菌病等。2009 年，甲型 H1N1 流感成为防疫重点，全县确诊甲流感病例 15 例，已全部康复，未发生死亡病例。

自 1983 年《中华人民共和国食品卫生法》颁布以来，肃南县曾专门组织学习，加强对餐饮业、公共场所、学校食堂、医疗机构等领域的执法监督和安全整顿，通过责令整改或行政警告等多种方式，确保餐饮业经营符合国家的卫生安全要求。此外，专项监督食品、化妆品、生活饮用水等重点产品，严格把控卫生许可审批程序，通过发放宣传材料、设咨询点、新闻媒体宣传、张贴标语等多种方式，加大对公共卫生的宣传力度，提高农牧民的卫生意识。尤其是通过 2003 年抗击非典和 2009 应对甲型 H1N1流感，加强了制度建设，完善了公共卫生的防疫工作体系。

1961 年，肃南县开始组织成立了妇女病防治组，对妇女疾病做了普遍调查，制定了"四期"（经期、孕期、产期、哺乳期）保护措施。20世纪 70 年代开始大力倡导晚婚晚育，并认真贯彻《肃南县孕产妇保健合同管理试行条例》。80 年代初期，肃南县每年开展各类计划免疫、强化免疫等工作，计划免疫针对的重点传染病得到有效控制。

进入 21 世纪以来，随着妇幼保健服务网络的建立，妇幼保健措施进一步落实，新法接生率、住院分娩率、孕产妇系统管理率、儿童系统管理率、新婚及孕产妇入保率等逐年提高。另外，2009 年以后，肃南县还大

---

① 甘肃省肃南裕固族自治县《康乐区志》编委会：《康乐区志》，第 218 页。

力实施了出生缺陷和妇女病普查普治、"农村孕产妇住院分娩补助"和免费婚前检查、对农牧村生育妇女进行免费补服叶酸等多项工作。

表 5 - 13   肃南县 2000—2006 年儿童入保和免疫情况

年度	儿童入保率（%）	卡介苗接种率（%）	糖丸接种率（%）	百白破接种率（%）	麻苗接种率（%）	乙肝疫苗接种率（%）	三苗联应种（%）
2000	—	100	100	—	96.78	97.36	97.66
2001	97.78	98.33	—	—	98.61	94.17	97.5
2002	100	98.8	100	97.31	99.4	96.71	—
2003	100	98.03	98.87	—	97.75	97.18	—
2004	100	100	100	95.89	97.48	100	—
2005	—	100	98.22	—	98.52	98.82	—
2006	98.2	98.9	99.6	—	98.2	98.2	—

表 5 - 14   肃南县 2000—2009 年妇幼保健的部分内容

年度	新法接生率（%）	住院分娩率（%）	孕产妇系统管理率（%）	儿童系统管理率（%）	新婚及孕产妇入保率（%）
2000	96	80.3	75.1	—	63.5
2001	90	76	71	61	62
2002	98.7	86.2	76.2	76.9	71.5
2003	98.7	86.2	76.2	76.9	71.5
2004	94.6	83	74	54	60
2005	97	81.4	80.6	52.4	69.3
2006	95.7	90.2	79.6	67	93.3
2007	—	—	65.9	61.6	77.4
2008	—	86.03	65.7	60.6	—
2009	96.03	93.14	84.12	64.66	—

表 5 - 15   肃南县 2009—2012 年妇孕保健及补助的部分内容

年度	投服叶酸率（%）	婚检率（%）	全年孕产住院（人）	享受补助经费（万元）
2009	—	65.22	264	2.95
2010	81	98.36	283	11.32
2012	82.7	100	136	5

　　中华人民共和国成立后，最初由人民政府派医疗队到牧区为群众免费防病治病。肃南县成立之初，全县仅有 1 所卫生院，8 名专职医务人员，经过多年的努力，到 1990 年肃南县已经建立了县、区、乡、村四级医疗卫生网络。有医疗卫生机构 58 个，专业医务人员 173 名。[①] 而到 2012 年，肃南县即有县直医疗单位 4 个、社区卫生服务中心 1 个、乡镇中心卫生院 6 个、一般卫生院 1 个、卫生分院 12 个、村卫生室 101 个。共有医务工作者 238 名，其中专业技术人员 208 名（副高级以上职称 12 名、中级职称 46 名、初级职称 91 名、未评聘人员 59 名），占全部人员的 87%，其他人员 30 名，占全部人员的 12.6%。全县招聘乡村医生 41 名，临时聘用护理人员 10 名，核定编制床位 354 张。

　　黄泥堡裕固族乡卫生院建于 1982 年，2006 年由国家投资较少民族扶持项目资金新建了占地 3060 平方米的办公楼，目前有工作人员 5 名，其中西医师 2 名，护士 3 名，开设病床 10 张。

表 5-16　　　　　　　肃南县 2011 年农村医疗机构和人数

指标	单位	皇城镇	马蹄乡	康乐乡	白银乡	大河乡	明花乡	祁丰乡	总计
乡村卫生机构数	个	6	3	4	1	3	3	5	25
其中医院数	个	5	3	2	0	3	3	1	17
医院病床数	张	33	17	22	2	15	18	31	138
医生数	人	13	16	12	2	13	9	21	86
卫生护理员	人	8	4	6	—	10	6	9	43

数据来源：肃南县统计局：《肃南裕固族自治县统计年鉴（2011 年）》。

　　中华人民共和国成立后，裕固族地区像其他地区一样，共实施过公费医疗、免费医疗及合作医疗三种医疗体制。公费医疗的对象主要是行政事业单位的干部职工。1954 年时公费医疗预算每人每年 18 元，划拨给各单位自行掌握。这个标准长期未变。1966 年，公费医疗经费由公管会集中管理，统一发放公费医疗证，凭证就医。[②] 1985 年以后，行政事业单位公费医疗经费改革，按照年龄组支付医疗费。

---

　　① 甘肃省肃南裕固族自治县地方志编纂委员会：《甘肃省肃南裕固族自治县志》，甘肃民族出版社 1994 年版，第 324 页。

　　② 同上书，第 326 页。

表 5 – 17　　　　　　　肃南县 1985 年和 1989 年公费医疗标准

年度	30 岁以下 （元/人/年）	31—45 岁 （元/人/年）	46 岁以上 （元/人/年）	已退休人员 （元/人/年）	全年享受公费 医疗职工人数 （人）	实际支出 医疗费 （元）
1985	36	65	100	120	1328	139365.34
1989	50	80	160	200	1792	290000

　　数据来源：甘肃省肃南裕固族自治县地方志编纂委员会：《甘肃省肃南裕固族自治县志》，甘肃民族出版社 1994 年版。

　　减免费医疗主要针对部分农牧民群众。20 世纪 50 年代是由乡政府确定减免对象并报上级批准执行的。除了这小部分减免人员外，其他农牧民看病是要自己付费的。

　　合作医疗是由 20 世纪 60 年代发展起来的。1969 年，全县 23 个人民公社均办起合作医疗站，1971 年，进一步发展了合作医疗制度。1975—1977 年，肃南县参加合作医疗的农牧民达 4540 户，占当时农牧村总户数的 100% 。[①]

　　进入 21 世纪后，新型农牧村合作医疗逐步实施。2006 年，全县启动准备工作基本就绪；2007 年顺利实施，22866 名农牧民参加新型农牧村合作医疗，占肃南县农牧业人口的 95%，覆盖了全县 7 个乡镇的 101 个行政村，高于肃南所在的张掖市的平均水平。2008 年参合农牧民住院一次性补偿最高报销 1.7 万元，最低报销 99.42 元。2009 年推行慢性大病门诊报销试点，将恶性肿瘤门诊放、化疗，脑血管意外，尿毒症透析治疗和肝硬化失代偿期 4 种疾病的门诊医药费纳入新农合报销范围；2010 年在前一年 4 个病种的基础上，新增加了重症类风湿性关节炎、再生障碍性贫血、股骨头坏死、支气管扩张 4 个病种的门诊费用报销项目。2012 年，各级财政加大投入力度，提高筹资水平，人均筹资达到了 330 元（中央156 元、省 74 元、市 4 元、县 36 元、个人 60 元）；同时再次调整报销政策，落实了中医药优惠补偿政策。经调整，省、市、县、乡四级医疗机构最高报销比例分别达 60% 、70% 、80% 、90%；县内县级住院补偿起付线由 400 元调整为 350 元，乡级医疗机构住院补偿起付线由 200 元调整为150 元，0—14 岁儿童住院起付线减半。同时逐渐将重性精神疾病、儿童

------

　　① 甘肃省肃南裕固族自治县地方志编纂委员会：《甘肃省肃南裕固族自治县志》，甘肃民族出版社 1994 年版，第 328 页。

先天性心脏病、儿童白血病患者和红斑狼疮经常服药费用纳入门诊特殊病种费用支付范围。表5–18显示了2007—2010年肃南县新型农牧村合作医疗政策实施的概况。

表5–18　　　2007—2010年肃南县新型农牧村合作医疗政策实施概况

年份	参合率（%）	参合农牧民住院（人）	总治疗费用（万元）	新农合报销住院医药费（万元）	县级财政人均年补助标准（元）	农牧民自筹标准（元）
2007	95	445	158.33	38.1	—	—
2008	93	1001	317.98	141.53	11	—
2009	95	1497	—	216.78	25	20
2010	96.5	1303	553.48	224.26	35	40

此外，作为新农合医疗制度的一部分，肃南县还不断完善改进医疗救助制度，专门制定了《肃南县城乡医疗救助实施办法》，对一些特殊的救助人群提供了有效的帮助。

表5–19　　　　　　　肃南县2010—2012年医疗救助情况

年度	患有重大疾病医疗救助（人）	救助资金（万元）	为城乡低保户、五保户、优抚对象代缴医疗保险和新农合参保金（万元）	对有先天性心脏病儿童免费康复治疗（人）
2010	84	28.9	7	5
2011	145	59.4	8.5	4
2012	185	67.5	14.21	3

裕固族聚居地区的农牧村自然条件恶劣、土地贫瘠、生态环境脆弱，历史上农牧民主要以粗放型畜牧业为主，生活条件比较差，贫困人口多。所以必须不断完善和发展各种对于贫困人口和其他弱势人群的救济保障制度。

早在20世纪50年代，肃南县就开始了对贫困户的救助，主要是从帮助发展生产，通过国家发放救济款及银行贷款购羊等方式解决生活问题。比如1962年肃南县就通过各类救济款扶持了700多户困难户恢复生产，1976年通过24130元的救济款重点解决了262户的生产、生活困难问题。①

①　甘肃省肃南裕固族自治县地方志编纂委员会：《甘肃省肃南裕固族自治县志》，甘肃民族出版社1994年版，第281页。

　　肃南县的扶贫工作从 1984 年正式启动。当年通过摸底调查，确定肃南县 7 个贫困乡有 672 人需要首先扶持，投放了扶持资金 34000 元。1985 年确定 10 个贫困乡扶持 750 人，投放扶持资金 36000 元，并帮助扶持对象落实了养殖、种植、工副业等生产。经过多方努力，到 1988 年底，明花区收入在 200 元以下的贫困户 178 户，已经全面脱贫，400 元以下的户由 367 户下降到 26 户，马蹄区贫困户由 1985 年的 468 户下降到 1988 年的 158 户。①

　　进入 21 世纪，与国家的扶贫战略相同步，肃南县的低保救助工作也走向了一个新的阶段。从 2009 年开始，城乡贫困人口的下线不断提升，接受低保的人数逐年增多，补助金额也是逐年增加。表 5 - 20、表 5 - 21 和表 5 - 22 分别显示了肃南县城镇和乡村从 2009—2013 年低保发放方面的情况。

表 5 - 20　　　　　2009—2013 年肃南县城市低保户资金发放情况

年度	城市低保标准（元/月）	城市低保对象数（户/人）		共计发放低保金（万元）
2009	190	—	—	—
2010	209	931	1846	292.4
2011	230	975	1835	300
2012	266	1000	1832	353.12
2013	306	1043	1915	1608.8

表 5 - 21　　　　　2009—2013 年肃南县农牧村居民低保金发放情况

年度	农牧村低保标准（元/年）	农牧村低保对象数（户/人）		共计发放低保金（万元）
2009	728	—	—	—
2010	850	—	4272	377.2
2011	1096	2585	4284	439.4
2012	1488	2677	4316	464.4
2013	1907	2901	4385	1281

　　2012 年，肃南县收入低于 2300 元的贫困人口有 6650 人，占全县农

---

　　①　甘肃省肃南裕固族自治县地方志编纂委员会：《甘肃省肃南裕固族自治县志》，甘肃民族出版社 1994 年版，第 282 页。

牧村人口的 25%，其中扶贫对象 2000 人。肃南县在做好"三农"工作基础上，把低于 2300 元的有劳动能力和劳动意愿的低收入人群作为扶持的重点对象，构筑以城乡低保、农村"五保"等为基础，以临时救助为补充，最大限度地保障低收入困难群众的基本生活。县上有关部门对新扶贫标准 2300 元以下的贫困人口进行摸底建档，建立了农村低保和贫困人口识别机制及动态监管机制，将识别出来的"五保户、低保户、扶贫低保户（交叉户）、扶贫户"四类，按照实名制准确录入国务院扶贫办开发的"两项制度衔接贫困农户信息管理系统"，以便更有针对性地对其实施帮助。

表 5 – 22　　　　　　　　2010—2012 年肃南县"五保"供养情况

年份	五保供养补助金（元）	低保金（元）	生活补助（元）	采暖补助（元）	户数（人）	总计（万元）
2010	1900	200	100	200	103	61.56
2011	2300	200	100	200	130	79.3
2012	2700	200	100	200	134	87.13

截至 2012 年黄泥堡裕固族乡，有低保户 80 户 170 人，分一类、二类、三类、四类，每月补助标准不同；五保户 7 人，每人每月补助标准为 310 元，都能按季度通过惠农账户按时发放到户。

肃南县在 2008 年和 2009 年分别启动实施了农牧村和城镇居民社会养老保险制度，于 2010 年 10 月 1 日和 2011 年 7 月 1 日被列为全国第二批新农保试点县和全国首批城镇居民社会养老保险试点县。经过不断探索、创新体制机制，深化完善政策制度，肃南县建立起了由城镇职工基本养老保险和城乡居民养老保险两大"支柱"构成、功能完善、覆盖城乡全体居民的养老保险体系。目前，8 个乡镇和 3 个社区都成立了社保所，配备了社保专干，101 个行政村配备了信息员，做到机构、人员、经费、机制四落实。县财政逐年提高补助标准，对 60 周岁以上人员每人每月补助 95 元；对个人缴费选择 200—500 元档次的每人每年按缴费额的 10% 给予补贴；超过 600 元档次的，均按照每人每年 60 元给予补贴；对一、二级重度残疾参保人员、五保户、计划生育两女户和独生子女户分别每人每年补贴 100 元、60 元。截至 2012 年，全县新农保参保 15442 人，城镇居民养老保险参保 1307 人，参保率分别为 95.2% 和 99%，基本实现城乡居民老有所养。2012 年，在全国新型农村和城镇居民社会养老保险工作总结表彰大会上，肃南县社会保险局被表彰为"全国新型农村和城镇居民社会养老保险工作先进单位"。截至 2011 年，肃南县参加包括社会养老保险的人数为 15132 人，具体情况见表 5 – 23。

黄泥堡裕固族乡农村养老保险自 2012 年实施以来，参保农户 969 人，其中 60 岁以上 214 人，现已按照每月 60 元的标准按季度领取养老金。

在退休人员安置及残疾人保障方面，肃南县专门为全县 60 岁以上离任村干部制定了发放生活补助的规定。根据规定，2010 年，对 260 名 60 岁以上的离任村（社区）干部发放生活补助 21 万元；2011 年，对 268 名 60 岁以上离任村（社区）干部发放生活补助 21.5 万元。同时肃南县民政局也制定了《肃南县两孤一残①人员发放生活补助实施方案》，并认真加以贯彻落实。

表 5 – 23　　　　　　　　　肃南县 2011 年社会保障建立情况

指标	肃南县	皇城镇	马蹄乡	康乐乡	白银乡	大河乡	明花乡	祁丰乡
参加社会养老保险（人）	15132	3614	1822	2289	419	2900	2314	1719
享受社会养老保险（人）	2631	670	372	404	44	450	347	344
享受五保（人）	213	19	105	24	2	35	7	21
参加农村合作医疗的（人）	23443	6578	3788	3184	592	3791	3009	2501
参加新型农村社会养老（人）	15305	3788	1877	2289	418	2900	2314	1719

数据来源：肃南县统计局：《肃南裕固族自治县统计年鉴（2011 年)》。

表 5 – 24　　2010—2012 年肃南县"两孤一残"人员生活补助发放情况

年度	确定两孤一残（人）	城市孤儿生活标准补助（元/月/人）	农牧村生活标准补助（元/月/人）	基本生活费（万元）	生活补助（万元）
2010	276	—	—	—	11.22
2011	282	600	400	15.12	11.5
2012	278	640	440	14.45	11.42

裕固族地区的社会保障事业虽然取得了巨大的进步，但限于发展条件，仍存在着一些问题和困难，尤其在医疗保障方面更是如此。

---

① 两孤一残人员指的是孤寡老人、孤儿、重度残疾人员。

医疗卫生设施建设投入不足。由于投入不足,硬件设施不够,部分业务不能正常展开。尤其是随着城镇居民医疗保险等工作的开展,门诊和住院量急剧增加,现有医院用房和设备非常紧张,不能满足城乡居民医疗卫生需要。对此情况,在调研中,康乐乡中心卫生院的同志这样说:"我院下设 3 个分院,7 个村卫生室,其中只有本院的杨哥卫生院手续齐全,其他村卫生室都是由县政府、乡政府、卫生局协调后暂借或暂租的房屋,无房产证和土地使用证……无法达到标准化村卫生室建设等级。"

硬件设施不够的一个重要问题是网络覆盖面不足。在访谈中很多医务人员代表谈到,现在农村每人基本上都有医保卡,但是卫生室却没有联网,根本没法刷卡,形同虚设。

"由于网络未能覆盖的问题,我乡范围内两个分院、五个村级卫生室至今不能进行新农合门诊统筹补偿(新农合"一卡通"刷卡支付),群众意见较多,不满情绪很大。"这是明花乡中心卫生院 2013 年工作总结中的反映。

"我乡只有中心卫生院、青龙卫生所、白银卫生院网络连接正常,其他卫生室均无网络,不能实行一卡通,牧民群众到卫生院看病刷卡,最远路程约 200 公里,使牧民群众不能享受到优惠政策。"这是康乐乡中心卫生院反映的情况。

医疗专业人才紧缺。由于待遇问题,近些年来肃南县的医务人才流失比较严重,存在人才青黄不接、后继乏人的现象。医疗机构中,一室多科,一人多职,一人多岗的现象普遍存在。人才结构也很不合理,护理人员都集中在县城医疗单位,大部分乡卫生院没有正规护士和助产人员,直接影响着基层医疗、防疫和妇幼保健业务的正常开展。基于此,肃南县有关部门呼吁,应完善和建立民族地区人才医疗卫生培训机制,开阔视野,增长专业知识,通过各类优惠政策吸引高层次人才,服务民族地区的医疗卫生事业发展。

受各种因素影响恶性疾病多发。2001 年,省、市卫生防疫专业工作人员对当时明花区的明海、莲花两个乡 1991 年至 2000 年的癌症发病情况做了调查,发现十年间癌症发病人数 63 例,其中明海 33 例,莲花 30 例;男 39 例,女 24 例;裕固族 62 例,汉族 1 例。按病种分,胃癌 20 例,食道癌 17 例,肝癌 11 例,肺癌 5 例,子宫癌 4 例,血癌 2 例,乳腺癌 1 例,骨癌 1 例,鼻咽癌 1 例,皮肤癌 1 例。到 2000 年底,患癌症死亡 56

人，存活 7 人，病死率 89.6%。① 2003 年有关部门对明花区肿瘤调查的工作显示，从 1993 年至 2003 年，53 例肿瘤患者，按民族成分，裕固族 52 人，汉族 1 人；按职业分，牧民 47 人，干部 4 人，学生 2 人。调查认为各种恶性肿瘤之所以高发，可能的原因是：第一，当地居民长期饮用含亚硝酸盐高的地表水；第二，饮食结构单一，新鲜蔬菜、水果等富含维生素类食物摄入不足；第三，不良生活习性，如酗酒、吸烟；第四，土壤盐碱化。② 另外，黄泥堡裕固族乡近年来重特大病种发病率也明显上升，其中以患癌症病人数居多，近三年患癌症病例人数达 13 人。据称此中的主要原因是水土、气候和个人生活习惯。所以，这些情况的发生值得有关部门认真研究，加强针对性的防疫治理。

因病致贫问题比较突出。有统计资料称，肃南县的农牧村贫困户中，30% 以上是因病致贫，居各类贫困原因之首。据对皇城镇 4 个贫困村 206 户家庭的调查，因疾病、弱智致贫的家庭分别达 27 户和 23 户，分别占调查总农户数的 13.1%、11.2%。黄泥堡乡的情况更严重，因病返贫户占贫困户的 65%。

开展卫生防治工作的成本高。首先，农牧民居住分散，山大沟深，交通不便，导致很多地方病的防治、妇幼保健、爱国卫生运动的开展等难度很大。其次，随着人口流动的频繁，外来务工人员逐年增加，由于这些人大都居住在城乡结合部或农牧村，收入低，卫生防疫意识淡薄，给社会保障制度的完善落实带来了更多的挑战。

五　劳动力就业状况的不断改善

据裕固族历史传说，明朝东迁时，裕固族尚以畜牧业生产为主，狩猎业占相当重要地位。裕固族东迁后，黄泥堡地区的裕固族在同汉族相互往来中学会了农业生产技术，并逐步代替畜牧业，肃南地区裕固族仍从事畜牧和狩猎业。由于汉族地区铁制工具和武器的输入，裕固族农业、畜牧业和狩猎业的技术有了提高，生产力得到发展。③ 至中华人民共和国成立

---

① 《明花区志》编委会：《肃南裕固族自治县明花区志》，2004 年 12 月，第 152 页。
② 同上。
③ 国家民委民族问题五种丛书编辑委员会《中国少数民族》编写组：《中国少数民族》，人民出版社 1981 年版，第 167 页。

前，裕固族地区大致形成了牧区、半农半牧区、农业区和天然林区等不同的经济文化类型。其中，黄泥堡是农业区；肃南的水关、红湾、青龙和友爱等地以牧业为主，兼营农业；肃南其他地区则是牧业区。牧民的放牧形式大体分为游牧、半定居游牧和定居放牧三种。游牧区的草原分为四季牧场，每年根据季节，牧民全家老小携带帐篷随着畜群流动。一般农历正月中下旬入春场，三月至五月中旬入夏场，八月中旬入秋场，十月至十一月入冬场。半定居游牧的牧民除经营畜牧业外，尚经营少部分农业。冬春两季牧民住在简陋的土房里，在附近进行早出晚归的定居放牧。到夏秋两季则游动到较远的地方进行放牧。定居放牧以明花乡地区为典型。这里一望无际的草原上，丛生着各种牧草，牧民在自己小块私有的草滩上盖有土房子，常年在附近放牧，每日早出晚归，还进行一些副业生产。少数的牧主为使自己私有草滩得到轮歇，一年当中也有一段时间到较远的公滩放牧的，贫苦牧民则很少有远放情况。以上三种放牧形式，以游牧为主，半定居游牧和定居放牧居次。[①] 除上述传统畜牧业、农业外，肃南境内历史上还形成了一些辅助性职业，有些简单的手工业，如擀毡、织褐子、硝皮、制靴，还有采集业和以狩猎为生者。

"劳动就业"一词，往往和劳动就业问题分不开，即一个地区有多少劳动力没有实现充分就业或处于失业状态，而这又是城市社会日益产业化后才出现的社会问题。在传统的农牧业社会，由于生产技术水平与生产效率较低等因素影响，困扰社会的是劳动力不足的问题。从这个意义上讲，改革开放前肃南地区基本不存在劳动就业问题。中华人民共和国成立前，肃南地区无城市和现代产业，所有人口都生存于传统农牧业社会，而此类社会中人们以大群体方式如以部落为单位（甚至不是以小家庭为单位，家庭只是部落中缺乏独立性的细胞）解决生存问题。人们均依赖部落为生，从童年起就依附部落从事一些辅助性的劳动，随着年龄和体力增长参与劳动的强度递增，在部落中无游离于生产体系之外的闲人。中华人民共和国成立后，肃南县社会组织形式虽然发生重大变迁，但由于生产力发展的局限，就业问题并不突出。

1954 年肃南裕固族自治县成立时，肃南地区才开始出现城市建制。县政府驻地红湾寺镇，建县前只有一座藏传佛教寺院，一所小学和几户民

---

① 中国科学院民族研究所甘肃少数民族社会历史调查组编：少数民族史志丛书《裕固族简史简志合编》（初稿），中国科学院民族研究所 1963 年版，第 26—27 页。

宅。红湾寺建镇初期拥有城市户籍的主要是自治县各类国家机关工作人员（分为干部和工人两类），部分从基层吸纳的干部其家属仍在农牧区从事生产劳动。因此，肃南县国家机关工作人员是自治县成立后出现的第一个非农人口就业群体。其中，机关干部又是最有社会地位的职业。1954 年自治县成立时，全县仅有干部 280 人。其中，少数民族干部 137 名，占干部总数的 48.9%。到 1964 年，全县有干部 575 名，其中少数民族干部 239 名，占干部总数的 41.5%。到 1975 年底干部总数增加到 968 人。其中，少数民族干部 318 人，占干部总数的 32.9%。具体分布在党群机关 234 人，政法系统 29 人，农林水牧系统 151 人，财贸系统 171 人，工交邮电系统 40 人，文教卫生系统 142 人，中小学教师 190 人，区乡政府 11 人。这一时期干部的来源主要有三：一是肃南裕固族自治县成立时，随行政区域调整一同划归而来的原行政区所辖的干部队伍；二是军队转业补充；三是国家统一分配来的青年学生。

"文化大革命"时期，随着知识青年"上山下乡"的开展，出现了知识青年这个需安排就业的特殊群体。截至 1978 年底，全县共接受安置本县和兰州等外地知识青年 975 人，分别安置在 6 个区，17 个公社，47 个生产队，设知青点 53 个。1978 年以后，停止了知识青年上山下乡工作，原有知识青年经所在生产队推荐，公社审查批准，通过招工、考学、参军等渠道陆续返回城市。①

肃南县成立后另一个新出现的非农就业群体为企事业单位的职工。1954 年劳动用工实行固定工制度，招工对象由基层择优推荐，县上审批，统一招用。1973 年以后招工范围变为：上山下乡知识青年，城镇居民下放农牧村落户同去的初、高中毕业学生，批准免下乡知识青年、复退军人，有其他特殊情况的城市和农牧村青年。1977 年以后，除煤矿外，其他单位不再从农牧村招工。1982 年招工制度改革，实行劳动合同制，在国家计划指导下，公开招工，自愿报名，德、智、体全面考核，择优录取。由用工单位和本人签订劳动合同，明确双方的责、权、利。停止知识青年上山下乡后，城镇待业青年逐年增加，1980—1986 年，全县累计有待业青年 1224 人。通过国家、集体招工、招干和升学、参军、从事个体经济等渠道安排就业 763 人。至 1986 年底，全县职工总人数达到 3172

---

① 甘肃省肃南裕固族自治县地方志编纂委员会：《肃南裕固族自治县志》，甘肃民族出版社 1994 年版，第 286—287 页。

人。其中，全民所有制 2827 人（干部 1338 人，劳动合同制工人 193 人），集体所有制 161 人，临时工 184 人。

历史上肃南地区非农产业有限，只有依附于农牧业内部的简单家庭手工业。从 1958 年肃南县开始创办地方工业，红湾寺镇聚集了一些县办企业。

表 5 - 25　　　　　　20 世纪 50—80 年代肃南县创办企业情况

企业名称	建厂时间	企业性质	职工人数（人）/（统计时间）	厂址
皮毛加工厂	1958	全民所有制	38	红湾寺
地毯厂	1974	城镇集体所有制	104/1982 年，54/1988 年	红湾寺
洗毛厂	1986	城镇集体所有制	168/1988 年	红湾寺
民族用品厂	1973	城镇集体所有制	11/1974 年，22/1988 年	红湾寺
大岔乳品厂	1972	全民所有制	12（季节性生产，集中在 6—9 月间）	大岔牧场
农机厂	1958	全民所有制	28	红湾寺
铜矿	1985	全民所有制	220（含长期副业采矿工）	九个泉矿
灰大坂煤矿	1958	全民所有制	120（包括长期采煤副业工）	灰大坂湾
被服厂	1970	全民所有制	5	红湾寺
食品加工厂	1974	全民所有制	23	红湾寺
印刷厂	1975	全民所有制	16/1988 年	红湾寺
饲料加工厂	1986	全民所有制	7	红湾寺

数据来源：甘肃省肃南裕固族自治县地方志编纂委员会：《甘肃省肃南裕固族自治县志》，甘肃民族出版社 1994 年。

这些企业到 20 世纪末虽发展规模有限，吸纳劳动力规模总计不足 800 人，有些还经营效益不佳，职工经济收入水平也不一定比农牧民高。但由于在城乡二元体系中属城市人口范围，所以其社会地位高于农牧民。随着改革开放的推进，肃南的地方工业步入快速发展期，截至 1990 年底，全县有工业企业 46 家，其中，国有企业 11 家，集体企业 35 家。另有乡镇企业 153 家，从业人数 2917 人。① 表 5 - 26 反映了 1988 年时部分乡镇企业的情况：

---

①　甘肃省肃南裕固族自治县地方志编纂委员会：《肃南裕固族自治县志》，甘肃民族出版社 1994 年版，第 165—169 页。

表5－26　　　　　　　　　　1988年肃南县部分乡镇企业状况

企业名称	建厂时间（年）	职工人数（人）	年产值（万元）	实现利润（万元）
皇城被服厂	1975	3	0.8	0.26
皇城农具厂	1976	6	1.64	0.23
马营皮鞋厂	1986	27	0.6	—
皇城奶粉厂	1985	47	10.6	1.1
东滩榨油厂	1987	34	46.9	8.5
皇城萤石矿	1986	53	26.6	0.2
马营萤石矿	1984	50	15.0	1.7
马营煤矿	1984	77	41.4	4
泱翔煤矿	1984	14	1.1	0.1
北滩煤矿	1984	35	13.0	2.6
铧尖煤矿	1973	—	—	6.0
东滩煤矿	1985	29	6.7	0.1
西水石灰石矿	1985	60	25.1	5.0
小寺砖厂	1986	87	8.7	2.0
大都麻煤矿	1986	20	8.8	0.6
青龙预制厂	1987	37	18.7	3.5
康乐石灰石矿	1985	18	4.5	0.7
红石窝煤矿	1985	9	4.4	0.2
康乐煤矿	1985	14	4.6	1.0
白银石灰石矿	1986	18	6.2	0.8
雪泉铜矿	1987	12	2.2	0.8
雪泉石灰石矿	1985	14	4.2	0.8
大河煤矿	1986	150	24.0	7.7
大河锑矿	1987	20	40.0	2.8
祁连石灰石矿	1985	48	30.0	5.5
祁文石灰石矿	1985	15	8.0	2.8
祁丰石棉矿	1978	35	70.1	10.5
祁丰白云岩矿	1984	30	42.0	18.5
祁丰石膏矿	1987	10	4.0	0.2
祁文粘土矿	1984	15	4.3	1.2
祁青煤矿	1984	20	30.0	2.1
明海煤矿	1984	11	5.5	0.3
明海萤石矿	1985	24	7.3	5.0

　　数据来源：甘肃省肃南裕固族自治县地方志编纂委员会：《甘肃省肃南裕固族自治县志》，甘肃民族出版社1994年版。

大量乡镇企业吸纳了较多的劳动力，使企业就业人群不再局限于城市人口，于是农民工这一新的就业群体开始出现。农民工起初出现在上述各类乡镇企业，然后逐步向多元化的就业方向发展。

步入21世纪以来，随着城乡收入差距逐步扩大，如何实现农牧民增收成为裕固族地区的重大现实问题。肃南裕固族自治县2011年的总人口为3.73万人，其中农牧业人口2.54万人，占总人口的68.1%。非农业人口1.19万人，占总人口的31.9%。由于当地经济总量小、发展方式仍显粗放，依靠传统农牧业使农牧民增收十分困难。因此，即便在这一人口稀疏的草原地区，劳务输转也成为实现农牧民增收的主要途径之一。于是引导、培训和组织农牧区劳务输转就成为裕固族地区就业工作新的重心。

表5-27是肃南县近年来劳务输转整体情况，以及红湾寺镇和黄泥堡乡的两个个案的情况（见表5-28、表5-29）。

表5-27　　　　　　2004—2013年肃南全县的劳务输转情况

年份	输转劳务（人/次）	城镇新增就业（人）	城镇登记失业率（%）	下岗/失业再就业（人）	劳务收入（万元）	农牧民科技培训（人/次）
2004	2430	355	2.8	161	1272*	13000多
2005	3249	367	3.1	123	5000*	9000
2007	3700	118&	1.54	456	1300/4000*	9000
2008	4000	605/59&	2.42		4000*	
2009	4198	592/207&	2.35		2500/7900*	
2010	4200	215&	2.32		3000/1亿元*	
2011	4227				2953	
2013	3209	773	2.305		3301	517

注：加&为安置大中专毕业生，*为旅游综合总收入。

数据来源：肃南县相关年度政府工作报告；张掖日报《肃南县劳务输转质量不断提高》（2011年10月24日）；中国劳动保障报《甘肃肃南县全面推进劳务输转工作》（2013年8月20日）。

从上述三表反映的情况来看，黄泥堡乡是劳务输转比例最大的案例。全乡现有人口1650人，其中劳动力1159人，主要分布在农业、牧业生产和服务业方面，从事农业生产的人数占劳动力总数的70%。2001年全乡年输转劳动力200人，到2012年达到521人。政府组织动员剩余劳动力向外输转，并且有针对性地开展各种劳务培训，努力促进务工人员由体力型向技能型方向转变，将靠力气挣钱变成靠技术挣钱。这是一种值得肯定的促进就业模式。

表5-28　　　　　　　2009—2012 年红湾寺镇就业与劳务输转情况

年份	历届高校毕业生就业率（％）	城镇失业率（％）	城镇新增就业（人）	再就业（人）	劳务输转（人）	组织输转（人）	自谋职业（人）	创劳务收入（万元）	劳动力技能培训（人）
2009			529	496	393			279	35
2010			548	235	392	212	178		
2011	80 以上	1.22	529	496	393	203	188	279	70
2012	95		756		382	145	235	297	

表5-29　　　　　　　2007—2012 年黄泥堡裕固族乡劳务输转情况

年份	劳动力培训（人）	转移剩余劳动力（人）	有组织输转（人）	向区外输转（人）	劳务收入（万元）
2007	217	372	150	40	150
2008	401	533	212	391	
2009	340	513	185		150
2010	100	382	103		200
2012		551	284		45 人*

注：＊为输转年收入两万元劳动力人数。

在现代化发展进程中，城镇化发展对转移农牧区人口具有强大的吸纳作用，城镇由此成为劳动力聚集的中心地带。县城红湾寺镇是肃南唯一的城市，也是肃南人口和非农产业的聚集区。但由于非农产业发展规模小、工业产业链条短、旅游业发展滞后等因素制约，至今尚未形成有效运转的劳动力市场，未能对肃南农牧区劳务输转产生足够的吸纳能力。红湾寺镇2009 年只开发就业岗位 303 个，城镇新增就业 529 人，到 2012 年也才新增就业 756 人。与肃南每年输转劳动力 4000 多人的规模相比较，县城红湾寺镇显然还未能形成足够的吸纳能力。

肃南是一东西长 650 公里的带状地区，所辖区域为三片不相连的地块构成，各乡镇行政区域虽划属肃南，但在地理上它们可能与酒泉、张掖、武威等较大城市有着更便利的联系。特别是改革开放后随着市场经济的发展，各乡农牧民经济生活更多依附于附近的城市，输转劳动力也更多被这些城市所吸纳。当然，受市场规则所支配，裕固族地区的劳动力转移也会向收益更多的地区转移，由此走出肃南、走出甘肃也便极为寻常了。例如肃南县马蹄乡，2008 年开展劳务技能培训 30 场次，培训劳务人员 1650

人次；在新疆、青岛及嘉峪关、小孤山、青海等地建立了劳务输转基地，输转富余劳动力1300人，实现劳务收入600万元。2009年又向青海、新疆、嘉峪关等地输转劳动力1300人。

对肃南县这样地广人稀的资源型地区来说，劳务输出应当只是解决劳动力就业的权宜之计，更大的前景还应该是自我消化，将本地劳动力资源转化为现实的生产力。因为除了本地需要的潜力之外，过多和长期的劳务输出也是得不偿失的。为保证自己的劳动力有市场，必须花大力气进行技术培训。即便如此，出外之后仍然是报酬偏低的工作。由于目前户籍制度的制约，这部分人口不可能彻底输转到县外，而当他们消耗完黄金年龄段的劳动力资源后，或者当经济不景气被挤出域外经济体系时，他们只能返乡生活和养老，届时各类社会保障的投入也将成为自治县财政的负担。

第六章

文化建设发展的新篇章

　　裕固族历史悠久、文化灿烂。中华人民共和国成立以后，随着经济的发展，裕固族聚居区的文化事业也相应得到很大发展，但1958年开始的所谓"反封建"运动以及后来的"文化大革命"，对裕固族聚居区的文化建设损害很大。改革开放以来，随着党和国家各项民族宗教政策的全面落实，文化建设得到了前所未有的重视。进入21世纪后，国家西部大开发战略的实施以及各种支持西部发展项目的增加和政策的出台，有力支持了裕固族地区各项事业的开展，文化建设也由此进入了全面繁荣的新时代。裕固族聚居区的文化建设密切结合地方实际，彰显了民族特色，成绩斐然。但群众文化需求较高与文化供给不足的矛盾，以及地处偏远、居住分散、交通不便、经济相对落后等也成为牧区文化建设进一步发展的制约因素。

一　裕固族聚居区文化建设的基础

　　裕固族是一个有着悠久历史和灿烂文化的民族。1954年2月于裕固族聚居区成立肃南裕固族自治县，1954年4月成立酒泉市黄泥堡裕固族乡①，裕固族地区的文化建设事业进入了一个全新的时代。

　　中华人民共和国成立以后，随着经济的发展，裕固族聚居区的文化事业也相应得到很大的发展：1955年，上级部门派来了以电影放映为主的牧区文化服务队，除免费放映电影外还在全县设立各类放映单位，培养少数民族放映员，极大地活跃了聚居区人民的文化生活；1958年成立了县

---

① 《裕固族简史》编写组：《裕固族简史》，民族出版社2008年版，第97—98页。

文工团，组织演出反映本民族生活劳动的文艺节目；1956 年建立县新华书店、县文化馆，通过销售、借阅图书来普及科学文化知识，1958 年建立了县广播站。① 这些文化机构的建立，在普及科学文化知识、活跃群众文化生活、宣传党的方针政策方面起到了积极的促进作用。

1958 年开始的全国范围内的"反封建"运动以及后来的"文化大革命"，对裕固族聚居区的文化建设产生了极大的影响：一大批熟悉民族历史，掌握民族文化的精英遭到抓捕判刑，从语言、服饰、宗教信仰到节庆仪式、风俗习惯都或多或少受到禁止甚至瓦解。裕固族语言被禁止使用，有民族特色的姓名被更改为符合当时政治要求的名字，裕固族传统民歌也被认为是"封建糟粕"而被禁止演唱。传统民族服装被定性为"封建文化"而被禁止穿戴，有些干部群众迫于压力而直接销毁了民族服装。各个部落的藏传佛教寺院被拆毁，僧人被迫还俗并要求不得从事宗教活动，各个部落的各种祭祀"乌垒"（鄂博）的活动也被废止。传统婚礼仪式被废止，各种民间仪式如"剪发"、"剪马鬃"等都不再举行。总之，肃南县各民族传统文化遭受了严重破坏，民族文化传承的链条被中断。尤其是裕固族，当时人口不足一万人，各部落一大批掌握本民族文化且处在文化传承链条核心部位的壮年男子被以各种罪名抓捕，整个社会环境使得民族文化不但不能得到传播，还被外力肢解趋向碎片化。

改革开放以来，随着经济社会的发展，裕固族地区的文化事业也逐步得到恢复和发展，特别是随着党和国家的各项民族宗教政策的落实，文化建设得到了前所未有的发展。这主要表现在如下几个方面。

一是文化机构设置逐渐完善。1984 年成立自治县广播电视局，在各乡镇相继建起电视差转台 24 座；1988 年，自治县设立了文化局；1992 年，在原来的乌兰牧骑文艺工作队的基础上成立了民族歌舞团；1996 年 10 月，文化馆分设成立了文化馆、图书馆、民族博物馆，在各乡镇及学校举办了读书演讲活动和"121"（1 个书柜，2 本杂志、100 本图书）家庭读书活动。黄泥堡裕固族乡文化站于 1982 年由县文教局批准成立。1998 年，乡人民政府为了适应形势发展的需要，建设了乡文化中心。文化中心占地面积 5150 平方米，建筑面积 1241 平方米。主要设施有多功能活动室、图书阅览室、文化活动室、器材库、戏台和文化广场。电教设

---

① 《肃南裕固族自治县概况》编写组：《肃南裕固族自治县概况》，民族出版社 2009 年版，第 204—205 页。

备、桌、凳，传统文化器材等各种设施基本配套齐全，图书藏书达 1.2 万册。这些机构的设立和完善支撑起了裕固族地区文化事业发展的物质基础。

二是文艺创作成果丰富。在文艺方面，编排、创作了一批具有民族特色的文艺作品，参加了许多全国性的文艺会演，其中歌舞节目《迎亲路上》、《裕固族姑娘就是我》、《马背牧歌》，电视艺术片《走近夏日塔拉》等获得 60 项国家、省、地级奖项；出版发行了《裕固族姑娘就是我》、《祝福草原》等歌曲光盘；一大批优秀的文学、美术、书法、摄影作品得以发表、出版。

三是文化研究全面展开。改革开放至 1999 年，国内共出版裕固族研究方面的学术专著 22 部，出版文学作品 2 部，裕固族族源与历史、语言、宗教信仰、风俗习惯、文学艺术、政治经济及各项社会事业得到了全面而深入的研究和介绍。

四是文化遗产得到初步保护。得益于文物等相关部门的努力，聚居区境内的石窟寺、古墓葬、古遗址等相继被确立为省、市、县级文物保护单位。聚居区境内丰富的历史遗迹、野外文物等得到了系统的保护。

五是民间文化活动逐步恢复。从 20 世纪 80 年代起，原属各部落的寺院得到部分重建，牧民群众的朝拜、敬神、诵经、祈福等信仰需求基本得到满足。各地方的鄂博得以恢复和新建，裕固族群众根据规定日期定期进行祭祀活动。民众开始恢复制作使用民族服饰，并在节日庆典等重要场合穿着佩戴，恢复传统的剃头礼、婚礼、节庆仪式、丧葬习俗，等等。各民族传统文化在民间得到一定程度的恢复和发展。相应地，这些传统文化活动的恢复和开展又激发了文艺工作者的创作热情，产生了大批反映民族文化的音乐、舞蹈、诗歌、散文、小说等作品。

二　21 世纪以来文化建设的大发展

进入 21 世纪以来，适逢国家西部大开发战略的实施，各种支持西部发展项目的增加，各种支持西部发展的政策出台，都有力地支持了裕固族地区的文化事业发展，文化建设进入了全面繁荣的新时代。肃南裕固族自治县历届党委政府一方面遵循国家、省、市等层面的文化发展战略，一方面在文化建设中密切结合地方实际、彰显了民族特色。

　　进入 21 世纪以来，广大文化工作者按照"挖掘整理，发扬光大"的创作思路，创作编排了《祝福歌》、《驼群的风采》、《梦中的西至哈至》、《塔拉小调》、《顶格尔汗》、《天鹅琴之恋》、《戴头面》、《西至哈至》及音舞诗画《天籁·裕固》等裕固族民族特色鲜明的舞蹈、歌曲；发行了《裕固族姑娘就是我》、《飘香的草原》，《祝福草原》、《裕固家园》、《裕固金花》等歌曲光盘；出版了《裕固族民间故事集》、《裕固族民间歌谣言语集》、《裕固族文艺作品选》、《裕固族谚语集》等书籍。组织参加了第十二届"隆力奇"杯全国青年歌手电视大奖赛、"中国民族民间歌舞盛典"大型歌舞晚会、2008 年国际民歌博览音乐周民歌表演、肃南县民族歌舞团在中央党校的裕固族歌舞演出、第 29 届奥林匹克运动会开幕式和闭幕式演出、西北"花儿"民歌会、第二届"民族之花"盛和名园杯选拔赛等全国大型演出活动。文学、美术、书法、摄影创作发展迅速，在各类报纸、杂志发表作品上千件，获得了少数民族文艺作品最高奖——"黑骏马"奖、全国"祖国颂"征文大奖赛一等奖等 30 多个奖项。2006年以来，县民族歌舞团创作演出的节目分别获甘肃省"千台大戏送农村"战役优秀新创剧（节）目奖、全省建国 60 周年少数民族文艺调演表演二等奖和创作三等奖、第六届中国音乐"金银奖"张掖选拔赛民族组一、二、三等奖及第二届"民族之花"盛和名园杯选拔赛"裕固之花"桂冠奖、裕固族形象大使奖、最佳"容智"奖、"才艺"奖等多个奖项。

　　21 世纪以来，自治县大力建设节庆文化、广场文化、校园文化、社区文化、企业文化和牧区文化。举办各类文艺演出、民族赛歌会（原生态民歌大赛）、民族传统服装服饰表演、专题演讲及知识竞赛、图书类服务宣传、优秀影片展映、文物与艺术作品精品展览以及各类群众性辅导培训等活动。

　　肃南县民族歌舞团、肃南县文化馆、民族博物馆等文化单位，承担了"送文化下乡"活动及国庆、县庆、马蹄寺旅游观光节等重大节庆日的大规模展演任务，为节庆日和旅游旺季营造了热烈、喜庆的文化氛围。尤其是民族社火表演拓宽了社火编创的内容、题材和形式。

　　此外，肃南县的文化活动还主要有：（1）积极开展"三下乡"活动，经常性组织文化各单位，利用农牧闲时节，深入农牧村及偏远山区，为广大农牧民群众、驻地官兵和矿区工人演出丰富多彩的文艺节目，展出各类图书、送去春联字画，繁荣了牧区群众文化生活。（2）以多种方式开展群众性文化活动。采取点面结合、城乡结合、大小结合等多种形式，围绕国庆、县庆及省、市重大活动，以及各种传统节庆，结合"特色文化旅游年"活动，举办了农牧民文艺调演、原生态民歌大赛、家庭才艺电视大赛、传统民族服饰展示、中老年服饰表演、老年秧歌表演、民族锅庄舞表演、裕固族广场舞创编推广、文物精品展览、艺术作品精品展览、社会主义荣辱观教育图片展览等大中型文化活动100多场次。各乡镇文化站结合牧闲时间和居住较集中时间，组织开展民族运动会、民族歌手大奖赛、民俗文化艺术节等文化活动，不仅丰富了文化旅游内涵，活跃了群众文化生活，也为县、乡镇重大活动增添了喜庆氛围。（3）在肃南县相关文化机构的积极配合下，持续实施"知识工程"，开展图书馆宣传服务活动和全民读书活动。图书工作紧紧围绕"知识工程"，每年坚持开展图书服务宣传周活动、家庭读书活动、全民读书月活动、读书演讲比赛、"书香家园"公益性读书讲座和科普讲座、读书征文活动等，把读书、演讲、征文、知识竞赛活动与中、小学生素质教育相结合，与农牧村科普知识辅导培训相结合，每年都要树立10户城乡群众文化家庭典型户和"121"家庭读书户，以点带面推动全县读书热潮。

21世纪以来，肃南裕固族自治县加大了对境内文物的保护和普查力度。"十五"期间，维修了马蹄寺千佛洞和文殊山石窟，征集民族文物200多件，其他文物54件，并划定公布了重点文保单位保护范围，树立了标志碑，安装加固了馆藏文物和重点野外文物安全防盗设备。申报公布了第三批县级文保单位18处，省级文保单位2处，国家级文保单位1处。"十五"期间，全县有野外文物点151处，已公布的县级以上文物保护单位达41处，其中：国家级文物保护单位2处，省级文物保护单位9处，县级文物保护单位30处；有馆藏文物1874件，其中：一级文物34件，二级文物118件，三级文物84件，未定级的1638件，民族文物100多件。肃南县认真贯彻落实"保护为主，抢救第一"的方针和"有效保护，合理利用，加强管理"的原则，加强文化遗产保护工作。结合肃南县文物管理工作实际，文化、文物部门认真落实《文物保护法》以及相关的法律法规，制定了《文博工作者守则》、《文管所工作制度》、《博物馆管理办法》、《安全值班制度》等一系列规章制度并认真加以落实，对馆藏文物进行信息化管理，建立了完整的藏品信息数据库。把文物保护各项工作纳入当地经济和社会发展计划，纳入城乡建设规划，纳入财政预算，纳入体制改革，纳入各级领导责任制，并配备了专职管理保护人员，建立健全了区、乡各级文保小组，各文物点重新指定了文保员，形成了四级文保网络，做到了重点文物"日看、周检、月查"，发现问题"五及时"。完成了草沟井古址、明海古城、南城子古城等9处省级文物保护单位的立碑工作。利用世界银行甘肃自然文化驿站贷款项目，对马蹄寺"三十三天"洞窟进行了加固维修。积极开展第三次全国文物普查，普查文物点341处，复查文物点109处，发现新文物点235处。有4处重要文物点列入全国新发现文物名录，公布县级文保单位共70处。在此基础上，高度重视文物征集和布展工作，征集各类文物100多件，丰富了馆藏品和精品展的内容，裕固族展厅和历史文物展厅实现了全面免费开放，在宣传裕固族传统文化、保护民族文物、提升自治县知名度方面发挥了重要作用。

肃南县积极开展非物质文化遗产保护工作，专门成立了非物质文化遗产普查工作领导小组，购置了相关设施设备。近年来，在开展非物质文化遗产项目普查工作中，共对15门类的41个种类做了普查，拍摄音像资料近200盘，整理了《肃南县非物质文化遗产资料汇编》等资料6本。在此基础上，出版了《裕固族民间故事集》、《裕固族民间歌谣谚语集》、《裕固族原生态民歌档案》等书籍光盘，完成了《裕固族原生态民歌词曲集》（暂名）的筛选、整理、翻译和谱曲工作，2010年录制出版了《草原上的歌——肃南县少数民族原生态民歌集萃》共三张光盘。

2006年以来，裕固族民歌、服饰和婚礼被列入国家级非物质文化遗产保护名录，裕固族人生礼仪、裕固族民歌与服饰、裕固族口头文学与语言等6个项目被列为省级非物质文化遗产保护名录。有17个项目列入了市级保护名录；公布了两批29项县级保护名录；有14名民间艺人被列为国家和省级非物质文化遗产项目传承人。有11名歌手在CCTV全国歌手电视大赛甘肃赛区原生态民歌大赛、中国西部民歌（花儿）歌手邀请赛、中国西部原生态民歌赛歌会上分别获银奖、最佳金嗓子奖和风采奖。

"十五"期间，肃南县以文化阵地为依托，努力探索文化产业化发展道路，不断拓展服务范围，增强产业功能。在积极筹集资金，开设成人阅览室、少儿阅览室、电子阅览室以及图书音像制品经销点、民族服装制作室，新建马蹄旅游景区裕固族歌舞演艺厅，开办马蹄寺文物展厅的同时，充分利用人才优势举办美术、器乐、舞蹈、少儿英语、微机等各类培训班，创意实施了"中国裕固族文化园"。向社会各界征收美术、书法、摄影作品和工艺品等，并组织艺术团体在外县（市）及外省毗邻县、乡开展有偿演出活动，开发制作马蹄寺风光文化衫、祁连神鹿工艺品、锁阳礼盒、皮制工艺品、沙雕制作、绣制挂毯等文化产品，不仅填补了肃南县文化产业的空白，还增强了文化单位的造血功能，达到了互惠互利、文化与旅游双赢双收的目的。

文化单位注重与地方民族艺术精品和文化市场结合，立足"裕固族风情，祁连风光，石窟艺术"三大优势，结合"特色文化旅游年"等相关活动，在积极组织举办美术、刺绣、舞蹈等各类培训班的基础上，本着扩大对外交流，大力宣传文化资源和自然资源的原则，不断加强传统民俗文化活动的保护和挖掘力度，把工艺美术品、旅游纪念品等文化产品的开发作为突破口，开发制作民族服饰服装、皮制工艺品、绣制挂毯等，组织举办裕固族传统手工艺品展览，扶持成立了 2 个文化产业开发公司，筹划、组织裕固族服装服饰、手工艺品、旅游纪念品、祁连墨玉奇石及《祝福草原》和《裕固家园》光盘、《裕固族民间文学》等文化产品，参加了全省文化产品博览会、省市民族民间手工艺品展览和奇石展览活动等，举办了"裕固族传统手工艺品展览"，为肃南县扩大对外文化交流、宣传肃南、打造裕固族品牌起到了积极的促进作用。

肃南县在推进文化产业化的同时，坚持"一手抓繁荣、一手抓管理"的方针，深入宣传和贯彻文化市场管理法律法规，加大执法力度，成立了文化市场稽查室，配备了文化市场稽查员，制定了文化市场稽查制度，采取日常管理与专项治理相结合、每月检查与季度检查相结合、扶持与管理相结合等形式，每年开展"扫黄打非"专项治理工作，培训经营人员、管理人员，重点规范网吧、旅游景点娱乐服务、音像制品销售出租等新兴行业的经营行为，清理整顿歌舞厅、书报刊出租销售、印刷及打字复印行业等经营场所中的违纪违法行为，依法取缔了电子游戏经营点，净化了娱乐服务场所。目前，所有经营网点都在有效的监管之中依法经营、规范运行。

"十一五"期间，肃南县以深化公益性文化事业单位改革、改善服务、增强活力为突破口，以岗位设置、身份转换、效益工资三方面改革为重点，以民族文化保护和项目建设促发展，丰富活动求特色，传承文化出精品，服务群众为宗旨，成立了由县委、县政府有关领导负责、15 个相关部门负责同志为成员的文化体制改革试点工作领导小组，制定下发了

《肃南县关于文化体制改革实施意见》、《2008 年文化体制改革实施方案》，以民族歌舞团为试点，重点从三个方面实行不同的管理模式，即：一是合理设岗，以岗定人，以岗定责，实行岗位责任制；二是转换人员身份，择优聘用、竞争上岗、双向选择，实行全员聘用制；三是劳绩与工资挂钩，根据专业岗位人员的实际情况实行高职低聘，低职高聘，其他岗位人员能进能出，能者多劳，多劳多得，做到了岗位设置合理，人员配备齐全，分配机制完善。县财政每年列入 40 万元，用于临时演员的工资发放。改革实行以来，有效促进了全县文化建设的发展。

　　肃南县高度重视文化人才队伍建设，每年安排一定数量的专业技术人才到高等院校参加学历进修，并通过集中培训、实践锻炼、赴外考察、远程教育、个人才艺展示等方式广泛开展业务培训，不断改善文化人才的专业知识结构，提高他们的整体素质。近年来，县上组织举办了民族民间文化人才培训班，邀请省市级专家、教授进行授课，全县从事文化工作的干部职工、民族民间艺人、非物质文化遗产传承人参加了培训。民族歌舞团及时招收、补充新演员，并不定期选送专业人员到相关院校进修学习，不断培养大专以上专业技术人员。2009 年，又与省艺校合作，招录 33 名 14 岁以下的少年儿童在校就读，为民族歌舞团今后的发展提供了人才保障。

　　经过多年的努力，肃南县文化工作在县委、人大、政府、政协及上级主管部门的指导和社会各界的关心支持下，取得了明显成效。2006 年，民族歌舞团被文化部等 14 个部委授予"送文化下乡先进集体"；2007 年，肃南县被评为"全国文物工作先进县"，受到了文化部、国家文物局的表彰，其中有 4 人受到省、部级荣誉表彰；2008 年，县民族歌舞团团支部被授予"甘肃省五四红旗团支部"；2009 年，县文化出版局被文化部授予"非物质文化遗产保护工作先进集体"荣誉称号，县图书馆被甘肃省图书馆学会授予"全民阅读活动先进单位"。

三　群众性文体活动的开展和活跃

　　"十五"期间，肃南县筹资 155 万元新建民族歌舞团综合楼、宿舍楼，维修了排练厅；投资 320 万元新建了集群众文化活动、图书、文博为一体的宣传文化中心大楼；投入 30 多万元修建了祁丰乡、皇城镇高标准文化活动中心，投资 80 多万元新建了马蹄寺裕固族歌舞演艺厅、马蹄寺文物展厅，建成省颁标准一类文化站两个。"十一五"期间，继续利用中央加大对西部投资的有利时机，筹措资金 3000 多万元新建了影剧院、体育馆，设立了高标准演出舞台、练功厅；筹资 50 万元布置了中国裕固族专题展厅；投资 368 万元建成了文化信息资源共享工程县级支中心、101 个基层服务点和 102 个农家书屋，并为农家书屋管理员提供了每人每年 400 元的报酬；投资 400 万元新建了 8 个高标准综合文化站，图书馆建成三级馆。投资 800 多万元的裕固族博物馆已开工建设。新建和改建村、社区文化室 82 个，配置了书籍、音响、电视、VCD、电脑等文化体育设备，为 3 个文管所配备了摩托车，文化设施条件有了极大的改善。

2002 年，黄泥堡乡政府采取以奖代补的形式，新建了 10 个文化室，健全了乡村组三级文化网络。2009 年 10 月，依托全国文化信息资源共享工程的实施，配套了价值 10 万余元的设施设备 150 多件，配备了培训室、信息室、图书室、阅览室、文化活动室。

肃南县的群众体育以全面贯彻实施《全民健身计划纲要》为重点，把增强全县人民体质作为根本任务，以"让更多的人运动起来，把建设搞得更扎实"为群众体育工作的主题，以满足广大人民群众的体育健身需求为出发点，突出农村、城镇、学校、老年等体育工作为重点，努力构建全民建设网络体系，使体育为自治县三个文明建设注入了新的活力。

体育行政部门组织开展的体育运动项目体现了常规化和规范化。在县城举办城区职工运动会、元旦春节环城赛、"全民健身活动月"、"新春健身大拜年"，举办"全县少数民族传统体育运动会"，组织人员参加"全省少数民族传统体育运动会"、"全国少数民族传统体育运动会"，并获得各类奖牌 50 多枚。2005 年获得"甘肃省少数民族传统体育先进单位"荣誉称号。依托各乡（镇）开展"元旦"、"春节"百万农民健身活动和"体彩杯新春大拜年"活动。每年结合文化旅游的黄金季节，行政部门派出专门工作小组，参加并指导完成康乐、皇城、大河、白银等 7 个乡（镇）的农牧民运动会。参赛项目有赛马、摔跤、顶杠子、大象拔河、拔棍等 9 个传统项目。① 参赛群众热情高涨，相关项目得到民众重视，许多已经放弃养马的牧民重新开始饲养马匹专门用于参加比赛，传统的体育项目在民间得到逐步恢复。在各社区，体育行政部门设立健身辅导站，经常

---

① 《肃南裕固族自治县概况》编写组：《肃南裕固族自治县概况》，民族出版社 2009 年版，第 218—222 页。

性地开展锅庄舞、太极剑、木兰扇、裕固族健身舞、秧歌舞等排练活动。指导开展以秧歌舞、太极剑、太极拳、木兰扇、竹板舞、健身功夫舞、门球、棋牌、牛九等为内容的老年人体育活动，参与群众不仅有城镇的居民，更有许多集中居住的农牧民群众，有力地推动了全民健身活动的深入。

黄泥堡乡的群众性文体活动也丰富多彩。乡党政领导十分重视乡村组三级文化网络建设，按照上级统一部署安排，在全乡范围内开展了"诚信文明农户"评选活动，通过"五四"、"十一"、"元旦"、"春节"等重大节庆日开展灵活多样的文化体育活动，以此活跃思想，激发热情，凝聚人心。2009 年以来黄泥堡乡开展了以"法宝促发展"为主题的民族政策宣传文艺演出活动；依托"民族进步宣传月活动"的开展，进一步加大了与区级各部门的联系，巩固了民族团结发展的大好形势。"十一五"期间的五年，积极筹措资金建成 2 公里宣传文化长廊 1 处，安装裕固千秋壁画 40 副，安装民族文化宣传灯箱 60 个，建成富有裕固族文化特色的迎宾彩门 1 座，修建民族特色建筑物 2 座，建成农牧民休闲园 2 处，裕固族风情园 1 处。在庆祝建乡 30 周年和建党 90 周年期间，组织干部群众排练民族文艺节目，并赴市区表演，充分展示了裕固族人民良好的精神面貌。2012 年，又建成沙枣园子村文化大院 1 个，组织了元旦、春节等大型文艺会演，邀请国家一级演员阿依姬斯和专业演出团队来乡演出，进一步丰富了群众的文化生活。

四　文化建设中存在的主要问题

裕固族地区的文化建设虽然取得了很大成绩，但他们深知还存在很多差距和问题，认为群众文化需求较高与文化供给不足是当前民族文化建设的基本矛盾，而地处偏远、居住分散、交通不便、经济相对落后是牧区文化建设的制约因素。

肃南县因地处偏远，经济相对落后，财政困难，对文化事业发展投入不足，争取项目经费难度大是一个普遍存在的问题。加之国家、省、市项目分配和资金投入往往"一刀切"，忽略了偏远少数民族地区建设成本、活动成本高等实际。因此，作为甘肃独有、全国唯一的裕固族聚居自治县，肃南的县、乡镇、村三级文化设施建设相对其他县（区）落后许多。

三馆（文化宫、图书馆、博物馆）一团（肃南县民族歌舞团）业务经费少，编创大型文化活动、辅导培训、文化遗产保护等经费不足，直接影响了文化建设的进一步发展。

肃南县是纯牧业县，地域辽阔，山大沟深，居住分散，人口密度小，流动性大，交通不便，文化基础设施建设覆盖面不全，无法发挥整体功能，各级文化服务格局无法形成。主要表现在乡文化站服务半径大、成本高，每乡平均服务区域面积达 3000 平方公里，农牧民群众参加集中活动，需骑马、骑摩托车行进 50—100 公里，占全县农牧村总人口 60% 以上的各族农牧民群众无法就近参加集中文化活动，乡镇村文化站、室场地狭小，设施落后，其服务难以覆盖全县各乡村，也无法集中开展群众性文化活动，严重制约了牧区文化事业的发展。

尽管自治县在文化队伍培养上做了许多工作，但文化专业人员仍然不能满足需求，加之无特殊优惠政策，致使文化人才流失较为严重，在很大程度上影响了文化事业的发展。

第七章

传统文化保护和现代风情

　　裕固族及肃南县的藏族、蒙古族等都有着各具特色的传统文化。现代化的潮流对以游牧生计模式为基础的裕固族地区的传统文化带来了全面的冲击。当人们为日益迅速的现代化到来欢欣鼓舞的时候，也在为传统文化的不断衰退而忧心忡忡。为阻止和减少传统文化的快速流失，裕固族地区给予传统文化保护工作很高的重视，其中包括对旅游业的大量投入和开发。近年来肃南县提出了"山水肃南，裕固家园"的旅游发展定位，凸显裕固风情的旅游价值，将传统文化保护和旅游产业发展有机结合起来。与此同时，裕固族地区各级党委政府也始终坚持文化建设的正确方向，把确立社会主义价值观摆在突出位置，积极开展社会主义核心价值体系的教育和宣传。各民族群众的人文和道德素质也不断得到提高。

一　民族文化的传承和保护

　　裕固族先民曾生活在漠北高原的色楞格河和鄂尔浑河流域，"居无恒所，随水草流移"。其人"善骑射"，其畜"多大足羊"。① 公元 840 年回纥汗国崩溃，部众散徙，其中一支迁徙至河西走廊，建立了甘州回鹘政权，其时仍以畜牧业为主。元明时期，今天裕固族的主体撒里畏兀儿所居之地为今甘、青、新三省交界处。这里海拔高、干旱多风，只能以从事畜牧业为主。明中叶裕固族东迁入关后被安置在祁连山南、北麓，这里高山深谷、积雪河流孕育了自古以来的优良牧场，因此，其生计模式也自然以游牧为主。尽管具体的生态环境随着民族迁徙、时间推移发生了不同程度

---

　　① 林干、高自厚：《回纥史》，内蒙古人民出版社 1994 年版，第 56 页。

的改变，但裕固族所处地域范围并未脱离北方游牧文化带，赖以生存的环境始终处在北方干旱、半干旱草原以及高海拔地区的高山草原地带。这使得裕固族的生计模式也始终围绕终年逐水草转移的游牧生产展开。可以说裕固族是以游牧为生的民族，游牧生产方式是裕固族文化的根基。裕固族东迁以后，生活在酒泉市黄泥堡的裕固族人由于地理环境的改变、与汉族人的交融杂居逐渐开始从事农耕经济。即便是在今天，由于生态环境恶化而实施了生态移民工程，居住在明花乡的裕固族实现了从牧民到农民的转变，但从事畜牧业生产的裕固族人口仍占该族人口的大多数。裕固族传统文化的核心还是建立在游牧生产基础之上。游牧生计模式在造就裕固族历史的同时，也支撑了其独具特色的以口头传承为主的民间文学、风俗习惯、民间智慧以及丰富的地方性知识和传统手工艺乃至宗教信仰。裕固族传统文化也是我国北方游牧文化的重要组成部分，是古老的回鹘文化和蒙古文化的活化石，具有极高的研究和传承价值。

裕固族的生活文化可以简单从居住、习俗与仪式、服饰等方面来加以概括。《明史·西域传二》载，明朝初年裕固族的先民"居无城郭，以毡帐为庐舍"。另据载，裕固族先民汗王曾居"牛皮牙帐"。裕固族传统的居住方式是毡帐，也即蒙古包，在东迁入关后依然使用蒙古包。但是，随着自然环境以及所饲养畜种的变化、生存环境的变迁以及周边民族文化影响，裕固族逐渐开始使用黑牛毛帐篷，不过这种帐篷的形制也从原来的12根杆发展到后来的8根杆。

裕固族习俗中较富有特色的是剃头礼、婚礼和葬礼。剃头礼是裕固族人生中重要的人生礼仪，严格按字面翻译应该为剪发礼更为贴切。一般孩子出生后不剪头发，在孩子迎来第三个年头的"察罕萨日"（即农历正月）后第一次剪头发，届时举行剪发仪式。剪发的具体日期根据孩子的属相由僧人或家中老人卜算后选定，通常认为正月初六、初九适合举行剪发仪式。届时家人请僧人从经典上为孩子选取一个名字（这个名字通常为藏语名字），并杀羊置酒，宴请亲友。亲友们道贺时赠送礼物，一般为马、牛、羊等的幼畜且必须是白色母畜所生。仪式上人们唱念吉祥的颂词，祝福孩子长寿富贵。裕固族剪发礼因其独特的民族色彩已经被立为省级文化遗产保护项目。

裕固族结婚程序分求婚、订婚、送亲、迎亲与婚礼仪式等部分。裕固族无论是否为自由恋爱，男方都需要请媒人前往女方家说亲，如果女方家同意，择日举行订婚仪式。订婚仪式上男方要为女方主要亲戚带来礼品赠送，女方家宴请亲友。婚礼分两天举行，第一天在女方家，女方家备宴款待来宾，在黎明前为新娘举行戴头面仪式，唱《戴头面歌》，为姑娘改变发式，戴上红缨帽，佩上胸饰和背饰及头面。天刚亮，男方家娶亲的人到达，新娘便面遮纱巾和伴娘一同骑马告别慈母，在父亲、叔叔、兄弟姐妹等家人簇拥下一路饮酒对歌，去新郎家。在经过"打尖"、踏帐篷、跨火堆、射箭等活动后，新娘进入帐篷休息。等客人们就座，新娘由伴娘陪伴进入大帐篷，举行交新娘仪式。这时由专人开始唱念祝词，结婚祝词在东部裕固语叫做"沙特"，西部裕固语中叫做"尤达觉克"，祝词从宇宙生成、天地形成开始诉说婚礼及其仪式的由来。仪式上新娘向新郎赠送略带一点儿羊毛的羊小腿作为结婚凭证。裕固族婚俗仪式复杂且富有民族特色，已经被列入国家级非物质文化遗产名录。其中部分环节所体现出的文化元素与周边青海海西蒙古族有相似之处。[①]

民族服饰是区分不同民族的重要标志，被认为是"族徽"。裕固族传统的民族服饰，男子一般穿高领左大襟长袍，长度相当于身长，系紫红色或蓝色腰带，腰间缀有腰刀、小佛像、鼻烟壶、酒壶、火镰、火石、旱烟袋等物，戴圆筒平顶锦缎镶边的白毡帽或礼帽，穿高筒皮靴或双鼻梁圆头靴。有些裕固族地区老人穿矮领白褐子镶黑边的长衫，衣襟下边开小衩，外套马蹄袖的短褂，左耳戴大耳环。妇女身着左襟高领长袍，长袍多为绿色或蓝色，长袍下摆两侧开衩，衣领、袖口、衩口、襟边用丝线绣有各种美丽的花边。外套短坎肩，一般用大红、紫红、翠绿等色绸缎缝制，系红、紫、绿色腰带，腰带两端垂于腰后两侧，上缀手帕、荷包等装饰。脚蹬长筒靴，头戴喇叭形尖顶白毡帽或用芨芨草制作的帽子。已婚、未婚妇女的标志是头部佩戴的饰物不同，未婚少女梳多条发辫，在额前带"肃布琪"，即在一条长红布带的上边缀各色珊瑚珠，下边缘是用红、黄、白、绿、蓝五色珊瑚和玉石小珠串成的许多穗，胸前戴方形胸饰"顺阔尔"，腰配香袋；已婚妇女佩戴长形的"头面"，即先将头发梳成三条大辫，两条垂胸前，一条在背后。头面也分三条系于发辫上，每条又分成三段，用金属环连接起来，上面镶有银牌、珊瑚、彩珠、贝壳等饰物，还戴一种尖顶红缨毡帽。

---

① 贺卫光、钟福祖：《裕固族民俗文化研究》，民族出版社 2000 年版，第 80 页。

　　裕固族的丧葬形式有火葬、土葬和天葬三种。1958 年以前，东部地区普遍实行天葬，西部地区以火葬为主，黄泥堡等地实行土葬。目前东西部地区均以火葬为主，个别地方实行土葬。

　　裕固族地区实行土葬主要分布在明花区的前滩乡和酒泉市的黄泥堡乡、北乡和丁家坝一带，以及康乐乡青龙片部分家族。土葬过程与汉族相同。在大河乡有个别氏族实行独特的偏腰土葬，与汉地土葬有很大差异。

　　裕固族的祖先在历史上曾信奉过萨满教、摩尼教、佛教等多种宗教。在公元 8 世纪中以前，回纥人就曾信仰萨满教。他们崇拜精灵，崇拜祖先，害怕雷霆，还应时产生了能预卜吉凶、呼风唤雨的男女巫师。后来，裕固族的祖先又先后信奉过摩尼教和佛教。13 世纪以后信仰藏传佛教。直到 1958 年，裕固族地区还有"艾勒者"，即萨满巫师在从事祭神求福驱鬼治病的宗教活动。[1] 时至今日，在裕固族地区虽然已没有了萨满职业者和典型的萨满教仪式，但萨满教的观念渗透在裕固人的日常生产、生活各个方面。萨满教信仰是裕固族信仰文化的重要基础。

　　敬奉"点格尔汗"。"点格尔"在裕固语中是"天"的意思，"汗"是"可汗"的意思。"点格尔汗"意为"天可汗"。裕固人认为"点格尔汗"能使他们避邪免灾，一年四季太平吉祥，供奉"汗点格尔"，是一种原始崇拜。所说的"点格尔汗"，就是一根细毛绳，上面缠有各种牲畜的毛穗和各色布条，下端是一个小白布袋，里面装有带皮和脱皮的五谷杂粮，供奉在帐篷内的上方右侧。

　　敬奉"点格尔汗"仪式，由"也赫哲"主持。"也赫哲"多为男性，有父子相传的，也有自发的。自发的"也赫哲"，就是有人某一天突然全身颤抖，自称"天神"附了体，即成为"也赫哲"。据说人们对自发的"也赫哲"比较信任。也赫哲的衣着与常人相同，只是头上留着一条长辫子，上面缠有许多绿、白、蓝布条，平时盘在头上。"也赫哲"平日参加劳动，信喇嘛教。

　　"也赫哲"敬"点格尔汗"的活动，一般每年进行两次。一次是从农历正月初开始，每家都必须请他，一家一天，直轮到二月初；一次是在立秋以后，但不一定每家都请。正月敬"点格尔汗"的活动比较隆重。其仪式是：在地上铺一红色毯子，上面摆九小堆粮食成花状，每堆粮食上放

---

[1]　陈宗振、雷选春：《裕固族中的萨满——祀公子》，《世界宗教》1988 年第 1 期。

一盏酥油铜灯。九个铜灯摆成三角形，灯缠绿、白、蓝三色布条。毯子的上方摆一个小方桌，上供一茇茇草扎成的草墩子，中间插着缠有布条的柳枝。祭典时，点燃酥油灯，同时，把柏枝点上让其慢慢地燃烧，散发出香味。准备一只绵羊（禁用山羊），由专人或"也赫哲"一刀刺入羊腹，立即伸手掏出羊心，名为攥羊心。然后将羊头割下，连同跳动的羊心一起置于盘中，放于九灯与草墩之间。随后用开水烫羊拔毛，取一半羊毛，塞入茇茇草墩中间。接着"也赫哲"开始祭祀，手持一把勺子，内放奶子、酥油，并不停地向上扬撒。口中念念有词地绕着地毯、小方桌和供品转圈子，众人跟随其后。"也赫哲"念经毕，随即将酥油灯推倒，仔细察看灯花，并根据灯花预卜这家一年中的吉凶祸福。若有祸事，"也赫哲"则告诫主人在某月某日请喇嘛念经消灾。仪式完毕后，羊心、羊头送给"也赫哲"作为酬谢，羊身一劈两半，一半由家人分享，一半送给请来的邻居亲友。祭典后的第二天清晨，由家人将茇茇草墩送往本家族中的固定地方。七天后将草地中所插柳枝上的布条等取回包好，敬供在神龛上方。每逢转移牧场搬迁帐篷时，用一条干净的毯子，把"点格尔汗"包好，放到一个洁净且位置较高的地方，待驮子搭好后，再把"点格尔汗"放到驮子的最上面。到了目的地，他们仍要把"点格尔汗"放在高处；待帐篷扎好，先将"点格尔汗"放好，再搬其他东西。

到裕固人家做客，不能持枪支、弹药、牧鞭、生皮、生肉进入帐篷。据说"点格尔汗"不喜欢这些东西，并忌讳俗人穿红衣，骑红马走近帐篷。

祭鄂博与神山信仰。祭"鄂博"，一般在春夏之交，具体日期各地不同。鄂博通常选址在高山顶、山岔或山坡处，人们用石头垒成圆形或方形的石墙，里外插上高大的用五六米长的松木椽子做成的木杆或木条，外围用羊毛绳把它们串起来。中华人民共和国成立前在裕固族的祭"鄂博"仪式上有萨满巫师即"艾勒者"跳神，喇嘛教僧人念经祈祷。20世纪80年代民间信仰活动逐步恢复后演变为只由僧人念经，萨满巫师"也赫哲"消失。裕固族地区的鄂博分两种，一种是献牲祭祀的鄂博，一种是敬洒牛奶、白酒忌荤腥的鄂博。过去，每户裕固人要一位家长去祭鄂博。献牲祭祀的鄂博，凡给鄂博许愿用的"圈神羊"，从小就不剪毛，长相要好，要精心管理，而且必须是青山羊或白山羊（均为公羊），并在"圈神羊"的右肩部用红、绿布条拴上做标记，等到小羊长到六七岁祭鄂博时宰掉。此外，在大山还专门设有鄂博台子，每年由部落派两名称作"会手"的人轮流负责准备工作。祭鄂博这一天，人们在鄂博上加一些新的木橛子，木橛的尖端缠有羊毛；人们还要就地举行简单的祭祀仪式。请僧人念经，先在"圈神羊"的头上抹些酥油，再往羊头、羊身上浇水，在羊全身颤抖时宰掉。羊肉分给大家，喇嘛分头脖子，其余参加者每人一份。而忌荤腥的鄂博上，人们煨桑只用柏树枝末、茶叶、红枣、白糖、炒面，向天地敬洒牛奶、白酒，不宰牲也不带荤腥食品去鄂博处。

藏传佛教。裕固族信仰藏传佛教格鲁派。中华人民共和国成立前裕固族地区共有九个寺院，有的寺院建筑宏伟，历史悠久，有塑绘的神像和藏文经典。每个部落都有自己的寺院，故有"什么寺属什么家（部落）"的说法。在裕固族群众日常生活中，从降生开始便与藏传佛教发生着联系：婴儿出生后取名、三岁举行剃头礼、婚礼仪式上的祈福、葬礼中的祈祷均由僧人主持或参加完成；家中发生变故或多有不顺也要请僧人卜算禳解；牧民每年祈祷生产丰收、家人平安要请僧人念平安经；祭祀山神、水神要请僧人主持，等等。宗教信仰是裕固族文化的重要组成部分，而藏传佛教能够在裕固族地区长期流传的一个很重要的原因是其苯教基础。苯教的万物有灵观念、对自然的敬畏、对各种神灵的崇拜及其仪式与萨满教同出一源。因此，在裕固族民间文化中萨满教和藏传佛教相互妥协又互相融合，形成了裕固族独特的信仰文化。

裕固族民间文学种类繁多，体裁多样，有神话、传说、生活故事、寓言、童话、笑话、民歌、民谣、谚语、谜语、民间长诗等。民间口头创作形成于民众中间，记录了裕固族历史、生活，表达了裕固族人民丰富的感情。裕固族民间文学的历史功能和教育功能十分突出。裕固族在历史上很早就失去了本民族的文字，因此，民族的历史记忆依赖口口相传的民间文学来传承。裕固族民间传说《裕固人东迁的故事》，民歌《西至哈至》、《说着唱着才知道》、《路上的歌》等，反映了明朝中后期裕固族先民撒里畏兀尔人东迁的历史事实。《萨里玛珂》、《黄黛琛》等则记述了历史上两位裕固族妇女的婚姻故事。再如《阿木兰汗的传说》、《圣洁的婚礼》等反映了历史上撒里畏兀儿人与其统治者蒙古人之间的一次重大的通婚事件。这一政治婚姻事件也反映在今日裕固族婚礼中仍在流行的婚礼祝词《尧达曲格尔》及史诗性故事《沙特》中。其他反映历史的民间文学作品有《陀螺王与骆驼城》、《西藏取经》、《长毛喇嘛》、《红湾寺的由来》、

《裕固族头目都姓安》、《裕固族最后一个大头目》等，都不同程度地反映了裕固族历史。

裕固族民间文学另一突出的功能是它的教育功能，而且尤以家庭伦理道德最为突出。关于家庭道德的民间故事《卡拉莫台的女儿》，讲述了受后娘虐待的女子的不幸遭遇，最终狠心的后娘受到了惩罚。民间故事《阿丹索和古典索》讲述了狠心的丑姑娘屡次加害美丽善良的两姐妹最终自作自受不得善终。通过民间文学的教育功能，教育人们正确处理类似的家庭问题。如《兽心兽食》、《萨尔莫拉》和《兄弟俩》都讲述了重组家庭中不同血缘兄弟俩所受到的不公正对待及他们的不同结果。另外一些民间故事如《狠心的老头子》、《雅当姑娘》等则讲述了不同类型家庭中的不公正待遇，教育人们要公正地对待家庭中的每位成员。

裕固族是一个以畜牧业为生的草原游牧民族，故草原生活、游牧文化成为民间文学一个十分重要的主题特征。民间文学中几乎草原生活的各个方面都有涉及，如在民歌类型中，就有畜牧业生活的民歌如《牧歌》、《奶幼畜歌》、《割草歌》、《擀毡歌》、《打酥油歌》等。而民间故事传说则都是以游牧生活为背景，直接或间接地反映了游牧文化。民间大量的谚语、谜语都是千百年来裕固人对游牧生活的概括、总结，都与游牧生活息息相关。①

肃南境内除裕固族外还生活着藏族、蒙古族等共 13 个少数民族。肃南县的藏族主要居住在马蹄藏族乡、皇城镇、祁丰藏族乡及大河乡水关片，使用藏、汉两种语言，多信仰喇嘛教。在肃南境内的藏传佛教寺院有马蹄寺、文殊寺、西藏寺、沙沟寺、西水转轮寺、善法寺等。居住在马蹄藏族乡的藏族与青海安多、西藏阿里地区的藏族有密切的关系，一部分吐蕃时期就生活在祁连山区，一部分从西藏阿里辗转到嘉峪关以西由兵变民迁到祁连山驻牧，一部分从三江源流域逐渐向西迁徙后定居甘州南山。所使用的藏语属安多方言、天祝华锐小方言。据史料记载，祁丰的藏族原居西康，元时征战到此，后变兵为民定居此地，史称"东乐克"（东纳）部族，中华人民共和国成立前属酒泉县辖。所使用的语言属藏语安多方言，保留不少古拉萨语词汇和发音。居住在皇城镇的藏族中铧尖片操安多方言华锐小方言，泱翔藏族使用的藏语为安多方言青海瓦彦语。② 马蹄乡藏族

① 贺卫光：《裕固族民俗文化研究》，民族出版社 2000 年版，第 160 页。
② 甘肃省肃南裕固族自治县地方志编纂委员会：《肃南裕固族自治县志》，甘肃民族出版社 1994 年版，第 109 页。

以从事畜牧业为主，兼种饲草，因此其文化与生计模式紧密相连，饮食以奶食为主，辅以肉和面食，信仰藏传佛教格鲁派，敬仰"三宝"，行"十善"，戒"十恶"。婴儿出生三天后用柏树枝、香麻熬制汤水进行擦洗，清除污秽并在头顶处抹一点酥油，出生七天后在肚脐上放麝香，一月后请活佛、僧人或长辈为小孩取乳名。孩子三岁时，举行剃头仪式，藏语称"嘉敦"，第一剪由舅舅开始，并赠送一只羊或一头牦牛，仪式过程中诵念祝词祝愿小孩"能活一百岁，能骑百匹马，能穿百件衣，万事都成功……"。婚礼分提亲、定亲、娶亲、迎亲、交人等过程，隆重而热烈，彰显了藏文化的魅力与特色。马蹄乡藏族的丧葬形式有天葬、土葬、火葬几种。马蹄藏族服饰特色较为鲜明。男人的服饰有两种，长领和短领，长领为舒袖右开大襟的长袍，穿时提起腰际间的衣服，使前后衣襟与双膝齐，系腰带，腹前、腰后形成一个怀兜。短领为齐腕长袖开右襟，小衣襟下带衩，衩边用五彩线锁边，胸前有纽扣，平时穿短领，外出和有重要活动穿长领。男帽有呢制礼帽、羔皮帽、金边帽、狐皮帽。女装为圆领长袖右开大襟长袍，系红、绿、紫红色腰带，腰带两头垂腰后，衣服颜色以天蓝、藏青色为主，用织锦缎、氆氇、水獭皮、羔皮、牛犊皮等镶边，长袍内着纯白、藏青等色彩艳丽的衬衣，下穿长裤，脚登单梁尖鼻高筒皮靴或绣花尖鼻布鞋，鞋帮绣花。妇女的单衣是用褐子织成的白色长袍，领口、袖口、衣襟上都用黑布镶边，红布条压边，用黄、白、红、绿几种彩线钩出纵横各三道线条。女帽有"帽缨子"即用白羔毛擀制而成形似礼帽，帽檐宽大镶黑边，帽顶缀红缨穗子。女孩八九岁开始梳小辫子，发辫系上白毛线穗子，穗子上饰以珊瑚等；十三岁戴有红缨的帽子到出嫁时换上缨子遮住帽檐和前额的"楚夏"。头饰分左右两条系在背后的发辫上，以红布为底黄布压边，带子中部自上而下缀有十三个海贝磨制而成的圆形贝壳，两条带子相对称，中间相连，带子上端入发辫，下端缀红缨穗子长及脚后跟。泱翔藏族妇女腰挂宽约20厘米的绣片，图案精美，富有特色。祁丰藏族中流传的婚礼曲、哭嫁歌，民族特点浓郁；泱翔藏族和马蹄西水民间流传格萨尔传说、藏族传统民歌等，内容丰富，形式多样。

　　居住在肃南县白银蒙古族乡的喀尔喀蒙古人，是成吉思汗亲孙忽必烈的第十五世孙和巴图孟的直系后裔，是尼鲁温蒙古世系。为逃避沉重赋税、劫掠、自然灾害与国内动乱在20世纪初叶自北方逃难到裕固族聚居地方。白银蒙古族所用语言属蒙古喀尔喀方言。白银蒙古人能骑善射，擅摔跤。在服饰上，冬装多为光板皮衣或以绸缎、棉布做衣面，夏季穿布衣，长袖大袍，颜色多用红、黄、深蓝色，用红、绿色绸带做腰带，腰佩腰刀，刀鞘装饰精美。男子喜戴蓝、黑、褐色的帽子，女子用红、蓝色的布条缠在头上，冬季戴圆形棉帽。

蒙古族性格豪放、粗犷、开朗。他们热情好客，待人诚恳。到蒙古族人家做客时，主人一般不行脱帽礼，请让客人只以右手在胸部微微鞠躬，左手指门，请客人先行。

蒙古族的婚礼既隆重又独特，一般大多在腊月或正月间举行，青年男女经过家长说媒定亲之后，姑娘除梳一条大辫子外，还要在前额两边各梳6条小辫，这标志着已经定亲待嫁了。双方选定吉日后，分别邀请各自的亲朋好友。举行婚礼那天，来宾们都要穿上漂亮的衣服，骑上高头大马，带着礼物去新娘家祝贺。新郎迎亲都是傍晚启程，他们带着弓箭、食品和礼物，骑着骏马。行前，新郎要把一只灌满了酒的小白瓶子藏在马鞍下或马鬃里面。新郎和迎亲队在黑夜中到达新娘家。在女家经过通宵达旦欢乐后，次日凌晨，迎亲队接迎新娘回程，由女方宾客组成的送亲队伍也一同前往。娶亲到家后，新娘、新郎还要拿着马鞭，双双通过两堆旺火，表示爱情坚贞不渝，也隐含着纯洁、避邪和兴旺之意。

蒙古族认为黑色是不祥的颜色。在饮食上，蒙古人忌食虾、鱼、海味等食品。忌讳别人（包括客人）骑着马在蒙古包门口下马，忌讳手持马鞭进入毡房，也忌讳骑马闯进羊群。蒙古族过春节叫"自日"。这是蒙古族崇拜蓝色和白色的缘故。擅制奶食，种类花样较多，有奶豆腐、奶疙瘩、奶干、酥油、酸奶等，喜饮炒米奶茶。当地蒙古族居圆形蒙古包，民间流传的蒙古长调富有特色。他们信仰藏传佛教格鲁派，本地没有蒙古族寺院，信教牧民大部分去青海塔尔寺或甘南拉卜楞寺开展宗教活动。

二 现代化发展对传统文化的冲击

现代化的潮流对以游牧生计模式为基础的裕固族传统文化带来了全面的冲击。在以国家层面的游牧民定居、生态移民等政策外力和以牧民自我发展需求的内力共同作用下，裕固族传统文化也处在前所未有的大变局中。现代化进程中首当其冲的是裕固族传统的游牧生产方式。20世纪中叶的合作社、公社化等运动改变了裕固族传统的游牧生产及其组织结构，其后 20 世纪 80 年代的包产到户将传统的牧场以固定界限划分到家庭，再次重构了游牧生产方式。因此，裕固族传统游牧生产方式自 20 世纪以来已经历经数次重大变迁，而进入 21 世纪以来的游牧民定居工程和出于生态保护目的的生态移民政策又以外力将牧民搬离牧场，使其迁到集镇定居，牧民或转行从事农业或商业，或在定居点舍饲养殖，与牧场、游牧脱离。这是裕固族传统游牧文化所依存的外部环境的彻底变革。

语言作为思维的符号和文化的载体，更作为交流的工具受现代化冲击尤甚。首先是现代传媒的发展。由于本民族文字失传，裕固族自 20 世纪 50 年代开始普遍使用汉文，因此现在即便是在偏远的牧场都安装有电视，从幼儿喜爱的动画片、青年人喜欢的言情剧、韩剧到老年人喜爱的历史剧、综艺节目、纪录片等无一不是以汉语为传播语言，广播、报纸、书籍均为汉文。其次是现代教育的普及。肃南裕固族自治县 1997 年完成"普九"，这除了意味着教育事业的发展外，另一方面，学生进入学校学习汉文、使用汉语普通话，使用母语的机会减少。寄宿制学校的增加使家庭的语言传承功能下降，从而整体上改变了语言传承的传统链条。再次是人口流动。现代化最大的特点之一便是人们的流动加剧。从自治县人口的民族构成来看，1990 年全县共有 9 个民族，2012 年增加至 13 个。在本地人口外流、外来人口增加、居住相对集中等综合因素影响下，人们日常购物、交易、处理公务、办理社会事务均处于多民族环境，只能使用汉语进行交流。因此，裕固族语言的使用场合急剧萎缩。尽管在幼儿园开设裕固族语言课程、在少儿中举办传统民歌合唱团、在牧区开展裕固族记音符号的教学等活动引起了民众对保护本民族语言的重视，但作为一项国家级非物质文化遗产，一种民族特有思维方式、文化意识和想象力的载体，裕固族语言正处于式微状态是无可辩驳的事实。当地一位民族文化工作者说"目前除了学校外，没有一个机构承担语言传承方面的工作，我们单位（裕固族文化研究室）也只能开展一些民间故事、民歌等的挖掘和收集，没有人员和经费方面的能力开展语言传承方面的工作。目前也没有做过裕固族语言使用情况的普查，而在民族内部，老人们都去世了，'80 后'、'90 后'的孩子们都不说了，语言环境也没有了，语言在慢慢地消失"。

不仅裕固族，其他少数民族也面临着同样的问题。在本调研组赴马蹄乡调研的座谈会上，该乡党委书记谈到"在我们这里 50 岁以下还会说藏语的人除了藏族聚居的牧区西水还有之外，其他地方说藏语的人很少很少"。

与语言消失相伴的是民间文学濒临消亡。裕固族有着种类齐全、内涵丰富的民间文学，有关于宇宙起源的创世神话、关于民族历史文化来源的史诗、反映民族历史的传说、充满智慧的寓言、含义深刻的谚语、机巧智慧的谜语等，随着裕固族语言的消失，这些民间文学也处于迅速消亡的危机中。那些收集整理出版的民间话语材料、民间故事集等都将成为仅存于书本的"死"的民间文学。

在现代化的冲击下，裕固族传统的居住、饮食、服饰、丧葬及节庆文化也都在发生着迅速的改变。20 世纪 80 年代，裕固族牧民除冬季居住在土坯房，其他季节都住在用牛、羊毛织成的帐篷里。但 2013 年 8 月笔者调研时看到的已是完全不同的景象：牧民的夏、秋季牧场上都搭建起了活动板房，里面放置简单家具，搬迁时留下等来年再使用。他们在乡镇、县城都购买了楼房，已随时可以入住，居住的现代化和城镇化都已基本成为现实。裕固族传统饮食为酥油、炒面、乳制品辅以肉食，制作方法简单，蔬菜摄入较少，更不善烹制复杂菜肴。但笔者调研中发现，在牧区已经鲜有牧民挤牛奶、制作酥油和其他乳制品，奶茶所用牛奶多为市场购买的袋装牛奶。居住在牧场上的牧民们定期到集镇购买蔬菜，除早晨饮茶外，其余两顿或做面片、面条、拉条子等面食，或做米饭炒菜。一些裕固族传统的食品如裕固族煎饼、酥油搅团等已经很少有年轻人会制作。裕固族传统服饰已经完全礼服化，只有在节日或庆典中穿着，其余时间无论男女均着短装，样式、面料均紧跟流行潮流。交通现代化也在裕固族地区成为现实。当前牧民家中一般都有 1—3 辆车，包括货车、轿车或多辆摩托车。马作为交通工具的功能已经完全消失，大都成为投资对象，即加入俱乐部或协会参加赛马获取奖金或者用于交易。

我们一方面为牧民们生产生活条件的现代化而欣欣鼓舞，另一方面又为传统文化的消失而忧心忡忡。

三　传统文化的保护及成效

裕固族的先民回鹘人在早期使用古代突厥文字，后来在粟特文的基础上创建了回鹘文，在 9 世纪回鹘西迁后广泛使用，流下了大量用回鹘文记录、翻译、创作的文献。直到公元 17 世纪，裕固族还在使用古老的回鹘文。13 世纪以后，回鹘文、蒙古文两种文字在裕固族的祖先中并行使用。由于裕固族信仰藏传佛教，因此藏文也是裕固族曾经使用过的文字，20世纪开始逐渐使用汉文至今。

阿尔泰语系包括突厥、蒙古、通古斯满三个语族，阿尔泰语言主要分布在中国、俄罗斯、蒙古以及西南亚、东南欧的一些国家。裕固族语言分东西部两种，其中裕固族东部地区的语言属于阿尔泰语系蒙古语族，裕固族西部地区的语言属于突厥语族。苏联著名突厥语言学家马洛夫（C. E. Malov）将西部裕固语言归入保存古代突厥语特点较多的"上古突厥语"，并指出它是回鹘文献语言的"嫡语"。东部裕固语是蒙古语族诸多语言中最接近蒙古语的一种语言，保留了中世纪蒙古语的许多特点。西部裕固语 1—29 基数词倒阶梯形的古老形式、东部裕固语中世纪蒙古语许多特点的保留等使两种裕固语均具有独特的语言学价值，自 20 世纪初以来就受到了中外学界的广泛关注。东部裕固语中有许多和突厥语言有或大或小共同点而跟蒙古裕固族其他语言不相同的词语，有大量的藏语借词，东西部裕固语中都有数量较多的汉语借词，有些地区，60 岁以上的裕固族人均能听懂甚至会说藏语。

随着人口流动加速、文化交流增加以及现代生产生活方式的推动，裕固族语言的使用频率在下降，越来越多的人不会说母语。2010 年裕固语在《国家民委关于做好少数民族语言文字管理工作的意见》中被列为九个"正处于濒危状态的弱势少数民族语言"之一。在聚居区，民族语言流失的严峻形势也得到了地方政府、社会各界特别是精英知识分子的重视。2005 年初自治县成立了裕固族文化研究室，深入民间抢救、挖掘和保护裕固族语言和历史文化，定期出版具有研究价值的内部刊物《尧熬尔文化》，出版《裕固族原生态民歌档案》等书籍和光盘。

肃南县教体局制定了在肃南县开展双语教学的指导意见。按照"统筹兼顾、突出重点"的原则，正确处理好课程开设、课堂教学中母语学习与汉语和外语教学的关系。积极向省教育厅争取，将"双语"教材纳入免费教科书，利用本民族教师资源，开展裕固语、藏语和蒙语教学。幼儿园每周开设 2—4 节民族语言口语课，中小学每周开设 1—2 节民族语言课，使少数民族儿童青少年尽量掌握本民族语言，学习运用母语进行日常交流对话。县幼儿园还编制了裕固族语幼儿教学用书和配套光盘，较好地传承了本民族语言。

2010 年肃南县裕固族文化研究室开办了"少儿裕固语培训班"，2012 年与兰州大学文化行者社团联合举办"少数民族儿童语言传承计划"，全国首个以裕固族语言和民歌传承为目的的合唱团——"花儿朵朵：裕固族民歌童声合唱团"培训班在肃南一中举办，获得社会各界积极肯定。目前已经连续举办两期，在当地引起了少年儿童学习民族语言的热情，也引起国内媒体的广泛宣传。

2011 年开始，肃南一中举办了裕固语演讲比赛，迄今已举办到第三届。2013 年 7 月 18 日肃南裕固族文化研究室与肃南一中联合举办首届"裕固族文化进校园师资培训班"。肃南一中校长就此讲道："目前先进的理念我们都能够接受，但差距在于做法。同时，通过学生参与收集整理民间故事的过程使他们与传统民族文化有了联系，与自己的民族有了亲近感。教学没有统一的标准是首先面临的问题，没有检查和督导落实起来还是有困难。此次我们办师资培训班也是想借机增强教师们传承民族文化的自觉意识。比如历史老师，在课程讲授中可以将民族历史贯穿在教学过程中。将民族文化的内容补充到国家课程中，老师们如果有了这一点意识那还是不错的。但又涉及没有评估标准，对学生、对老师都无法进行有效的评估。通过我们这几年搞的这些活动，孩子们从过去的无所谓到在唱歌跳舞中意识到是在传承文化。今年第三届有位学生展示了祭鄂博的场景，那些语言的使用能力是我们所不及的，可以明显感觉到孩子们在展示中表现出由衷的自豪感，学校做了必要的引导，使孩子们对民族文化的参与、关注更加自觉和主动。而且在学校的竞赛活动中学生们展示的形式也越来越丰富，从最初的自我介绍、简单对话到现在展现仪式场景、情境表演、相声等，语言能力和参与度都有了极大提高。当然，开展语言教学最有利的就是学前阶段，既没有课业负担，又无考核负担。我们曾建议幼儿园增加语言教学课时，但必须考虑现有师资队伍的建设和以后的可持续性，形成一种培养老师队伍的良性机制。到小学只要有（学语言的）需求，凭借民族县的条件应当满足。连续学习到小学三年级，把语言学标准了，那么等以后长大再巩固就有一个良好的基础。"

在马蹄藏族乡，自 2010 年开始由民间组织"藏文化保护协会"发起，编写藏语课本在各村开展了藏语、藏文培训活动，在小学开展双语教学。在祁丰藏族乡学校也开设了双语教学课程，迄今开展已两年有余。

本次调研中，关于"如何评价民族地区的双语教学效果"的问卷回答，29%认为很好，22%认为好，33%认为一般，12%认为不好，1%认为很不好，3%未做回答。据此可以认为肃南县的双语教学效果还是被基本认可的。当然这个认可还比较勉强。而在对于"双语教学效果不好的主要原因"的回答中，50%的人归因于缺少双语教师，12%的人归因于主要是汉语教学的冲击，20%的人归因于政策支持不够，2%的人回答是"其他原因"，16%的人未回答。关于"其他原因"的解释，一份答卷注明的是"语言环境决定了语言的学习使用"。

为挽救民族传统文化的快速流失，肃南县将裕固族传统文化保护工作纳入党委政府的目标责任书。县政府每年确定1—2个目标，要求文化主管部门和有关单位，专门就民间传统文化保护工作进行深入调查研究，确定工作目标和重点，由人大、政协监督。并相继成立了裕固族文化研究室、县文物局、马蹄寺文物保护管理委员会和管理所、文殊山石窟群文化保护管理所、明花乡文物保护管理所等保护机构，成立了由县委、县政府分管领导担任组长、文化单位有关人员组成的肃南裕固族自治县非物质文化遗产保护领导小组，积极开展裕固族非物质文化遗产的挖掘、整理和保护工作。经过努力，目前裕固族民歌、服饰已经列入甘肃省非物质文化遗产保护项目，裕固族语言被列入国家非物质文化遗产保护项目。发现不可移动野外文物200多处，其中已确定国家级文物保护单位2处；省级文物保护单位9处；县级文物保护单位30处；未定级100多处。馆藏文物2005件，其中一级文物33件；二级文物116件；三级文物84件。

在民族民间文化保护基础设施建设方面，肃南县委、县政府先后筹资700多万元建起了集民族文化征集保护、挖掘研究、宣传教育、整理创作为一体的宣传文化中心、民族歌舞团综合大楼、裕固族歌舞演艺厅等。与此同时，县委、县政府积极鼓励举办民间民俗文化活动，近年来，由文化单位组织，多次举办了"夕阳红"原生态民歌大赛、业余民族歌手大奖赛、民族赛歌会、民族服饰表演、传统民族服饰展览等活动，并倡导民族干部入场着民族服饰，节庆日倡导群众着民族服饰。各乡镇也以牧民为主体，举办了以赛马、传统民歌演唱、民族歌舞节目表演、祭鄂博等活动为主的裕固族民间文化艺术节、文化周等活动。

目前，民族文化遗产保护和传承也面临着很大的困难。首先因地域广阔、交通不便，普查工作相对其他地区所需资金投入大、战线长，一些珍贵的实物征集困难，严重制约了文化遗产普查征集工作的深入开展。其次从事文化遗产保护工作的专业人才匮乏。由于很多保护项目需要精通裕固族语言、民俗及保护工作的专门人员来做，受经济利益驱使和对传统文化认识的不足，愿意做传承传统文化的年轻人少之又少，即使有一些愿意的，也只是作为业余爱好，对裕固族传统民歌、语言、习俗等都是一知半解，缺乏系统的、全面的知识。因此，开展系统的传统遗产保护和传承困难很大。

四　基于特色文化的旅游业的发展

肃南旅游资源的种类丰富，有以祁连山为代表的地文景观，以"七一"冰川为代表的水文景观，以康隆寺狩猎场为代表的气候生物景观，以马蹄寺为代表的历史文化遗产，"炒面奶茶手抓肉"为代表的饮食文化，以及淳朴的裕固族民俗民风。

优质的生态资源

肃南裕固族自治县大部分位于祁连山地，地势自南向北呈带状起伏。由于祁连山强烈的褶皱隆起和走廊地带的大幅度沉降造成了南部山地和走廊平原两大地貌单元。特殊的地理位置和复杂地貌，形成了高山峡谷、河流湖泊、沙漠戈壁、雪山冰川共存。境内祁连山主峰——素珠莲峰，海拔5564米，其中祁连山最大的冰川——"七一"冰川面积3平方公里，平均厚度80米，最大厚度120米。2013年在肃南县大河乡境内发现了新的离城市最近的冰川资源。

祁连山国家级自然保护区70%的面积均位于肃南县境内。野生动物资源丰富，珍稀动物19种，有国家一类保护动物白唇鹿、雪豹、野驴等；二类保护动物有马麝、蓝马鸡、马熊等；还有猞猁、盘羊、岩羊、马鹿、狼、野牛等。

肃南县特殊的地理位置和复杂的地貌，构成了其局部复杂的大气运动及水热变化的特征，由北向南处在蒙新大陆性气候区和青藏高原高山气候交接带，既有温差大、四季分明的大陆性气候特点，又具有水热显著的垂直地带性变化的高山气候特点；既有夏季降水集中的季风性气候特点，又有大陆性气候特点，形成了水热在水平和垂直两个方向变化的立体气候，年平均气温3.6℃，冬暖夏凉，适宜避暑休闲。山地多以半湿润山地草原气候和湿润高寒气候为主，草原植被覆盖良好，祁连山高山草原被《中国国家地理》杂志评为中国最美的六大草原之一。天然植被共 4 门 71 科302 属 706 种，中药材有冬虫夏草、雪莲、锁阳、黄芪、大黄、黄连、香茅草等。境内森林资源以青海云杉和祁连圆柏为主。境内主要河流分布有石羊河、疏勒河、黑河三大水系，总流域面积 21462.2 平方公里，有大小河流 33 条。主要河流有西营河、东大河、西大河、大都麻河、酥油口河、梨园河、马营河、丰乐河、洪水坝河。矿藏已初步探明的有 27 种，金属矿有铁、铜、钨、钼、铅、锌、锰、铬、金、镍、锑、铝、银、汞；非金属矿有石灰石、萤石、白云岩、黏土、石膏、石棉、硫、石英砂、磷、玉石、芒硝、重晶石、硅石、大理石、花岗岩、蛇纹岩、高岭土；能源有煤、石油。[①]

马场滩位于康乐乡马音村、康丰村交界处，是祁连山自然保护区。这里林草繁茂，松柏常青，地势平坦，夏季山清水秀，绿茵连天，牧草丰美，野生动物出没频繁，九排松风光怡人，裕固族风情景点接待别具风格，是观光旅游、消闲避暑的好去处。

白银丹霞地貌、彩色丘陵、石林地质风光区，面积 200 多平方公里，以"险、奇、秀、美"的自然景色称著于世，面积之大冠全国之首，极具科考价值和观赏价值。景区具有粗犷、色彩艳丽、雄浑壮丽的外貌，气势磅礴。其造型有的像一群仙女联袂歌舞，有的离群独立高耸入天，有的壁立如屏，有的像将军运筹帷幄，有的像身披袈裟的高僧盘坐于山隅歇息，千姿百态、形神各异，可谓鬼斧神工，具有独特的地貌风光。

康隆寺国际狩猎场，北起冷吉河大岔，南到小兰边顶，东起南泥沟，西至鸡儿沟西梁，占地面积 5 万多亩。地势西南高、东北低、山峦重叠、沟壑纵横，平均海拔 3000 米，年平均气温 1—3℃，无霜期 70—120 天，日照时数 2683 小时，年降水量 250—350 毫米。山地阴坡林木参天蔽日，草场属草甸草场，树种为青海云杉和祁连山圆柏。林间草地有大量野生动物，主要有马鹿、白唇鹿、獐、熊、猞猁、雪豹、貂、青羊、雪鸡、兰马鸡、松猪、松鼠、猫头鹰、啄木鸟、旱獭、兔子、林岭雀、雪鸽等 60 多种。狩猎区内野生植物共 3 门 61 科。自然风光优美，夏有滔滔林海，茫茫草原，碧绿如毯，繁花似锦；冬有皑皑白雪，银装素裹，景色壮观。居

---

① 《肃南裕固族自治县概况》编写组：《肃南裕固族自治县概况》，民族出版社 2009 年版，第 175—177 页。

住在这里的东部裕固族，有其传统的习俗、语言、服饰、饮食和民族艺术；其生产、生活和待客方式都具有浓郁独特的民俗风情，这里不仅是天然狩猎场，更是一个集人文景观、自然景观、民族风情为一体的高山旅游区。

多彩的人文景观

肃南全县境内有各个时期的重点文物保护单位 19 处，其中有石窟、寺庙、古城遗址、古墓葬群、摩崖石刻、红西路军征战遗址、博物馆等。

马蹄寺石窟群历史悠久，开凿于东晋十六国北凉时期，距今已有1600 年的历史，经历代开凿，建筑包括千佛洞，马蹄（南、北）寺，上、中、下观音洞和金塔寺。尤以金塔寺雕塑飞天艺术表现独特，全国罕见，形成了一定的规模和独特的艺术风格。据文物考古学家断定，马蹄寺尚存石窟 70 多个，其中北朝 9 窟，隋 1 窟，西夏 3 窟，元 19 窟，明 2 窟，其余皆清代遗迹。在石窟构造的建筑艺术上可见到与莫高窟相同的内阵外阵的形式；内有佛殿，外有回廊。马蹄寺石窟群系省级文物保护单位，1984 年肃南县人民政府批准开放。寺院由南寺，北寺，三十三天，千佛洞，上、下、中观音洞，金塔寺，转轮寺等七处组成。寺院建筑，石窟石塔，自然景观分布在 100 多平方公里的区域内。这是马蹄乡藏族的一座寺院，这里的藏族历史上叫拉琼十四族，俗称"东南十四族"。

寺院的第一个修建者是琼察格西拉丹，大经堂建于明永乐元年（1403）。这里一度佛教兴旺、僧人达五六百人，出现过不少精通佛法教义的高僧大德。该寺第一世阿其堪布进西藏求学，经典学业出众，荣获西藏三大寺最高法相品位格丹赤巴宗喀巴金座法位，获得转世系统。寺院中有不少稀世珍品，世称精品"五佛"自生的绿松耳石的绿母菩萨、贝壳镶嵌的观世音菩萨、红珊瑚组成的金铜马头明王，檀香木的三宝佛，11 米多高的弥勒站佛。还有相传几代的黑金大铂，藏语叫"藏隆更强"，据说只要拿起来相互一击，世界任何一个地方都会震动。大小佛像不计其数，仅鎏金铜佛就达 40 余尊。"甘珠尔"、"丹珠尔"藏文大藏经等共有2500 多部。

由于上述原因，马蹄寺曾引起历代朝廷的器重：明朝朱棣皇帝下旨赐马蹄北寺为普光寺；宣德二年（1427），朝廷赐田地、草场给马蹄寺，石碑上刻有田地、草场的四址界限，此石碑现仍保存在寺内。清朝时，康熙皇帝赐马蹄南寺为胜果寺，赐金镶紫檀木佛塔一尊，亲书"青莲筏"三字匾额一副，加银马鞍等。乾隆帝给寺院赐龙袍一件（后两件文物至今保存在县博物馆内）。

过去寺院中的各种建筑金碧辉煌，星罗棋布，南、北寺都有规模宏大的竭山顶大经堂、护法楼；南寺还有密宗院，土观活佛和阿其堪布前、后两院的大衙门等。

这里雪山环绕，森林茂密、气候宜人，南寺、北寺依山傍水，不仅是佛教圣地，又是旅游风景胜地。历史上南寺叫胜果寺，北寺叫普光寺。

康隆寺位于康乐乡大草滩村，始建于清康熙年间，藏文称"签高贡巴"，意为马头寺，规模居裕固族藏传佛教格鲁派（黄教）十座寺院之首。十三世达赖喇嘛曾赐执照。1937 年 3 月，被国民党马步芳部队纵火烧毁。1939 年，由艾罗千户操持重修。康隆寺在河西走廊藏传佛教寺院中气势最为宏大，故为祁连深山一大胜景。该寺在香火鼎盛时期，有僧众500 余人，仅大经堂就可容纳 500 僧人同时就座诵经。1958 年反封建斗争中被拆毁。1982 年复设宗教点，1995 年成立寺管会，筹备重修康隆寺，请贡唐仓活佛卜封选定了寺址，向南移动 1500 米。经过 9 年的努力，康乐、皇城的群众自愿集资，修建经堂 7 间。现有镀金佛像、唐卡、经轮、经文等法器 140 多件（册），于 2004 年 11 月 4 日举行开兴大典。该寺所供的尧敖尔护法神，与其他黄教寺院有所不同，此外，另有一尊王子护法，亦称"赞旦镀金佛"，显得特别尊贵。相传昔日有一王子，虔信佛教，功德甚伟，死后就地成为神灵被供奉于该寺。寺院四周林木茂盛，草原景色秀丽，牧民帐篷如天女散花，公路直达，交通方便。

此外，号称"小西天"、肃州八景之一的西山古刹——文殊寺，也自有风格，包括千佛洞、万佛洞、大白楼、百子楼、玉皇阁、元太子碑等。

石窝会址纪念碑，坐落于康乐乡红石窝村。1986 年 8 月，为纪念1937 年 3 月 14 日红西路军在此召开的生死攸关的石窝会议而修建。纪念碑置于层峦叠嶂的石窝山，东临峡谷，北靠悬崖，南望黑河，西面雪坡，巍峨于山巅，高 5.2 米，分三层建造。一层为 0.5 米，二层为 0.9 米，三层为 0.3 米，分别象征红西路军五军、九军、三十军，碑身为中国工农红军军旗造型，象征党领导的工农红军浴血奋战把红旗插上祁连山，寓意于人民江山万代红之意。现为爱国主义教育基地，交通便利，周围景色独特，是瞻仰、游览的理想之地。

夏日塔拉风情园景区位于肃南县城东南 325 公里处皇城镇，南与青海省门源回族自治县毗邻，北接武威市和永昌县，东连天祝藏族自治县，西靠中牧山丹马场，东西长约 95 公里，南北宽约 72 公里，总面积约为 3972 平方公里。境内居住着裕固、藏、汉、回、蒙古、土、满 7 种民族，境内大部分地区属湿润山地草原气候，海拔 2500—4500 米，年平均气温 1—2℃，无霜期 70—120 天，年日照时数 2211 小时，年降水量 320—400 毫米。境内主要山峰有冷龙岭、大红山、盖掌达坂、黑山顶、龙潭掌、金瑶岭等。主要河流有东大河、西大河、西营河等。境内牧草繁茂，草原总面积 456 万亩，2897 平方公里，可利用面积 334 万亩，2115.27 平方公里，大体属高山灌丛草场、草甸草场和草原草场，是甘肃省的著名草原之一。

历史悠久的文物古迹和风景名胜有皇城（又名斡尔朵、皇城滩），元朝永昌王曾建避暑宫于此，故名皇城，属省级文物保护单位。石佛崖石窟，1981 年被列为省级保护单位。永昌王妃墓（俗称娘娘坟），位于泱翔境内，始建于元代末年。另外，还有庙尔沟、上石桥、皇城水库以及河西走廊最大的藏传佛教寺院沙沟寺等风景名胜区。

独特的民俗风情

裕固族是全国唯一聚居在肃南的少数民族，承载了古丁零、匈奴、突厥、回纥等古老民族坚韧豪放的民族特性，历经数度大迁徙，秉承了北方草原游牧文化，融合周边民族优秀文化元素，形成了独具特色的民族风情，也积淀了魅力独具的民俗习惯。其逐水草而居的生产方式，毡帐为穹的居住文化，独特的民族服饰，别具一格的饮食文化，古老的祭鄂博仪式，遍布各地的寺院和独具特色的藏传佛教信仰，独特的剃头礼、婚礼等人生礼仪，底蕴深厚的原生态民歌，丰富多彩的民间文学，构成了裕固族鲜明的民族特色，具有很高的可感性、可视性、审美性和较高的符号化程度，是极为珍贵的旅游文化资源。同时，生活在自治县境内的东纳藏族、华锐藏族、喀尔喀蒙古族人民也各自秉承和发展了本民族风格迥异的民族文化，共同构筑了自治县丰厚的民族文化资源，在民族旅游方兴未艾的 21 世纪，具有极高的旅游开发价值。基于此，近年来肃南县提出了"山水肃南，裕固家园"的旅游发展定位，凸显裕固风情的旅游价值，并开发了"裕固风情走廊"、"裕固风情园"等旅游项目。

进入 21 世纪以来，肃南县政府的旅游发展战略从"旅游促县"发展到"山水肃南，裕固家园"，始终重视对旅游业的政府投入，改造修建公路，维修旅游景区景点，绿化美化景区周边环境，完善宾馆、餐饮服务、停车场等辅助设施，开发富有地域特色和民族特色的旅游纪念品，奠定了旅游业进一步发展的扎实基础。2012 年肃南旅游业综合收入占全县 GDP 的 11.15%。旅游业发展逐步实现了向产业化的转变。仅 2012 年，开工各类旅游建设项目 17 项，完成投资 7 亿元，2013 年上半年开工 10 项，完成投资 1.44 亿元。主要包括：祁连玉文化产业园（玉水苑）项目，中华裕固风情走廊，马蹄寺旅游景区、文殊寺旅游景区、白银蒙古族特色文化旅游基础设施建设项目、皇城镇夏日塔拉风情园景区、中华裕固风情苑、裕固风情街、索朗格中华裕固风情旅游园基础设施建设项目等。从项目内容来看，肃南县旅游项目注重对传统优势资源的有效利用和积极开发。以上述在建或建成项目来看，马蹄寺、文殊寺均为肃南县境内极富历史底蕴和文化内涵、承载着境内各民族的历史和文化，是区域内具有竞争力的优质人文资源。因此，肃南县政府多年来不断改善景区的基础设施，提高景区的品位，使传统资源历久弥新不断散发魅力吸引四方游客。2005 年以前，肃南县旅游发展中民族文化、民俗风情依托马蹄寺、文殊寺等旅游景点展开，内容多为歌舞表演和民族特色饮食，尚未上升到民族旅游的层次。民族文化旅游是近年来旅游业发展的新趋势。2006 年以来，肃南旅游发展提出"魅力肃南，裕固花乡"的主题，将民族文化、民俗风情作为主要的旅游资源进行开发，通过举办民族文化艺术节，民族文化旅游艺术节，那达慕，特色文化旅游艺术周、年等活动对民族民俗文化遗产、文物精品、民族服饰等进行展演和展示。2011 年以后开始开发以"裕固风情"命名的项目，更加有针对性地对甘肃特有民族裕固族风情进行产业开发，从而增强了旅游业的区位优势和竞争力。

虽然肃南县旅游资源丰富，特色鲜明，极富旅游开发价值，而且就当地地理位置、资源特点来看也适合将旅游业作为支柱产业发展。但受制于各种因素的影响，近些年来所获不丰。因为肃南旅游业收入占 GDP 比重在 2006 年就达到 10.75%，远超作为支柱产业发展的 5% 的经济学标准，但到 2012 年仅增长到 11.15%，跃升幅度较小。因此也可以预见，只要规划科学，开发合理，肃南县旅游业发展的空间还很广阔。

目前来看，肃南县的旅游产品开发水平还有待提高。旅游产品类型单一，还是以观光为主，深度开发不足，参与性产品少，创意缺乏，资源利用效率不高。同时，旅游景点之间的关联度、整体性不足。产品开发模式趋同，不同地区的地域文化特色并未能转换成资源的竞争力，从而导致资源的整体合力不足。

尽管从旅游发展战略、项目开发来看，民族风情旅游已经成为肃南县旅游发展的重点之一，但现有的项目内容还没有形成民族风情游的综合优势。如何让前述民族风情成为既保留民族特色文化又具有吸引力的旅游产品，让游客在参与和体验中领略自然风光、民族风情的完美结合，目前仍是裕固族聚居区旅游发展面临的一个重大课题。

裕固族聚居区的民族文化具有地域性和民族性特点，外界对其知之甚少。在东部沿海地区甚至有人不知道有裕固族这个民族的存在，更毋谈其民族风情。因此，加强对外宣传、提高知名度和影响力是聚居区旅游发展的必要措施。旅游专业的就业机会较高，却很少有旅游专业人才愿意到西部就业。2012 年张掖市面向全国招考高层次人才，应征者 200 多人中涉及的专业很多，旅游专业的硕士以上人才却没有一人。肃南县旅游业专业人才匮乏制约了旅游业发展的整体水平。

2013 年 9 月，习近平总书记在哈萨克斯坦呼吁共建"丝绸之路经济带"的战略构想之后，甘肃张掖市委、市政府便提出了"建设丝路明珠金张掖，实现幸福美好家园梦"的奋斗目标，作出了建设大景区、大"互市"、大博物馆、大运动场的战略部署，为肃南县推进旅游产业的集群发展带来了重大历史机遇。在此背景下，肃南县政府提出了打造"祁连风光、裕固文化"特色大景区的六大举措：

第一，彰显特色，融入大规划。肃南县将紧紧围绕张掖市大景区建设，站在全市、全省、全国乃至丝绸之路经济带的总体格局中对旅游产业的发展趋势、需求、模式进行新的分析，以开放的思路和开阔的眼界，统筹考虑肃南文化旅游业发展的定位和战略谋划。扩展延伸旅游产业的带动功能，坚定不移地走特色化、集群化、品牌化发展道路，不断增强产业实力和市场竞争力。

第二，突出重点，打造大景区。加快建设祁连玉文化产业园，大力发展祁连玉石新兴产业，全力推进祁连玉文化产业园建设和运营，将其建成祁连玉石雕刻、展销基地，并吸引四面八方客商和天下美玉入驻园区进行加工销售，聚集人气商气，着力打造西北最大的玉石集散交易中心，努力使玉水苑成为金张掖大景区、"大互市"的重要节点和特色市场。深化与嘉峪关市文旅集团的合作，加快推进"七一"冰川、文殊寺景区的开发。

积极推进与甘肃新跨越投资公司的合作，按照 4A 级景区的标准，加快冰沟丹霞景区的开发。继续完善中华裕固风情走廊、马蹄寺等景区配套服务设施，进一步丰富景区、景点文化内涵，加快建设生态特色旅游县城，使肃南县旅游景区成为张掖大景区的重要组成部分。

第三，塑造品牌，强化大宣传。肃南县将着眼于祁连山生态风光的独特性和裕固族文化的唯一性，用好"祁连风光、裕固文化"两张名片，打响"山水肃南，裕固家园"旅游品牌。

第四，加强合作，构建大环线。从丝绸之路、祁连山、裕固族的大背景中谋划旅游产业发展的大市场，加强与兰州、河西五市，青海等省、市、县的合作，促进信息互联、客源互送、资源共享、节会联办、线路共建，积极争取开工建设皇城镇至民乐扁都口、县城至甘青界等公路，力争早日贯通祁连山腹地公路，并通过与兄弟县区的区域合作和联手打造，将皇城夏日塔拉草原、山丹军马场、山丹焉支山、民乐扁都口、肃南马蹄寺、七彩丹霞景区、中华裕固文化风情走廊、"七一"冰川、文殊寺等知名景区串联起来，形成东接兰州、西至嘉峪关、南通青海祁连、北达内蒙古阿拉善的旅游通道，构建东西纵横、南北交错、景点众多的祁连山腹地旅游大环线。

第五，开放开发，促进大招商。通过合资、独资、股份制、承包制等多种方式，主动出击，推进景区经营权出让，多渠道引进战略投资商，努力破解资金瓶颈制约。

第六，挖掘内涵，培育大产业。肃南县将立足"祁连风光、石窟艺术、丹霞地貌、民族风情、祁连美玉"五大优势，着力推进文化与旅游的深度融合，大力开发滑雪、滑冰、露营、漂流、山地越野、藏药浴健身、民族风情体验等特色旅游项目，创意策划和重点开发裕固族原生态歌舞等具有代表性的文化精品项目，大胆尝试歌舞表演、风俗体验的市场化运作和实景演出，丰富旅游文化内涵，逐步实现由"一季游"向"四季游"转变，将文化旅游业培育成推动肃南转型跨越发展潜力最大、优势最强、活力最旺的主导产业，全力打造集自然风光欣赏、消夏避暑览胜、民族文化体验、观石赏玉淘宝、科学考察探险、休闲娱乐度假、影视摄影创作、人文访古探秘为一体的"旅游文化特色县"。

这些举措规划的提出，为肃南县旅游业的发展描绘了更加灿烂的美景。

五 宗教信仰自由政策的正确贯彻

在裕固族地区，　直到 20 世纪 70 年代中期，最后一个萨满教巫师"也赫哲"去世以后，萨满教作为一种宗教形式已经不存在了。但其信仰及有关活动，却仍然存在于今日裕固族文化，植根于民族文化的沃土中。

20 世纪 50 年代以前，裕固族地区仍然有职业巫师"也赫哲"在活动，当地汉语称"祀公子"或"师本子"。特别是在西部裕固族地区，各部落都有自己的"也赫哲"。明化乡从前每年都有祭鄂博或乌垒的活动。实际上许多地方有两种鄂博，一种属于藏传佛教，而另一个则属于萨满教，主持仪式者也分别是喇嘛和"也赫哲"。虽然祭祀的时间不同但是参加者却是相同的，形式也基本相同。萨满教与藏传佛教并存成为裕固族地区的一个宗教上的特点。

裕固族萨满教的专职人员"也赫哲"都是男性，但在民间传说中，最初的"也赫哲"是女性。他们平日在家中从事畜牧业生产，若有人请他们去主持祭祀仪式或治病消灾活动，他们才携带法器前往。法器主要有神杆、神灯、神鼓和祭品勺等。他们没有特殊的服装，但总是长发披肩，发辫上有各色布条。平日不能洗头，直到每年农历除夕才能洗头一次，否则会失去法力。他们可以娶妻生子，建立家庭。

"也赫哲"的地位等级有差别，大致可以分为三个级别：最低的一级即普通的"也赫哲"，法力一般；其上一等级为"客木也赫哲"，多为从事宗教活动多年、法力较高且在民间有一定威望者；最高一级为"拉特尔也赫哲"，意为有名的"也赫哲"，主要是指在裕固族大多数地区都十分有威望且法力极强者。不过，三个等级都可统称为"也赫哲"。

也赫哲的培养是师徒式传承。青少年被确定为培养人以后，要跟随老"也赫哲"学习若干年。先协助"也赫哲"，等条件成熟以后，"也赫哲"才能将有关经语教授给徒弟，同时传授各种仪礼、法术等秘诀。届时会选吉日召集群众举行师徒传承仪式，师傅将神具——交给徒弟，并让徒弟当众施展法术，或为参加者治病消灾。新"也赫哲"要感谢老"也赫哲"，并送给一定数量的财物作为培养的报酬。

"也赫哲"的社会地位没有部落头目、喇嘛僧人那样高。相比而言，部落头目等更加看重喇嘛僧人等佛教人士，而不太重视"也赫哲"。而在民间普通百姓看来，"也赫哲"是地地道道的本民族的文化现象，受到特别重视和尊敬。人们并不有意区分萨满教和藏传佛教，二者的地位相当。

　　裕固人除了信仰过萨满教之外，在历史上还曾先后信奉过摩尼教、汉地佛教和藏传佛教。摩尼教自中亚传入后，于7世纪中传到了漠北回鹘汗国，并被牟羽可汗定为国教大力推行。到河西回鹘时期，摩尼教仍在这部分回鹘中流传。唐代以后的河西走廊弥漫着以敦煌为中心的佛教文化香烟，在浓郁的汉地佛教气氛熏染下，裕固族先民很快就接受了汉传佛教。

　　关于元代到明末裕固人东迁以前的宗教信仰情况，目前仍有疑问，仅可从民歌及民间传说中得知他们仍在信仰佛教，大体上可能属藏传佛教。东迁以后的裕固族人确系信仰藏传佛教①，其标志是大量寺院的出现。其中黄藏寺（又称古佛寺，后称夹道寺）建于明末，是当地一座最早的寺院。景耀寺创建于清顺治年间，其他如康隆寺、青隆寺（又称转轮寺）、长沟寺、水关寺、红湾寺、莲花寺、明海寺等，先后于清康熙、雍正、光绪年间，新建、重建或整修。

　　这些寺院除康隆寺、红湾寺、夹道寺属青海大通县郭莽寺（又名广惠寺）管辖外，其他均受青海互助县佑宁寺（原名格隆寺）管辖。寺院的规模以康隆寺为最大，经堂可容纳五百多僧人同时诵经。其他各寺较小，一般有二十至三十个僧人，小寺才有十人左右，其内部的等级界线较严。有的寺院有活佛、法台（又称堪布）、管家，有的只有僧官（管家）或提经。活佛是寺院最高统治者，是通过"转世"继承佛位的；法台、管家是宗教上层，提经、僧官一般都是由有一定权势或谙练经典的僧人提升的；班弟（贫苦僧人）是寺院最下层。寺院有刑法，并定有成文或不成文的清规戒律，主要是惩处一般僧人。中华人民共和国成立前，寺院是部落、宗教的活动中心，也是当地的经济、政治中心。寺院上层与部落头人的关系十分密切；有些部落的重大事务，头目常和寺院上层商量。因此，寺院中的喇嘛在本地区的政治、经济、生活上享有一定的地位，但一般不能享有"政教合一"的特权。寺院中的喇嘛，起初都是青海进入裕固族地区的传教者。后来，随着喇嘛教的传入，一些裕固族儿童被选入青海塔尔寺，学习几年经文，结业后回到本地当喇嘛。不过，裕固族牧民当喇嘛的不多。喇嘛、僧人除了宗教仪式和集会等活动时到寺院念经外，平

---

　　① 贺卫光、钟福祖：《裕固族民俗文化研究》，民族出版社2000年版，第21页。

时大多在家参加牧业劳动。原来黄教喇嘛、僧人是不能结婚的。到清代，由于战争和瘟疫等疫病流行，使裕固族地区的人口锐减，经向甘州提督申请，允许康隆寺、青隆寺的僧人结婚。其他几个寺院的僧人，虽名义上不能结婚，但也有小家庭；平时居家（即住在戴头妇女的帐篷里），寺院只留一两个看门的。较小的寺院则是平日上门锁，放会时僧人才到寺院去。说明寺院对僧人的约束是不大的。

较大的几个寺院，每年要举行四次佛事大会，会期虽不尽相同，但一般是在农历正月初十至十五日，四月十四至十六日，六月初十至十五日，十月二十四至二十六日。

正月大会是裕固人一年中最大的聚会。过会时，寺院炸馓子、做馍馍、宰羊，喇嘛还把红枣撒在过会的人群中，表示吉利。这一天男女老幼都要穿新衣服到寺院去烧香、点灯；僧人为大家跳"护法"（佛教称拥护佛法的人为护法；护持自己所得之法，亦名护法）时，由二十多个僧人戴上假面具跳神，群众在四周跪拜。寺院还举办酥油花（即用酥油与几种不同的色彩和面捏成）灯会，展出各种各样的花卉、人物、脸谱、鸟兽，形象活泼，栩栩如生。

四月大会是斋戒，寺院的喇嘛，法台及僧人要闭斋两天，十四日至十六日禁闲谈，忌食荤菜、辣椒、葱蒜，只喝些酥油茶；喝茶时要漱口。开斋那天群众都到寺院去，僧人首先漱口后，吃一种用大米饭拌酥油捏成的开斋团子，然后，凡到寺院的人都吃一点儿斋团子。

九月和十月大会，是宗喀巴诞生和逝世的日子，只举行一般的纪念活动。

清代至今，藏传佛教也成为酒泉市裕固族的主要宗教。明、清时期，黄泥堡境内有烽燧多座，现这些烽燧因年久倾倒，大部分已经被拆除。保存较为完整的是碱滩墩，墩高 11 米，底径 13 米，墩体下端因盐碱侵蚀而脱落，变得上大下小，人们形象的称之为"颠倒墩"，现耸立于黄泥堡草原深处。大马营遗址位于酒泉城东 29 公里黄泥堡乡沙枣园村三组东面，面积约 1800 平方米，早年发现灰层，地段内散布较多的陶片兽骨等物。

中华人民共和国成立后，党的宗教信仰自由政策在裕固族地区得到贯彻，但 1958 年以后，由于受极"左"路线的影响，各地寺院均被拆毁，直到十一届三中全会以后，宗教活动才逐渐恢复。自 1986 年起，信教群众在原康隆寺、长沟寺和明海寺遗址上修复了部分建筑。到 1996 年，三座简易寺院共有僧人 3 名。1996 年底明海寺又进行了重新修建和扩建。2006 年 9 月，信教群众在肃南县城红湾寺镇新修佛塔三座，分别为菩提塔、尊胜塔、和平塔。2008 年皇城镇群众筹资建成了"德聚寺"，当年开光。2011 年，位于县城的原属"西八个家"的红湾寺建成开光。同年，位于明花乡的明海寺大经堂开光。全县境内有宗教活动场所 11 所，其中藏传佛教活动场所 8 所，汉传佛教活动场所 1 所，伊斯兰教活动场所 2 所。现有宗教教职人员 78 人，其中藏传佛教 55 人，汉传佛教 21 人，清真寺阿訇 2 人。

与此同时，与宗教信仰有关的民间活动也逐渐恢复，如剪发礼、婚礼和葬礼上请僧人念经、举家赴拉萨、西宁朝拜，每年请僧人在家中诵念平安经、正月十五在寺院举办法会，等等。此外，各地也从 20 世纪 80 年代开始相继恢复和新建了鄂博。据统计，目前裕固族地区已经有 30 多个鄂博，每年农历六月前后各地举行祭鄂博活动，人们聚集起来念经、煨桑、敬酒牛奶美酒，挂经幡哈达，祈祷生产丰收生活安康。有些乡镇甚至借机举办民族文化艺术节，祭鄂博活动的传统功能获得了现代拓展，成为各地盛大的聚会。20 世纪 90 年代学者们认为的裕固族地区宗教信仰出现了弱化①，而在 21 世纪则出现了逆转，信仰活动更加频繁、信众参与更加广泛，宗教成为现代化条件下民众满足文化传承和民族认同的重要载体，得到了强化和发展。

在长期的历史发展中，裕固族地区的藏传佛教信仰形成了自己的文化特色：第一，基本没有形成如同其他藏区那样严格有效的政教合一的局面。在政治上，清朝政府所封的"七族黄番总管"仍然是裕固族人实际上的最高统治者。宗教上层人士与大头目以及各部落头目关系密切，他们可以在一定范围内影响对部落的管理，但是，不能参与更不能直接对部落进行管理。第二，在藏传佛教已深入裕固族社会生活各方面的情况下，萨满教信仰并没有退出历史舞台。藏传佛教中原始苯教的内涵与裕固族人信仰的萨满教之间形成了很好的契合。裕固族属于北方游牧民族，萨满教影响深入其文化的方方面面。第三，裕固族地区的藏传佛教虽属主张严格禁欲主义的格鲁派（黄教），但在裕固族地区各寺院的僧人都可以娶妻生子，建立独立的家庭。大多数僧人平日参加农牧业生产，只有到了宗教节

① 闫天灵：《宗教弱化现象试探——肃南裕固族藏传佛教的调查研究》，《西北民族研究》1996 年第 1 期。

日或群众需要时，才从事正常的宗教活动。第四，寺院的规模都比较小，寺院的内部组织机构和宗教仪规都比较简单。第五，宗教的宣传普及存在着一定程度的语言文字障碍。大多数裕固族僧人学经都要先学习藏语、藏文，然后学习藏文佛经。学成回来后仍然用藏语诵经布道，仅在个别非正式宗教场所或私下里，用裕固语讲一些佛经故事。①

深厚的宗教传统使得裕固族地区在文化建设过程中始终将宗教政策的落实和宗教事务的管理放在重要地位，21世纪以来这项工作开展得尤为出色。

积极探索管理机制。肃南县委、县政府高度重视民族宗教工作，在加强领导、构建网络、强化责任上做文章，积极推进藏传佛教寺庙的管理。坚持把维护藏传佛教正常秩序作为确保藏区稳定的重要内容常抓不懈；坚持把宗教工作的形势任务、方针政策、法律法规列入各级党委的学习内容，列入党校学习培训计划和新闻宣传计划，做到常学常讲；坚持把宗教管理工作纳入社会治安综合治理目标责任书，建立以督促、检查、指导评估为目标的绩效考核责任制，建立健全了县级领导分片包干责任制，经常性地与寺管会成员联系沟通，了解掌握寺管会情况和宗教教职人员思想动态，帮助解决实际问题；坚持实行藏传佛教寺庙目标管理责任制，指导各乡镇与寺庙签订《宗教活动场所目标管理责任书》，并实行对寺管会班子的民主评议考核。

为切实加强对宗教事务的领导和管理，县乡成立了由主要领导任组长的宗教工作领导小组，马蹄、祁丰藏族乡还成立了民族宗教事务所，县委统战部、政法委、公安局和民宗局等部门建立了宗教工作联席会议制度，定期交流情况，汇总分析形势，研究部署宗教工作，坚持网络建设，增强防止和抵御渗透能力。

县委、县政府领导与宗教界人士结对子、常联系，听取他们的意见和建议，逢年过节开展走访慰问活动，对一些知名度较高、贡献较大的宗教界人士，着力培养，积极推荐，充分发挥他们在构建和谐社会中的作用，积极推荐一定数量的宗教职业人员担任人大代表和政协委员。鼓励他们积极了解佛教信众的意愿，履行人大代表、政协委员职责，调研佛教工作中的难点问题和突出问题，向政府有关部门建言献策。近年来，有60多人

---

① 贺卫光：《裕固族民俗文化研究》，民族出版社2000年版，33—35页。

（次）在县人代会、政协会议上提出提案和意见建议 30 多件，其中大多数被采纳和解决。有 6 名宗教人士担任政协委员，有 1 名宗教人士还担任省政协委员和全国政协委员，有 2 名宗教人士担任张掖市政协委员，其中 1 名为市政协常委，使他们在参政议政中接受教育和锻炼，进一步增强了执行党的宗教政策的自觉性。

依法管理宗教事务。自 2000 年以来，肃南县根据《宗教事务条例》和国家宗教局配套出台的各项规章要求，按照省市宗教部门的统一部署，深入全县 11 个宗教活动场所，系统开展了以创建"和谐寺观教堂"为主的依法管理工作。

注重提高宗教教职人员的法律意识。进一步依法加强宗教事务管理，引导和动员信教群众和宗教界人士在促进社会和谐方面发挥积极作用，促使社会各界认识和遵守党的宗教政策。紧密结合民族地区实际，把创建"和谐寺观教堂"等活动与普法工作有机结合起来，以"宣传宗教法规、普及宗教常识、共建和谐社会"为主题，紧紧围绕党的宗教工作方针，在全县积极开展党的民族宗教政策和法律法规的宣传教育。强化责任、精心安排、创新方式、多方并举，不断加大依法管理力度。在僧人相对集中的寺院举办民族宗教政策和法律法规知识培训班，组织寺庙僧人和信教群众学习《宪法》、《刑法》、《宗教事务条例》、《甘肃省宗教事务条例》、《藏传佛教寺庙管理办法》等法律法规，不断提高信教群众的法律意识。

依法登记，做好宗教场所的换发证工作。近年来依据《宗教事务条例》和国家宗教局配套出台的各项规章的规定和要求，按照省市宗教部门的统一部署，组织对 6 所藏传佛教寺庙和 2 个活动点依法进行了换发证登记和补充登记，为各藏传佛教寺庙统一办理了土地、房产、规划许可、消防安全等证件，组织对僧人进行了考核认定、备案、发证和身份信息采集工作，建立了藏传佛教寺庙和僧人管理档案和电子数据库，做到了持证住寺、持证上岗。

进一步完善制度，切实加强寺院管理。以开展和谐寺观教堂"安全年"主题创建活动为主，依据《宗教事务条例》、《甘肃省宗教事务条例》等相关法律法规，按照省市宗教部门的安排，肃南县宗教管理部门认真开展了宗教活动场所规范化管理创建活动。加强从制度建设入手，落实"属地管理、分级负责"责任制，进一步完善了寺院管理、学习、请销假、治安消防、卫生防疫、财务管理以及寺管会工作职责等八项制度，加快了宗教活动场所的规范化管理进程。

抓监督，切实加强宗教活动场所财务管理。肃南县紧密结合实际，深入各宗教场所，明确宗教活动场所财务管理有关规定，依法依规做好宗教活动场所财务监督管理工作。通过深入调查摸底，认真组织开展试点工作，进一步规范宗教场所财务管理，对信众的布施捐款、功德箱收入以及寺庙的自养收入和其他收入及时入账，定期予以公布。

加强教育，确实做好"三支队伍"的培训工作。制定了《藏传佛教教职人员五年培训规划》，依托中央、省市教育资源，继续加强宗教工作人员、宗教团体负责人和宗教教职人员的政策法规培训，重视后备人才队伍建设，积极稳妥地做好选拔培养工作。结合实际开展宗教政策法规学习活动，先后输送17名藏传佛教寺庙寺观会成员到省佛学院学习，有30余人参加了省级以上统战、宗教部门和宗教团体、社会主义学院的系统培训，有300多人参加了市、县举办的各类宗教政策法规培训班。

妥善解决宗教寺院和僧人的各种实际问题。肃南县宗教管理人员认真开展宗教场所调研工作，及时排除各类矛盾纠纷，推进解决宗教场所基本公共服务均等化和宗教教职人员的民生问题，收到了突出效果。坚持把藏传佛教寺庙作为公益设施纳入旅游产业规划和新农村建设总体规划。水务、电力、土地、广电、交通、农牧等部门把寺庙的通水、通电、通路和广播电视等基础设施纳入各乡镇、村经济社会发展的总体规划，同安排、同落实，解决了各寺庙道路修建、饮水管道、草场围栏、僧人住房建设和环境改造等问题。积极筹措资金，多方协调，完成沙沟寺僧人住宅楼12套以及马蹄寺僧人住房12套的建设；完成明海寺、长沟寺的建设；对文殊寺进行了彩绘和维修，改造了厕所、人行道等设施；民政、卫生、劳动保障等部门把僧尼的医疗、养老等方面纳入民生保障的范围。为39名僧人解决了生活低保，为55名僧人办理了新型农村医疗保险和养老保险，截至2012年底，全县藏传寺庙僧尼90%以上都纳入了农村医疗保险、养老保险和低保范围。同时，积极与马蹄寺旅游景区协调，决定由县财政每年从景区门票收入中为马蹄寺教职人员解决生活补助费及宗教活动经费17万元，较好地理顺了旅游景区文物、旅游和宗教场所的关系。

深入调研，妥善处理和解决宗教场所存在的各类问题和矛盾。每年元旦和春节期间，肃南县相关领导都会带队慰问宗教活动场所和宗教界人士，向他们送去党和政府的关怀和温暖，帮助他们解决实际问题。在春季植树造林季节，积极动员各宗教场所教职人员开展寺院绿化美化工作，并协调各林场为寺院绿化无偿提供苗木，治理和整顿寺风寺貌，取得了良好的效果。

加大宗教场所旅游基础设施建设。积极通过政府民委系统争取项目资金，加大对宗教场所旅游基础设施的投入，取得了良好的社会效益。肃南县投资100万元完成了洮翔河通往河西村及沙沟寺的水泥大桥，方便了当地农牧民和游客的通行；投资30万元完成大河乡鄂博台子至长沟寺的公路修建；投资38万元完成白银乡跃进桥的建设。稳妥处理宗教与经济、旅游文化建设、行政管理之间的关系，多次召开相关会议，讨论解决僧人们关心的热点问题，促进了宗教活动与牧区经济、社会发展、民族团结进步事业的和谐发展。

通过上述工作，肃南县的宗教事务管理取得了明显的成效：

一是宗教场所管理不断规范，保持了持续和谐稳定。场所和教职人员服从政府管理的自觉性、主动性和回报社会的积极性明显增强。

二是通过加强县、乡、村三级网络体制建设，建立健全宗教场所内部各项管理规章制度，选举充实寺管会班子，使维稳机制不断健全，社会治安综合治理措施得以落实，依法管理宗教事务的能力显著增强，奠定了宗教场所始终保持长治久安的基础。

三是通过开展法律法规进场所活动，加强对宗教教职人员的宗教政策法规教育培训，提高了宗教人员的思想政治素质，增强了维护稳定、促进民族团结和创建平安场所建设的思想意识。

四是通过开展帮助宗教场所和宗教人员解决实际困难，落实党和政府的惠民政策，使宗教人员共享改革发展成果，激发了宗教人员的感恩之心，增强了党和政府的向心力和凝聚力。

六　精神文明的推进和国民素质的提高

2006年10月，党的十六届六中全会明确提出要建设社会主义核心价值体系，在全社会引起了广泛反响。近年来，肃南县将社会主义核心价值体系建设上升到发挥社会主义制度优越性的战略高度来认识，将其作为社会主义精神文明建设的主要方面、社会主义先进文化的核心内容来认识，始终把确立社会主义价值观摆在突出位置，积极开展社会主义核心价值体系的教育和宣传。

一是突出重点群体，实施分层教育。肃南县在推进社会主义核心价值体系建设中突出重点、抓住关键，将主要着力点放在抓好党员领导干部、教师、青年学生、公众人物等社会群体的思想教育。认为抓住这些重点群体，就抓住了社会主义核心价值体系建设的关键。同时注意针对不同群体的不同特点，对症下药开展教育引导，努力体现层次性：有的注重加强马克思主义理论特别是马克思主义中国化最新成果的学习教育；有的大力开展中国特色社会主义共同理想教育；有的重点进行爱国主义和社会主义荣辱观教育；有的重视基本道德素质的养成教育，等等。

二是调动多种手段，营造舆论强势。现代社会，人们接受信息的渠道日趋多元，因此，肃南县充分调动各级各类媒体建设社会主义核心价值体系的积极性，既发挥党报、党刊、电台、电视台等传统媒体的主力军作用，也发挥都市类媒体、网络媒体等的优势；既在新闻报道中弘扬社会主义核心价值观，也在娱乐、体育等其他方面的报道中体现这种价值观。特别注重以新颖的视觉文化、听觉文化吸引人，通过提供既体现主流意识形态要求又为广大人民群众所喜闻乐见的优秀精神文化产品，生动形象地表现社会主义核心价值体系的内涵和要求，使人们在潜移默化中受到感染和教育。

三是抓好建章立制，强化激励约束。推进社会主义核心价值体系建设，离不开有效的制度和机制保障。肃南县积极完善各类奖惩制度，把社会主义核心价值体系的要求体现在各类法律制度、政策规定之中，充分发挥其激励约束作用，让体现这一体系要求的行为得到鼓励、违反这一体系要求的行为受到惩罚；完善实践养成机制，把社会主义核心价值体系的要求转化成具体的、可操作的日常行为细则。进一步修订完善市民公约、乡规民约、职业规范、学生守则等具体行为规则，使人们的行为有所依从，培养良好的社会习俗，抵制和消除社会陋习；完善了工作机制，引导各级各类部门把建设社会主义核心价值体系作为一项重要工作来抓，发挥好政府机关、社区、家庭、单位、学校等各方面的作用，形成了全社会建设社会主义核心价值体系的合力。

通过上述努力，社会主义核心价值体系建设在肃南县取得了明显的实效：

　　首先，形成了与社会主义市场经济和现代化建设本质要求相适应的思想观念。群众中越来越多的人能够理解、认同和接受执政党现阶段的执政理念，能正确看待改革过程中出现的各种问题，理性对待发展的代价，积极探索解决之道，坚持是非、善恶、美丑的界限不混淆，做到在坚持什么、反对什么、倡导什么、抵制什么上旗帜鲜明。党员干部中马克思主义信仰更加坚定，中国特色社会主义共同理想得到巩固，以爱国主义为核心的民族精神和以改革创新为核心的时代精神得到弘扬。

　　其次，社会转型中的价值真空得到了弥补。在新旧价值观转变中，一方面是价值多元化，另一方面是价值真空。通过社会主义核心价值体系建设，迷信"风水"、迷恋"法轮功"、善恶不分等现象越来越少，以"八荣八耻"为主要内容的社会主义荣辱观深入人心，积极向上的风气越来越浓厚。人们注重弘扬本民族优秀的文化传统，发扬传统文化中万物平等的生态伦理，与人为善的宗教规范，坚强乐观的民族精神，整个社会显现出一种昂扬向上的社会风气。

　　当然，社会主义核心价值体系建设非一日之功可就，当前频频爆出的高官腐败丑闻、钱权交易黑幕等社会问题对于社会主义核心价值体系建设有着直接的威胁。古语云"上行下效"，对于一个转型中的社会来说，社会主义核心价值体系建设的关键并非宣传教育不够，而在于吏治的清廉。

　　在国家"科教兴国"战略的引导下，肃南县提出"科技兴县"战略，并取得了积极的成果。

　　肃南县各相关部门做了大量的科技知识宣传普及工作。有关单位在周末、节日期间悬挂科技宣传横幅，展出科技宣传展板，发放各类科普资料、科技图书等，在广场等人群密集处播放科技宣传录音，在电视台滚动播放科技宣传标语，通过县广播站播放科技信息，向城乡群众宣传科技知识。这些活动的开展大大增进了民众科学素质的提高。人们普遍具有低碳生活、防灾减灾、公共安全、身心健康等方面的知识，自觉加入了资源节约型、环境友好型社会的建设，更加关注人与自然关系的和谐。

　　科技部门协调农、林、水、牧等34个部门单位开展了工业企业岗位技术培训、管理人员、科技骨干人员技能培训、农牧民科技培训等，使他们能通过培训掌握和使用2—3门实用技术。同时，结合科技"三下乡"、科技活动周活动、"科普之（冬）春"活动，组织畜牧、农业、林业、科技、卫生、文化等部门的科技人员深入农牧村，在广大农牧民中进行科技宣传和动员。组成科技小分队深入乡村、农牧业生产第一线，重点以《农村实用技术丛书》为教材，组织开展优良牧草与饲料加工、暖棚畜禽养殖、优质畜品种引进与改良、动物病防治、无公害农作物种子生产、无公害中药材栽培、优质杂果林栽培、高效节水灌溉、无公害粮油作物生产、无公害蔬菜栽培、高效低毒农药使用及蔬菜病虫害综合防治、无公害食用菌栽培等技术培训。此外还开展了科技特派员制度，开展各项科技服务和培训工作。[①]

通过培训和学习，农牧民学科技、用科技的热情高了，仅2008年全县各涉农涉工技术部门就引进优良品种37个（种），并全部完成了推广应用，应用率达到100%；引进应用新技术37项；农牧业生产中新技术、新品种覆盖率达到95%；有效提高了工、农、牧等各业的科技贡献份额。在明花、马蹄等地搬迁移民从牧民到农民转变过程中，科技知识促进了成功转型。

县有关部门在条件成熟的村建立县级农业科技示范点并向每个点下派科技特派员，入村驻点开展工作。充分依托各乡镇草畜产业区域优势和暖棚修建基础条件，在各乡镇发展舍饲养殖示范点。加快和完善了喇嘛坪农牧业科技示范园建设工程，规划建立节水示范区、优质牧草种植区、高效养殖区、优质苗木繁殖区等，在农牧民中起到了示范带动的作用，而且也产生了一定的经济效益。示范点带动的作用在农业地区更为明显，周边农民在示范点带动下积极参加政府支持下的温室大棚修建，种植了双孢菇、红提、人生果等经济作物，收入逐年得到提高。牧民群众普遍关心甘细羊品种改良、羊毛鉴定、兽医服务、草原毒草治理等为主要内容的科技服务，积极学习使用，从而提高了畜产品的经济效益。在舍饲养殖方面，由于饲料、人力、技术要求等方面因素的限制，普通牧民开展起来较为困难，因此，牧民的积极性尚待提高。

裕固族是传统的以游牧为生的民族，草原文化熏陶下民众普遍重视人口素质。就身体素质而言，裕固族在不同年龄阶段有不同表现：由于饮食习惯喜奶制品、肉类，因此儿童、青少年在身高、免疫力、身体的运动协调性等方面均高于邻近汉族地区的同龄人。同时，由于经济发展水平、教

① 《肃南裕固族自治县概况》编写组：《肃南裕固族自治县概况》，民族出版社2009年版，第202—203页。

育水平以及地方文化等因素使然，少年儿童的学习能力也优于周边地区。但随着年龄的增长，身体素质方面的优势逐渐缩小，进入中老年后，裕固族在高血压、血脂异常、糖尿病等患病率方面显现出高于汉族的特点。[①]心理素质是特定群体的心理特点，包括该群体的记忆力、思维力、注意力、观察力、想象力等智力因素以及兴趣、动机、意志、情感、性格等非智力因素。目前关于裕固族聚居区人口的心理素质方面的研究成果甚少，但一项研究表明，裕固族少年儿童的学习能力要优于保安、东乡和汉族。[②]一位在肃南县从事教育工作20多年的校长也谈道："我们的孩子们素质真不错，如果用农区的那种（苦读苦学）的学习方法，成绩肯定早就上去了。另外我们这里的孩子们的优势就在他们的交际能力，这是将来到社会上最有用的。"

由于宗教信仰、游牧社会传统等因素的影响，裕固族有着较好的卫生意识。我们在调查中明显看到裕固族聚居区公共卫生状况良好。就肃南县城的城市环境而言，街道干净整洁，行人随地吐痰、扔垃圾现象明显要少于周边其他县城。此外，有学者通过文本分析与田野调查方法研究后认为，裕固族有着坚韧的意志力、很强的道德约束力，裕固人有尊老爱幼的良好传统，是一个热情好客的民族，有一种懂礼貌、讲礼仪、宽容人的良好风尚，胸怀博大、宽厚待人是裕固族人处理人际关系的基本准则。这些都在当今的裕固族聚居区得到了很好的体现。

黄泥堡乡党委、政府也高度重视社会主义核心价值体系的宣传教育工作，坚持运用中国特色社会主义理论体系武装教育各族群众，进一步坚定了群众走中国特色社会主义道路的信念和决心。他们深入开展共同理想教育和社会主义荣辱观教育，不断提高全乡各族党员干部群众的思想道德素质，营造了"知荣辱、讲正气、树新风、促和谐"的良好氛围，在全社会唱响了共产党好、社会主义好、改革开放好、伟大祖国好、各族人民好的时代主旋律，不断增强广大干部群众对中国共产党领导、社会主义制度、改革开放事业、全面建成小康社会目标的信念和决心。在民族团结进步创建工作方面，历届党委、政府围绕"共同团结奋斗、共同繁荣发展"这一民族工作主题，建立机制，完善措施，有力地推动了民族工作健康、

① 汪玉堂、何烨：《裕固族城市居民中老年人群体质状况》，《中国老年学杂志》2010年1月。

② 李晖：《甘肃四民族少年儿童学习能力发展的比较研究》，《心理科学》2000年第3期。

稳步发展。坚持以国家扶持人口较少民族发展项目的实施为契机，加快少数民族群众脱贫致富的步伐，极大地改善了当地群众的生产生活条件，以人居环境、文化设施、教育事业、电力通信、信息技术等为重点的社会各项事业蓬勃发展，呈现出"文明言行农家笑、环境建设农家美、文化建设农家乐、科技建设农家富"的喜人局面，2006年被省委、省政府表彰为"民族团结进步模范集体"。

第八章

日渐突出的生态文明建设

与其他地方一样，在现代化发展中祁连山地区也正经历着生态的持续恶化过程。生态恶化严重影响了裕固族聚居区的经济和社会发展，影响到当地农牧民的生产生活。为了遏制生态环境的恶化，裕固族聚居区各级政府做了长期的努力，采取了一系列的政策措施，取得了显著的成效。但还存在国家投入不足、牧民定居以后转产就业不足、基础设施建设还有较大差距等问题。裕固族地区生态环境的恶化与当地工业的高速发展是密不可分的。如何处理好发展工业与环境保护的关系对当地的生态文明建设至关重要。应努力遵循生态规律和经济发展规律，把环境保护、资源合理开发和高效生态产业发展有机结合起来，促进经济持续健康发展和社会文明进步，为城乡居民创造健康、安全、殷实的生活环境，逐步走上经济、社会、生态相互协调和相互促进的发展道路是裕固族地区政府和各族人民目前最为期待的愿景。

一 裕固族地区的生态环境和资源①

肃南县位于甘肃省西北部的河西走廊中部，祁连山北麓，东西长650公里，南北宽120—200公里。由三块不连片的地域组成，东部皇城镇为一块，中部马蹄、康乐、大河、祁丰4乡为一块，北部明花乡为一块。

在大地构造上，肃南县处于北祁连褶皱带，在流水地质作用下，形成了走廊南山、冷龙岭、陶莱南山三大腹背斜带，黑河上游东西岔谷地、梨园河上游谷地、珠龙关谷地三个断裂带及河西走廊、陶莱谷地两大凹陷

---

① 本节资料取自《肃南裕固族自治县志》（甘肃民族出版社1994年版）有关章节和调研材料。

带。整个地势自北向南呈带状起伏，自走廊南山往北陡然下降，海拔从5564米下降到1327米；自西向东群峰横列，变化在海拔3800—5500米，西高东低。

在底层沉积上，肃南县以海相沉积为主，伴有大量的岩浆喷发和侵入。由于受构造运动强烈影响，地层复杂，形成了丰富的矿产资源，目前震旦亚带至第四纪各个时代的地层均有不同程度的出露。这套岩相系统普遍的裸露以及地质作用的混合，奠定了肃南县土壤形成复杂而又完备的物质基础。

由于祁连山强烈的褶皱隆起和走廊地带的大幅度沉降，造成了南部山地和走廊平原两大地貌单元。

南部山地，面积21049平方公里，占总面积的89.8%，分属祁连山中段和东段。中段包括走廊南山、珠龙关谷地、陶莱山、陶莱谷底及陶莱南山；东段指冷龙岭。由于新构造运动的强烈褶皱与流水地质作用的下切，形成了山高谷深、峰锐坡陡的地貌景观。各列山体呈西北向东南方向延伸，高山海拔3800—5500米。海拔4700米以上的山地终年积雪，冰川广布，永久雪线可下移至海拔4000米，平均4300米，而整个地带呈高寒砾漠景观。

走廊平原指祁丰山麓洪冲积平原区、明花洪冲积和湖积平原区两大部分，面积2381平方公里，占总面积的10.2%。

肃南县特殊的地理位置和地势高亢而复杂的地貌，构成了其局部复杂的大气运动及水热变化。肃南县总的气候特点是：冬冷夏凉，热量少，无霜期短，光能资源丰富。夏雨多，冬春雪少，春季降水量变化率大，冬春寒潮、低温及霜冻等天气灾害较频繁。具体而言，春季，由于太阳高度角逐渐增大，地表开始增温。此时北方冷气团缓慢北撤，南来的暖气团向北推进，致使冷气团活动频繁，形成春季冷热无常，晴阴多变，常出现持续低温或前暖后冷的"倒春寒"天气。有时带来的强降温或寒潮降雪天气直接危害畜牧业生产，当青藏高原上有暖高压稳定存在时，又可造成春末夏初干旱。夏季，蒙古冷高压减弱北退，副热带高压后部偏南，暖湿气流随之大量向北输送，致使雨水集中，山区常出现大雨、暴雨或冰雹。秋季，地面蒙古高压和高空西风气流又一次南下，加之山区水汽条件好，往往造成入秋后的连续阴雨天气，气温低、光照少，影响牧草生长发育，给农牧业带来严重危害。冬季，高空雨带明显向南扩展，多受极低南下冷空气和蒙古冷高压影响，造成寒潮降温天气。降雪稀少，冬季降雪仅为全年降水量的2.3％，常造成冬季草场干旱和人畜饮水困难。

全县年日照时数在2700—3000小时，其中祁丰、明花日照时数最长，在2850小时以上，其余各地均在2700小时左右。据气象部门统计，全年晴天占24.9％，阴天占46.8％，云天占28.3％。

虽然肃南县地处山区，阴云天气多，但山区空气透明度较川区好，牧草生长旺季，太阳总辐射和光合有效辐射较高，有利于牧草光合作用，雨水正常时可促进产量骤增。中部高寒后山，牧草生长旺季总辐射和生理辐射量较其他地方少，光合作用相应较弱，易使牧草生长缓慢，作物贪青恋长，推迟成熟，易受冻害。

肃南县气温的分布受海拔高度影响很大，地势由北向南升高，气温北高南低，大气温度垂直递减率为0.5—0.7℃/100米。在同一高度，气温又表现东高西低，平均气温相差3—6℃。各地的平均气温以7月份最高，1月份最低。各地春季3—5月升温，秋季9—10月降温，一般每月升降值6—8℃。冬季各月变化缓慢，每月升降值在2℃以内。

春季日平均气温稳定通过0℃以后，土壤浅层开始解冻，牧草开始萌发，耐寒农作物开始播种。秋季0℃为终止日期，一般土壤开始解冻，地面植物已停止生长。日平均气温通过5℃时，大部分牧草和农作物返青生长，春小麦、青稞开始出土露苗。日平均气温稳定通过10℃时，是耐寒牧草生长旺盛期，喜温木草开始抽穗，大部分牧草在这个阶段开花结籽积累干物质，草质营养丰富，各类牲畜进入饱青抓膘季节。

肃南县各地初、终霜及无霜期差异很大，一般终霜在4月下旬到5月。无霜期明花乡最长，平均174天，其余地区随海拔增高而变短。由于肃南县属高寒气候，按气候四季标准划分，以平均气温<10℃为冬季，≥20℃为夏季，10.0—21.9℃为春季、秋季。这样，除明花乡有50天夏季外，其余各地均无夏季。冬季漫长，达240天以上，春季较短，只有1—3个月。县城最大冻土层深度245厘米，较川区封冻早，解冻迟，冻层厚。

肃南县降水量在66—600毫米。各地降水差异悬殊，大体是北少南多，西少东多。康乐和马蹄的中、后山降水集中而不规律，主要受向西北倾斜的迎风坡地形影响，成为该县最大降水中心。年降水量不仅自西向东递增，而且随高度增加而明显增多。西部每升高100米，递增5.5毫米左右；中部每升高 100 米，递增 15—17 毫米；东部每升高 100 米递增 10—15 毫米，海拔高度 3500 米以上地区随高度的增加降水量迅速减少。

雨季从 5 月中旬起到 9 月为止，多雨段集中在 6—8 月，占降水总量的 60% 以上，其中西部降水集中明显，6—8 月占降水总量的 76%。其他各地均在 60%—66%，冬季全县降水稀少，各地 12—1 月，全年降雪 28 天左右。总降雪量只占年降水量的 1%—2%。最大积雪深度 10—30 厘米，多出现在春季。

肃南县蒸发量总的趋势是由北向南递减，春末初夏（5—6 月）蒸发量均超过当地的降水量。年蒸发量明花乡最大，在 2700—2900 毫米，山区在 1000—2200 毫米。海拔越高，蒸发量越小，其中西部前山区蒸发量在 2000—2200 毫米，是该地区降水量的 12 倍；中部前山区蒸发量和西部后山区蒸发量在 1500—2000 毫米，是该地区降水量的 7—11 倍，后山牧场蒸发量最小，约 1000 毫米，是该地区降水量的 3 倍；明花乡的蒸发量相当于降水量的 31 倍左右。

肃南县境内主要河流分布有石羊河、疏勒河、黑河三大水系，总流域面积 21462.2 平方公里，有大小河流 33 条。主要河流有西营河、东大河、西大河、大都麻河、酥油口河、梨园河、马营河、丰乐河、洪水坝河、陶莱河、白杨河和石油河。年自产水总量 28.53 亿立方米，从青海入境水量 14.58 亿立方米，出境年径流总量 43.11 亿立方米，其中：石羊河水系 8.54 亿立方米，黑河水系 36—68 亿立方米，疏勒河水系 0.89 亿立方米。

肃南县境内共有冰川 964 条，总面积 408.68 平方公里。其中：石羊河流域 104 条，分布面积 54.28 平方公里，冰储量 1.3961 亿立方米；黑河流域 816 条，分布面积 340.39 平方公里，冰储量 11.5026 亿立方米；琉勒河流域 44 条，分布面积 14.06 平方公里，冰储量 2.5227 亿立方米。

肃南县境内有天然湖泊 47 个，水面面积为 4565 亩；坑塘 25 个，水面面积 318 亩；人工水库（除金畅河水库外，其余均为邻县在本县境内所建的灌溉水库）14 座，水面面积为 13561 亩。共有水面面积 18444 亩。但是，由于明花乡湖泊无循环条件，水中含盐量高，不能利用；其他湖泊和坑塘多分布于高山地区，气候严寒，且多为季度性蓄水，故不能利用；金畅河水库因库容小，且冬季结冰严重，也无法利用。

黄泥堡裕固族乡属干旱地区，农作物由井水和祁连山雪水混合灌溉，草原主要靠季节性雨水，季节分配不匀，夏季雨量集中，冬季雨雪稀少。6—8

月降水48.4毫米，占年降水量的56.7%，12月至翌年2月降水5.3毫米，占年总量的6.2%。7月降水20.6毫米为最多，12月降水1.3毫米为最少。

肃南县境内主要有森林、草原、荒漠、冻原、草甸、沼泽等植被群落，呈垂直和水平分布状，随着海拔上升而覆盖度逐渐增大，山地草甸和沼泽草甸类最高。森林覆盖率为13.82%。

肃南的植被类型丰富，有低温地草甸类：主要分布在明花乡境内地势低、水位高的地段，海拔1300—1500米，总面积约105万亩。植被以耐盐植物为主，湖滩以中湿植物为主，伴之中生植物。主要植物有芨芨草、芦苇、苦豆子、赖草、骆驼刺、甘草、小果白刺等。平原荒漠类：分布在明花乡的部分地区，海拔1400—1500米，总面积约135万亩。植被以超旱生、旱生及耐盐植物为主。主要有唐古特白刺、密花柽柳、沙拐枣、芦花、膜果白刺、沙鞭、草麻黄、灰绿碱蓬、猪毛菜、花花柴、珍珠及一年生蒿属植物。山地荒漠类：分布在东起黑河以东，西至石油河，北至走廊平原，南到白银乡等海拔2000米以下的广大地区，总面积约241万亩。植被以旱生小半灌木为主，主要有合头草、琵琶柴、蒿属、盐爪爪、灌木亚菊、柴菀木、碱韭、灰叶铁线莲、猪毛菜、补血草、三芒草。山地草原化荒漠类：主要分布在东西牛毛山下部及大肋巴、鲁沟、榆木山，海拔2000—2300米低山地段，总面积约60万亩。植被以旱生半灌木草本为主，葱属、蒿属植物也占很大比例。主要有：荒漠锦鸡儿、灌木亚菊、珍珠、合头草、碱韭、克罗氏新麦草、芨芨草、短花针茅、甘肃棘豆、兴安天门冬、瓦松、白刺等。山地荒漠草原类：广泛分布在全县前山海拔2300—2450米地带，总面积约192万亩。主要植物有合头草、短花针茅、珍珠、灌木状小甘菊、碱韭、冠毛草、新麦草、芨芨草、荒漠锦鸡儿、麻黄、松叶、青甘韭、猪毛菜等。山地草原类：分布在全县海拔2400—2800米的前、中山地带。植物以旱生草本植物为主，禾本科针茅属占优势，伴之柴菀蒿属。主要植物有西北针茅、短花针茅、大针茅、小花棘豆、甘蒙锦鸡儿等。高寒草原类：主要分布在祁青乡的珠龙关、陶莱、洪水坝等区域，总面积约194万亩。植被以耐寒、耐盐植物为主。主要有芨芨草、金露梅、早熟禾、垂穗披碱草、异针茅、青海鹅观草、垫状驼绒藜、肾果、沙棘高山紫菀等。山地草甸草原类：分布在祁连山天然森林地带，总面积约247万亩。主要植被有：针茅、西北针茅、扁穗冰草、赖草、早熟禾、苔草、萎陵菜属、蒿属等。山地草甸类：位于林线以上或林间空地、林缘地带，在阳坡、砾质干燥坡地带，呈带状分布，排水良好，水分条件优越，植被有湿中生灌木、多年生草本组成，总面积约683万亩。主要植被有：山楂柳、红果、北极果、杜鹃花属、鬼箭锦鸡儿、西藏锦鸡儿、金露梅、高山绣线菊、沙棘、小苔草、线叶蒿草等。高山沼泽草甸类：主要分布在皇城的二郎山掌、百花掌、三个海子，马蹄乡的天达坂拿，康乐乡的黑台子、老虎沟台等地，总面积约31万亩，常见主要植物有：草属、蒿草属、苔草属、白尖苔草、甘青虎耳草、高原苔草、线叶蒿草、藏蒿草、华扁穗草、展苞灯芯草等。

肃南县以青海云杉为主的天然森林绵延千里，构成了生物的多样性，是西北地区的生物种源基因库，有林地128.9万亩、灌木林地366.2万亩、疏林地10.9万亩，森林总蓄积量1611万立方米，森林覆盖率达13.8%，堪称河西地区和内蒙古西部的"生命线"和"绿色水塔"。

肃南县的野生动物资源非常丰富，有国家重点保护的一、二类鸟兽类野生动物59种，其他动物179种。从兽类来看，在海拔4100—4300米的高山裸岩带，分布有雪豹、盘羊、白唇鹿等。雪豹是这一地带的唯一猛兽，捕食岩羊、雪鸡，但数量不多。白唇鹿是青藏高原的特有种类，喜结群活动，具有不同于其他鹿类的特殊毛被。此外，在本带的河谷悬崖峭壁有少量的石貂等动物。在海拔2400—3900米的高山草原、针叶林、灌木丛和河谷林灌地带，栖居有石貂、猞猁、麝、甘肃马鹿、白唇鹿、盘羊、石羊、青羊、野牦牛、野驴、西藏原羚、黄羊等野生动物。

鸟类也很多。祁连山山势陡峭、群峰耸峙、重岩叠嶂、峡谷幽深、沟壑纵横，随着海拔高度的递增，气候、地形和植物等呈垂直变化，鸟类的分布也有不同。在海拔4100—4200米，有藏雪鸡、胡兀鹫、玉带海雕、白尾海雕以及褐岩鹨、林岭雀；海拔3600—4000米，有高原山鹑、角百灵、褐背拟地鸦、藏雪鸡、鸲岩鹨、林岭雀、棕胸岩鹨、云雀、雪鸽。在海拔2400—3000米地带有高山雪鸡、斑尾榛鸡、血雉、蓝马鸡、黑冠山雀、裸头山雀、白脸鸦、黑头鸦等。在高山草甸中分布有高山雪鸡、斑尾山鹑、灰盾岩、褐背拟地鸦、戴胜、红嘴山鸦、黄嘴山鸦、喜鹊，在低海拔的草甸草原中还有寒鸦、山石鸡、蓝额红尾鸲、赭红尾鸲等。

肃南县境内还分布着大量昆虫以及蛙类、鱼类、蛇类等动物。

从1972年开始，县政府陆续发布通告、规定等，划定皇城、大河、康乐、马蹄、祁丰等地为珍贵动物重点保护区和禁猎区。经国务院批准，祁连山国家级自然保护区管理局于 1989 年 1 月 24 日正式成立。肃南县境内的野生动物被列入保护区范围之内，全县各族人民认真贯彻执行《中华人民共和国野生动物保护法》，积极开展宣传、保护工作，恢复和发展野生动物资源。

黄泥堡乡野生动物比较少，主要有蟾蜍、青蛙、蜥蜴、蚂蟥、蚰蜒、蛇、白鹭、鹳、雁、鸫、鹰、赤麻鸭、白头鹞、雉鸡、灰鹤、沙鸡、斑鸠、啄木鸟、野鸽、家燕、喜鹊、寒鸦、乌鸦、麻雀、刺猬、野兔、家鼠、仓鼠、田鼠、沙鼠、黄羊、狐狸、黄鼬（俗称"黄鼠狼"）、蝙蝠、狼、獾等 30 多种。该乡植被稀疏，分布主要野生植物 60 多种。如沙枣、榆树、沙米等，野生中药材植物约 40 多种，主要有甘草、羌活、锁阳、中麻黄、紫苏、苍耳子、苦豆子、艾叶、青蒿、茵陈、蒲草、肉苁蓉等。

肃南的土壤类型主要是高山寒漠土类，分布在冷龙岭、走廊南山北坡、陶莱山和陶莱南山，面积 877.37 万亩，是分布面积最大的土壤类型。植被覆盖率在 1%—10%，由于受冰雪侵蚀严重，坡度较大，分布母质主要为冰碛物和坡积物。特点是土层薄，厚度仅有 12—13 厘米，砾石含量在 40% 以上。除此之外，该县还有高山草甸土类、高山草原土类、亚高山草甸土类、亚高山草原土类、灰褐土类、山地黑钙土类、山地栗钙土类、山地棕钙土类、灰漠土类和灰棕漠土类等土壤类型。

黄泥堡裕固族乡土壤多带有红色，农业土壤以灌漠土、潮土、风沙土、红黏土、灰棕漠土为主，土壤整体盐碱化严重。

肃南县的矿产资源极其丰富，储藏着大量的铁、铜、铝、铬、锌、锰、镍、金、锑、钨等金属矿产。非金属矿产有煤、石青、萤石、大理石、玉石、石棉、芒硝、黏土、云母等。

黄泥堡乡境内分布有石油、有色金属、非金属、建材等矿产地多处，储量可观。

二　生态建设的政策措施及效果

（一）生态环境的恶化

祁连山地区原本是一个万木葱茏、气象万千的美丽家园，但与其他地方一样，在现代化发展中这一地区也正经历着生态恶化的持续过程。到 20 世纪末，当地有关部门经过连续几年的观察与统计发现：祁连山雪线上升，冰川后退，有效降雨减少，地表径流来水不足，大部分小沟小河断流，部分井泉干涸，森林涵养水源调节气候的作用下降，水资源赖以存在的条件明显不足。每到汛期，来势凶猛的洪水夹杂着大量泥石流顺山而下，水土大量流失，植被遭到破坏。部分地区干旱严重，地下水位下降明显（有的地区每年下降 1 米，有的地区三年下降 1 米），荒漠区的天然小水库——海子大都干涸了，草原沙化、退化、盐碱化、虫鼠害化加剧。祁连山地区生态环境的变化，总体表现为沙漠向绿洲推进，农区向牧区推进，牧区向林区推进，雪线向山峰推进，森林和草原缩减，河川径流量减少，地下水位下降，水质恶化，生物资源减少，风沙弥漫及沙尘暴趋向强化，空气污染加重。

生态环境的恶化有全球气候变暖大环境的原因，也有肃南地区发展过程中的人为原因。

第一，是人畜增长过快和草原超载过牧。由于干旱少雨及鼠虫危害，草场综合治理不力，草地生产能力处于低水平，导致草场不断退化。据统计，1983 年全县退化草地为 71.2×10^4 公顷，到 2003 年达 89.3×10^4 公顷，与 1983 年相比上升了 20.88 个百分点。近年来人们在经济利益的驱动下，大规模地增加牲畜数量，掠夺性使用草场，草畜矛盾日益突出。超载过牧的结果，使草场退化更为严重。优良牧草因得不到休养生息而消失，土壤严重板结、贫瘠，近一半草地需要重新治理。[①]

第二，不合理开垦也造成了祁连山草原退化、沙化，特别是在无保护和无灌溉条件下开垦草原，对生态的影响最大。50 多年来，由于乱垦滥伐，毁林毁草，致使祁连山森林覆盖率由 20 世纪 50 年代的 22.4% 减少到目前的 14.4%，浅山区 70 公里范围内的森林已荡然无存。森林面积由 474 万亩下降到 180 万亩，完整的天然森林生态系统退化。

第三，水资源开发和利用粗放无序。传统的灌溉方式还没有大的改变，由于不断垦荒，农业用水量过大，地面水不够就超采地下水，造成水位下降、矿化度提高。节水型农业格局尚未形成，为确保农业用水而挤占生态用水，造成下游荒漠植被的衰亡和沙漠化的加剧。灌区的配套建设落后，"跑冒滴漏"严重。山区的调蓄性水库不足，平原水库水面大、库浅，水资源大量蒸发渗漏。上下游用水缺乏统一规划和调度管理。企业和

---

① 张亮晶等：《西部少数民族地区生态环境与反贫困战略研究：以肃南裕固族自治县为例》，《干旱区资源与环境》2011 年第 3 期。

城镇居民生产生活用水浪费现象严重。过去裕固族地区无污水处理厂，工业循环用水、生活中水回收等工作尚未展开，水资源的重复利用率很低。水资源利用上的各种不科学做法，导致了水资源供需的严重失衡，在生态环境方面付出了沉重的代价。

第四，人的活动范围不断增大，严重影响了野生动物的活动、繁殖，特别是一些兽类动物的活动场所急剧缩小，数量也日趋减少。开矿办厂、旅游等商业活动的兴起是发展地方经济所必需，但开山采矿的工人，游山玩水的游客，川流不息的汽车，滚滚的尘土，对动物的生存环境产生了很大的影响。近年来，气候多变，一些适合动物栖息的环境条件遭到破坏。特别是气候变暖，干旱少雨，使部分高山裸岩带的积雪逐年减少，高山草甸湿地面积逐渐缩小，部分河流逐渐干枯，严重威胁着野生动物的生存。此外，不法分子在利益的驱使下进行偷猎野生动物的现象，特别对一些珍贵野生动物的偷猎尤为突出，也导致了一些野生动物数量的下降。

（二）遏制生态恶化的政策措施

生态环境的恶化严重影响了裕固族聚居区的经济和社会发展，影响了当地农牧民的生产生活。为了遏制生态环境的恶化，促进当地的生态文明建设，肃南县及黄泥堡乡做了长期的努力，采取了一系列的政策措施，取得了显著的成效。

退牧还草

肃南县草原属国家所有和集体所有，由牧户承包经营。1983—1984年推行了草畜双承包生产责任制，将所有冬春草场划归到户，夏秋草场划归到户或联户使用。当时，全县承包草原的牧户有4363户，可利用草原面积1705.67万亩，其中分户承包的冬春草场面积为932.27万亩，划片联户使用的夏秋草场面积为773.39万亩。分户承包的草场由县政府颁发了草原土地使用证。为了全面贯彻落实草原、土地承包延长30年的基本政策，进一步调动农牧民群众的生产积极性，1998年完成了牧户承包土地合同续签工作（二轮承包），县政府重新颁发了草原土地经营权证书，进一步强化所有权，明确发包权，稳定承包权，放活经营权。2000—2001年，为了解决草原承包经营后因超载过牧造成草场退化的问题，在先行试点的基础上，推行了以草定畜的草畜平衡制度，对牧户承包使用的四季牧场面积、产量进行测算，核定了适宜载畜量。全县共完成1638.51万亩四季草场的以草定畜和草原有偿承包，其中冬春草场 754.23 万亩，总产草量 5.94 亿千克，确定适宜载畜量 70.89 万个羊单位；夏秋牧场 884.29 万亩，总产草量 5.91 亿千克，确定适宜载畜量 100.75 万个羊单位，初步建立了草原管护、建设、利用的有效机制。

为了进一步保护生态植被，增强水源涵养能力，实现可持续发展目标，2004—2012 年肃南县被农业部和省上列为退牧还草工程项目县之一。截至目前，已经完成退牧还草工程 1400 万亩，其中禁牧 580 万亩，休牧 750 万亩，划区轮牧 70 万亩，并在禁休牧区补播改良天然草场 342 万亩，人工草地 11.3 万亩，涉及 6 乡 1 镇 101 个行政村 8306 户。共完成投资 4.03 亿元，其中国家投资 2.98 亿元，地方配套及牧民群众自筹 1.05 亿元。为退牧还草区牧民群众发放陈化粮变现补助资金 7743 万元。这一措施取得了很好效果。经监测调查，项目区天然草地牧草高度提高到 6—13 厘米，总盖度提高 11%—27%，草场优质丛生牧草比例上升到 56% 以上，牧草平均产量增加 23 公斤/亩。

2007—2008 年，按照"四个不变"和"三个明确"（即：草原家庭承包责任制不变，按大包干时人口承包的生产资料不变，牧户在草原上建成的基本设施坚持谁建设谁使用的政策不变，原承包草原的总面积不变和属国家所有的基本草原明确到使用单位，属集体所有的基本草原明确到村集体经济组织，农牧民承包使用的基本草原明确到各农牧户）的原则，开展了基本草原划定工作。全县划定基本草原面积 2677.55 万亩。县政府对划定基本草原的目的、依据及草原类型、面积等进行了公告。通过开展基本草原划定试点工作，摸清了在资源开发过程中征占用草原的实际面积，使广大干部群众进一步增强了对保护草原重要性、长期性的认识。也使农牧民在了解目前草原基本形态的同时，积极投入退牧还草工程中，通过自身的行动更好地进行生态环境建设。

退牧还草工程的顺利实施和国家出台的草原生态保护奖励补助机制政策密切相关。与草原生态保护的退牧还草、禁牧休牧、草畜平衡等措施相配套，国家及肃南县制定了草原生态保护奖励补助政策。省市核定肃南县落实草原生态奖补政策面积 2091.9 万亩，其中，禁牧 684.2 万亩，草畜平衡 1407.7 万亩（含皇城草原、宝瓶河牧场面积），涉及 7 乡（镇）4 场 26388 人，奖补资金 1.72 亿元/年。截至目前已落实全县 100 村 4 场 8253 户 25737 人 2011—2012 年度草原生态奖补政策资金 3.3 多亿元，发放率

97.1%。草原生态奖补政策使退牧还草工程等得到了较好的实施，弥补了牧民群众在实施禁牧和草畜平衡后减少的经济收入，有效遏制了草场"三化"趋势的蔓延。

黄泥堡裕固族乡的生态保护也受到了从中央到省市区各级政府的关注。乡上按照上级有关政策要求，将黄泥堡各草场划归农户所有，禁止放牧，为家庭饲养提供政府饲料补贴。为确保草原免遭破坏，区上在黄泥堡乡设立了沙生植被保护站，现有人员8名，具体负责黄泥堡草原及周边草场植被的保护及还原。

退耕还林

从1998年国家实施天然林保护工程以来，肃南县把加强林业生态保护作为促进经济社会持续、快速、健康发展的基础来抓，对498万亩天然林全面实行封山禁伐和管护承包责任制，建立了县、乡、村、局、场、站6级森林防火联防体系。大力推进项目带动战略，先后实施了天然林资源保护、三北防护林四期建设、退耕还林、退牧还草、黑河流域上游水土保持综合治理、防沙治沙等林业生态工程，累计完成退牧还草、封山禁牧640万亩、封山育林9.6万亩、退耕还林3.15万亩、造林3.6万亩。通过实施重点工程造林封育，生态脆弱地方的生物多样性有了明显改善，新增林地34.5万亩，实现了造林面积和森林蓄积的双增长。

此外，肃南县还狠抓森林防火工作。2001年，肃南县颁布实施了《肃南县森林防火条例》，广泛开展宣传教育，始终坚持"预防为主"的方针，坚持主管部门和乡镇政府相结合，专业护林和全民防火相结合，群防群治和重点防范相结合，每年动员林区内各族群众参与护林防火，巩固了53年无森林火灾的好成绩。

鉴于黄泥堡乡林业发展方面的不足，乡党委、政府也积极采取了应对措施。一是积极发动群众植树造林。政府采取"谁种谁得"的政策，农户可自由选择区域造林，所得财产属个人所有。通过广泛宣传，近些年共建成集镇沿线防护林带及农田防护林带达200公里，狼窝泉国家级农业开发区周边农田防风林带20公里，主要以新疆杨、沙枣、红柳为主。另外，乡上积极动员农户种植梨树、枣树、杏树等果类苗木，苗木数量达到3500余棵。二是乡上将每年4月定为植树月，购置松柏、紫花槐、云杉、白蜡、侧柏等苗木，组织乡机关及乡属部门植树造林，建成集镇沿线连片绿化带，植树累计达到1万余株。另外，在东滩及闲置荒地人工栽植红柳

5万余株。目前黄泥堡乡累计新增造林面积1070余亩，全民义务植树6万余株，建成绿色通道5公里，完成"千米防护林"22公里，建成千亩义务植树基地1个，栽植胡杨、沙枣、红柳等苗木60000余株。争取投资230万元，完成了黄泥堡东滩6万亩的退牧还草工程。此外，黄泥堡乡还抓住国家扶持人口较少民族发展项目的机遇，2010年积极争取了东滩封滩育林项目资金240万元，2003年争取亚洲银行贷款项目，先后围栏64公里，封滩7万亩，确保了植被的自然生长。

生态移民和牧民定居

生态移民，亦称环境移民，系指原居住在自然保护区、生态环境严重破坏地区、生态脆弱区以及自然环境条件恶劣、基本不具备人类生存条件的地区的人口，搬离原来的居住地，在另外的地方定居并重建家园的人口迁移。长期以来，由于祁连山腹地水土流失严重，"三化"草原面积不断扩大，引发的林农、林牧以及草畜矛盾十分突出，造成祁连山生态功能、水源涵养效能大幅度降低。为保护祁连山水源涵养林及其生物多样性，从2003年起，国家实施了祁连山生态移民一期工程。肃南县生态移民区域涉及县境内的5个林业保护站、4个乡、56个村，生态恢复区总面积7719.9平方公里。通过搬迁部分牧民群众至区外条件相对优越的明花乡、白银乡等地，达到恢复生态与致富奔小康的双赢目的。为了将工程建设的各项任务落到实处，肃南县强化领导，周密安排，成立了计划、农办、畜牧、林业、水务、电力等13个部门的负责人参与的项目建设协调领导小组和工程管理委员会。对搬迁移民实行了所需土地无偿划拨、开发的土地所有权不变、迁出地生产资料继续使用3年、新开发农业用地5年内免征各项税费以及基础设施、农田改造、住房建设、棚舍建设、良种引进、实用技术推广、科技培训等相关项目投资、扶持、补助等许多优惠政策。整合了全县部分支农发展项目资金和力量，抽调153名干部驻村驻点帮扶指导，县直各部门集中时间、人力、财力，对85户生态搬迁贫困户进行一对一的帮扶。这些措施，确保了工程各个项目的顺利完成。自2004年3月该项目全面启动以来，在明花、白银两个主要安置区已组建5个自然新村，落实居民点40处，新建总建筑面积达5.86万平方米的生态易地搬迁住宅690套，安置易地搬迁群众690户3170人。完成土地规划整治38个方田1.71万亩，新打深水井12眼，铺设低压节水管道84.76公里及建设配套工程，实现了节水灌溉。建成高位水塔15座，铺设输水管道18.62

公里，完成人畜饮水工程 15 处。新建通村道路 3.9 公里，农电线路 15 公里，防洪堤坝 5102 米。建成了黄河湾、上井、小海子、大肋巴台子、榆木桩等 5 个村委会。农牧民的生活得到了很大的改善。

与生态移民相近，牧民定居也在进行。2012 年肃南县游牧民定居工程开始了第二批建设项目，主要内容为：新建定居点住宅 1554 套 154579.2 平方米，平房 117 套 14040 平方米；铺设供暖管道 8 处 4.3 公里；架设农电线路 3 处 3.7 公里。工程概算总投资 28080.11 万元，其中，国家专项资金 4632 万元，省级配套资金 1544 万元，群众自筹资金 21904.11 万元。截至 2013 年 6 月，共开工建设住宅 1382 套，其中，完成主体工程建设 472 套（滨河新区游牧民定居点 335 套、马蹄乡 117 套平房、皇城镇泱翔河东定居点 20 户）；完成五层主体工程楼房 568 套（红湾寺定居点 174 套、皇城镇北滩定居点 196 套、祁丰乡文殊沟定居点 126 套、白银乡定居点 24 套、马蹄乡定居点 48 套）；康乐乡墩台子定居点 120 套正在进行四层主体建设；正在进行一层、二层主体工程建设 222 套（白银乡定居点 24 套、明花乡许三湾定居点 168 套、皇城镇铧尖定居点 30 户）。敷设供暖管道 5 处 3.1 公里；架设农电线路 3 处 3.7 公里。相应完成投资 15049.7 万元，占计划投资的 53.6%。

黄泥堡乡在基础设施建设上也做了大量的工作。截至目前，在道路交通方面，争取投资 225 万元，完成了全乡 10 公里的道路铺油罩面工程。在水利设施建设方面，争取投资 219 万元，完成了全乡 15 公里农田支渠的衬砌和 100 余座渠系建筑物修建工程。立项投资 396 万元的 12.4 公里南坝和新坝干渠改扩建项目，目前已全部开工建设，不久即可全部完成。在康居工程建设方面，采取了"政府扶持、政策驱动、农户修建"的原则，五年来，共新建康居示范点 3 个，入住农户 60 户，对 3 个村 6 个居民点的村容村貌实施了集中整治，农村集中居住小区已完成招投标工作，即将开工建设。同时，对已建成的康居工程示范点实施了改电、改水、庭院绿化和太阳能架设。积极开发利用沼气能源，在全乡 3 个村 10 个村民小组建设沼气用户 75 户。修订完善了《黄泥堡乡集镇发展规划》，不断加大集镇基础设施投入，先后完成集镇硬化、农贸市场建设、迎宾彩门建设等工程，进一步改善了集镇的整体面貌。

（三）发展经济与生态建设的有机结合

除了上述一般性的生态建设措施之外，裕固族地区各乡镇也都根据自己的实际情况，将发展经济与生态建设结合起来，形成了各自的特色。

明花乡的特色在于地势平坦、光照条件丰富，优势在于农业。基于这一条件，以发展高效农业为主体，以种草养畜和劳务经济为两翼的"一主两翼"的发展框架初步形成。全乡上下正在全力推动以节水和治沙为重点的生态建设，以种草养畜为重点的现代农牧业，以新能源开发为重点的工业经济，以加强基础设施为重点的小集镇建设。

随着草原生态奖补政策的全面落实，白银乡根据乡情实际，始终牢牢把握和坚定不移地走生态畜牧业发展的路子，以此促进农牧民增收、农牧业增效、农牧村发展。一是鼓励农牧民群众发展舍饲养殖。通过争取政府贴息贷款、扶持较少民族、扶贫开发项目等多措并举的方式，积极引导和稳妥地推进设施畜牧业发展。二是切实加大畜种改良力度，提升畜种品质，并动员牧民出售牲畜，缩减牲畜数量，优化了自留畜群结构和畜种质量，为确保草场全部禁牧和舍饲养殖奠定了坚实基础。三是大力推进以红提葡萄为主的设施农业发展。在保持原有种植规模的基础上，在提升品质、打响品牌上下工夫，在科技创新、推介包装上做文章，通过走出去学、请进来教等方式，加大对红提葡萄前期栽培、中期处理、后期储存、品种改良、病害防治等技术的推广力度，积极争取政策资金，改善红提葡萄大棚基础设施建设，减轻农牧民发展设施农业的经济负担，防范和减少种植风险。四是大力发展食用菌种植。为了实现以畜促农的发展理念，充分利用暖棚羊舍季节性利用特点，积极与上级部门单位衔接沟通，通过送技术、帮资金、找项目等措施，在全乡重点扶持 4 户食用菌种植示范户，以此带动食用菌种植业的发展。

大河乡随着城乡一体化加快，牧民定居工程加快，80% 的牧民定居到县城。禁牧后的转型问题，舍饲喂养、少养、精养是转型方向，农区和牧区互补，大河、明花互补是比较好的做法。牧民定居问题如牧民城镇化后传统生活还是在牧场生活，大河乡政府利用网格化管理，用便民服务来引导定居牧民与城镇居民进行沟通交流。

皇城镇全力落实草原生态保护奖励补助政策，完成了基础资料归类建档，准确及时兑付了奖补资金，认真开展草原规范化承包工作，为下一步实施以草定畜、草畜平衡打好了基础。截至目前，为全镇符合享受草原生态保护奖励补助政策的 2108 户 7307 人发放奖补资金 2586 万元。高度重视森林草原生态保护与治理，大力引导农牧民压缩山羊、土种羊饲养。严厉打击乱挖药材、破坏草原植被、盗伐林木等行为，加强森林草原防火工作，广泛开展植树造林活动，为保护草原环境、促进生态畜牧业发展奠定了基础。

马蹄乡总投资 1000 万元，修建游牧民定居楼 4 栋 8 个单元 64 套住房；争取投资 280 多万元，对圈坡村村道、养殖小区道路进行了硬化，全面完成了马蹄学校、大泉沟学校校园美化、校舍粉刷和中心卫生院改造粉刷工程。在乡政府驻地、养殖小区、南城子平整耕地沿线栽植美化和防风苗木 2300 余株。2011 年初确定的小集镇各单位办公楼立面粉刷、马蹄河防洪坝、锅炉扩容改造、屠宰场、圈坡村、八一村人畜安全饮水工程项目正在紧张施工中。

祁丰乡通过积极争取项目资金，实施了农业综合开发、生态易地搬迁和退牧还草三大工程。其中，借助农业综合开发项目开发土地 4000 余亩，新建高标准暖棚羊舍 100 座，借助生态易地搬迁项目新建高标准小康住宅 473 套，其中牧民安居楼 4 栋 126 套。借助退牧还草项目在全乡 13 个村禁休牧草原 237.3 万亩，使 438 户牧民受益。进一步加大对草原生态的保护力度，新建水窖 162 眼、高标准暖棚 132 座、青贮氨化池 73 座、沼气池 120 座，新修及整修乡村道路 10 条 100.8 公里，新修、维修水渠 16 条 20.8 公里，在天生场农业开发区铺设低压管道 28.6 公里。新建和改造了 7 个村的自来水工程，改造了 12 个村的农电线路，实现了城乡同网同价。2009 年底在小集镇文殊沟率先开通了数字有线电视，380 多户居民受益，全乡 12 个村实现了固定或移动通信覆盖，96% 的村居民点实现了通电、通水、通路、通电话。

黄泥堡乡在促进群众增产增收方面持续扩大大棚蔬菜的种植规模，引导农户种植西瓜、梨瓜、辣椒、西红柿等经济效益较好的优质果蔬产品，在新湖村建成百亩塑料大棚小区和农业科技示范园区；支持推行土地集中流转，新增流转土地 300 亩，寻求新的增长渠道，不断完善农产品质量体系建设。坚持以标准化养殖小区的补栏为重点，大力扶持畜牧养殖；采取以奖代补的形式，鼓励和引导农户调引种羊和基础母羊，改良肉羊品种，扩大养殖规模，力争启动黄泥堡和沙枣园子养殖小区；加大动物疫情防控免疫力度，全面落实各季度防疫免疫密度。

三　生态建设中的问题和诉求

　　裕固族地区的生态建设已取得了很大成绩，但从调研来看，还存在一些困难和问题，当地干部群众也存在着很大的期望和诉求。主要表现在三个方面：一是在生态建设上国家给予的投入不足，而且标准不一，期望有更多的资金支持；二是牧民定居以后转产就业不足，后续产业开发滞后；三是生态建设的基础设施建设还有较大的差距。这些问题和诉求在调研座谈过程中会屡屡听到。

　　　马蹄乡生态环境比较脆弱，随着草原奖补政策及一系列政策的实施，超载过牧的现象还是存在。根据县上的要求，今年的草原上的牲畜要减少到 40%，这样的话我们在 2015 年能保持草畜平衡。我们自己的牲畜本来就比较多，加上边邻地区来我们的地方放牧（祁连山深处），也就是夏季牧场，肆意践踏植被，这样就造成水土流失，草原破坏严重，而我们自己超载放牧也很严重，这就造成生态比较脆弱，虽然国家投入了一定的资金进行围栏，但还是远远不够。……

　　　过去叫草畜平衡，现在叫以草定畜，一亩地只能养一只羊，这叫牧民怎么生存呢？何况五年的周期再有两年就过了，两年以后又该怎么样呢？好多事情需要政府的投入，只有政府重视我们的问题，才能让我们的牧民过得很好。

——马蹄藏族乡座谈发言片段

　　　肃南县草原属高山草原，牧草类型好，载畜量高，农牧民收入十分可观。在落实草原生态保护奖补政策中，由于禁牧补助和草畜平衡奖励标准偏低，造成部分牧民减畜后实际收入减少。群众普遍认为如果国家补偿能够进行下去，而且随时代发展能够增加，就对牧民有利。如果以五年为周期，五年完了，再去放养，吃亏就多了。牧民希望国家奖补政策持续下去。既能维持牧民的家庭生活，又能够使牧民的后续产业得到发展。禁牧后的收入和正常放牧的收入差距大，牧民更多考虑自己的收入，对禁牧政策不满意。虽然国家支持牧民发展舍饲养殖，以发展后续产业，但是在祁丰乡大多数地区舍饲养殖在资金和项目上受到限制,修了 26 个暖棚,一个才一万多,资金不足只能使这些大棚维持现状,得不到更好的发展。近几年在人口集中地搞大型圈养,没有一定的条件贷不到资金,也没办法做大做好。祁丰乡群众对后续产业发展问题反应很强烈,他们认为如果国家给予一定的政府引导和资金支持,后续产业发展还是有一定的潜力的。

——祁丰乡座谈发言片段

　　由于持续干旱、牧草返青推迟、牧民饲草料储备不足等因素影响,全乡牲畜缺水缺料严重,对发展设施养殖业造成一定的影响。黄泥堡裕固族乡拥有很大的滩涂,水资源很缺乏。村上欠了很多钱,发展节水农业,只是渠道,没有滴管。大棚农业效益不行,原因是地理位置经济发展制约因素,土壤改良、封山育林,养殖业受到限制,……

　　黄泥堡乡在生态环境建设中存在的问题,第一个是土壤改良的任务比较重,盐碱化程度比较严重,好多高效的舍饲养殖农业没办法种植,土壤改良是黄泥堡乡第一难。第二是由于分滩育林,养殖业也受到了一定的影响,养殖业上品种改良也是一个难题,因为老百姓的收入比较低,完全靠老百姓自己的能力,改良品种、扩大规模,速度是比较慢的。第三就是农牧业基础设施比较薄弱,30% 以上的水白白浪费。第四是作为裕固族,和肃南裕固族还有一些区别,黄泥堡乡作为裕固族自治乡,尤其在酒泉还是唯一的少数民族乡镇,但是老百姓在民族政策上得到的实惠和肃南县就没办法比,倾斜力度不大,现在主要还是靠中央的扶持政策,得益于这个政策,但是黄泥堡乡群众还是希望国家能加大扶持力度。黄泥堡乡老百姓在肃南还有不少亲戚,在互相来往中,发现肃南的补贴各方面都比我们好,反映比较大。

——黄泥堡乡座谈会发言片段

　　显然,这些发言集中谈到国家投入不够和获得更大支持的期望,但在实际中,存在的问题更具体和广泛,比如和牧民定居点建设有关的问题就包括:农业综合生产能力不强,现有基础设施等级低、功能还不完善,抗御自然灾害和市场风险的能力不强。群众居住分散,经济基础薄弱,贫困人口多,社会化服务功能建设发展速度慢。农牧民自身投入能力差,特别是道路、住房、棚圈、水利等基础设施建设方面缺乏自筹资金。群众对政策、项目资金的依赖程度较大等。这些问题的解决的确需要国家更多的投入，也需要当地政府和民众自身更多的努力。

此外，肃南县是河西走廊重要的生态县，境内森林资源非常丰富，是西北地区极其宝贵的生物种源基因库。祁连山北麓70%的水源涵养林在肃南境内，涵养和供给着河西地区石羊河、黑河、疏勒河等33条河流的水源，是河西地区和内蒙古绿洲生存和发展的生命线。为此，肃南县采取积极的措施，不断加大生态保护力度，取得了一定的成效，但由于该县特殊的地理位置和复杂的地形分布，导致项目建设成本高、费用大、资金投入有限，无法从根本上改善和满足生态保护的需要，保护治理生态环境责任重大、任务艰巨。为此，他们呼吁加大祁连山北麓生态环境保护功能区的转移支付力度，从根本上解决肃南县祁连山北麓生态保护中存在的问题。这些呼吁应该得到重视，其中的问题是应该得到解决的。

四　工业发展与环境保护

（一）稳步发展的地方工业

中华人民共和国成立前，裕固族地区的工业几近空白，只有以畜产品原始初级加工为主的家庭手工业，如织褐子、捻毛线、打袜子、搓毛绳、打酥油等，当地牧民生产和生活中用的马掌、铁锅、瓷碗、斧、刀等都是通过货郎子物物交换。肃南县的地方工业起步较晚，从1958年开始创办了一些工业企业，主要有皮毛加工厂、地毯厂、洗毛厂、民族用品厂、乳品厂、农机厂、铜矿、灰大坂煤矿、被服厂、食品加工厂、印刷厂、饲料加工厂等。电力工业有小水电站建设、小火电站建设，还有以矿藏开发为主，没有形成规模，经济效益不显著的一些乡镇企业。限于技术和设备条件，工业在国民经济中占有很小的比例，丰富的矿产资源和畜产品资源得不到充分利用。1980年以后地方工业开始起步，乡镇企业得到蓬勃发展。

进入21世纪，科学技术不断进步，社会经济也在迅速发展。肃南县地处祁连山腹地，是国家确定的12个找矿重点区带之一，也是全省黑色、有色金属矿产的集中区。据地质部门概查资料显示，该县共分布有矿产资源4大类34种306个矿点。从矿产资源开发远景来看，钨矿资源金属总量达34万吨，居全国北方之首，铁矿石资源总量达2亿吨，占全省铁矿资源总量的86%，铜矿资源金属总量27.8万吨，煤炭资源总量1.3亿吨，开发潜力巨大。近年来，肃南县委、县政府扎实组织实施工业强县战略，加快矿产资源开发，提高矿产品附加值，变资源优势为经济优势，使矿产品开发等具有一定特色的地方工业体系初步形成，并呈现出稳步快速发展的良好态势。"十五"期间，肃南县GDP增加了99.6%，其中第一产业增加了34.9%，第二产业增加了180.2%，第二产业的年均增长率为36.06%。而"十一五"时期第二产业增加值在地方经济总量中的比例进一步提高，与第一产业、第三产业增加值的差距进一步拉大，以工业经济为主的地方经济格局初步形成。

然而祁连山自然保护区是国家级自然保护区，是我国重要的森林和野生动物自然保护区，是石羊河、黑河、疏勒河三大内陆河流域的水源区，是河西走廊的"母亲山"和"命根子"，是河西地区可持续发展的重要战略资源，关系着西北甚至全国的稳定发展。大批工矿企业的不断涌现和以工业生产为主的第二产业的急速增长，必然带来保护区内生态环境的恶化。以肃南县为主的裕固族地区生态环境的恶化与工业经济的发展是密不可分的。

（二）走循环经济之路

进入21世纪以来，肃南县十分重视生态环境的治理，以科学发展观统揽工作全局，以加快产业结构优化升级为主线，以项目建设为推动力，企业技术改造和自主创新能力得到加强，逐渐形成了以循环经济为目标的工业发展路子。他们对此的规划和设想是：

大力宣传《清洁生产法》，建立清洁生产管理体系和推进机制，推广以"节水、降耗、减污和资源循环利用"为核心的清洁生产和循环利用技术，逐步建立起完善的清洁生产、循环经济管理体系和推进机制，引导企业实施清洁生产、发展循环经济，提高全县工业生产的经济、社会和环境的综合效益。

第一，提高能源、资源利用效率。重视节能降耗，提高能源、资源利用效率。不断完善节能降耗提效法规体系建设，加强执法监督，重点监测煤炭工业、钨矿、钼矿工业等行业；制定能效标准和规范，强制淘汰高耗低效产品，大力推广高效节能产品；重点抓好高耗产业和产品的节能工作，及时更新落后的高耗能装备；重点发展一批节能与利用可再生资源的项目，明确节能、降耗技术进步与技术改造的重点和发展方向，支持节能、降耗新技术、新工艺和新产品的使用，促进全县节能与可再生能源的产业化发展。

第二，加强废弃物回收与综合利用。建立肃南县废弃物回收利用中心，通过拆解、分拣，对可再生利用的各类废弃物进行回收，减少资源的浪费。同时，按照"减量化、无害化、资源化"的原则，加强对工业废物的综合利用，实现产业间的物料循环和链接，逐步提高工业固体废物的处置和综合利用率，从而实现资源的高效率利用，增加经济效益和社会效益，防治环境污染。

第三，加强企业的污染防治，淘汰重污染、高能耗企业。对于企业，要根据不同的行业特点，采用适宜的污染治理装备和设施，实行多种处理技术相结合，提高污染防治设施的处理效率，减少污染物的排放总量。对重点企业的水污染防治，以采用节水工艺为前提，提高中水回用率；对重点企业的大气污染，要通过改进工艺装备、提高转化率来减少工艺废气的产生量，并实现工艺废气的回收利用，同时，要逐步改变能源结构，减少温室气体排放，保护大气环境；进一步加强危险废物的监督管理，在实行废物的回收利用的同时，通过焚烧处理等方式实现危险废物的减量化，使危险废物得到安全处置；加快淘汰国家公布的落后技术、设备和工艺，限制和淘汰一批生产能力落后、工艺水平较低、缺乏市场竞争力的产品和企业。

第四，建立清洁生产管理体系。建立专门的清洁生产审核机构和清洁生产的专家咨询库，加强审核与监督工作，保证清洁生产的高质量和良性运转；建立清洁生产的组织实施网络，充分发挥政府部门、企业和研究机构各方力量，形成政府推进—中介认证—企业实施的运行模式。

当然，清洁生产和循环经济是表现在具体生产过程之中的，图8-1、8-2、8-3分别是钨、钼开采加工及畜产品深加工的清洁生产路径图示。

（三）发展与环境保护的矛盾

实际上，肃南县目前正紧紧依托肃南县的优势资源，结合县域功能区划和生态环境现状，抢抓新一轮西部大开发和国务院支持甘肃经济发展的政策机遇，结合全省循环经济规划的全面实施，立足矿产、水能和畜产品精深加工三大资源优势，努力打造新型特色产业。

他们提出优先发展环保产业，支撑主导产业生态链的形成，应重点抓

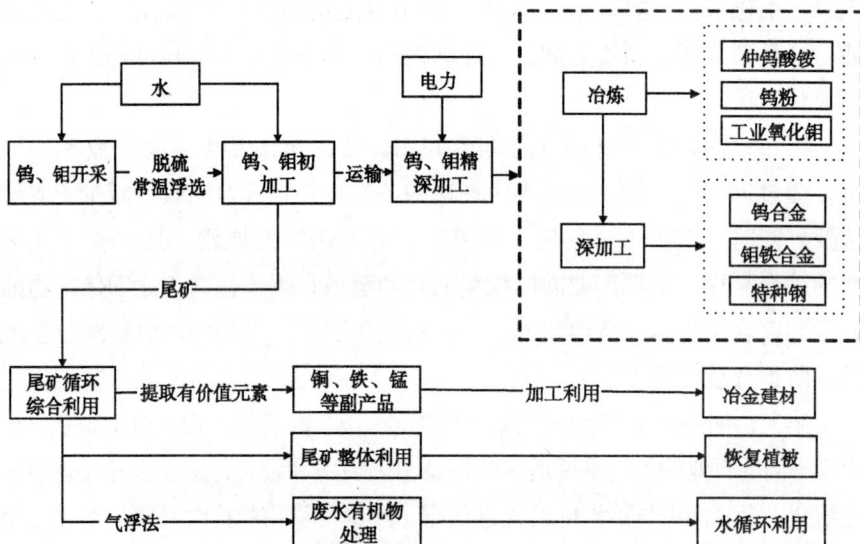

图 8-1　钨、钼开采及深加工循环经济模式图一

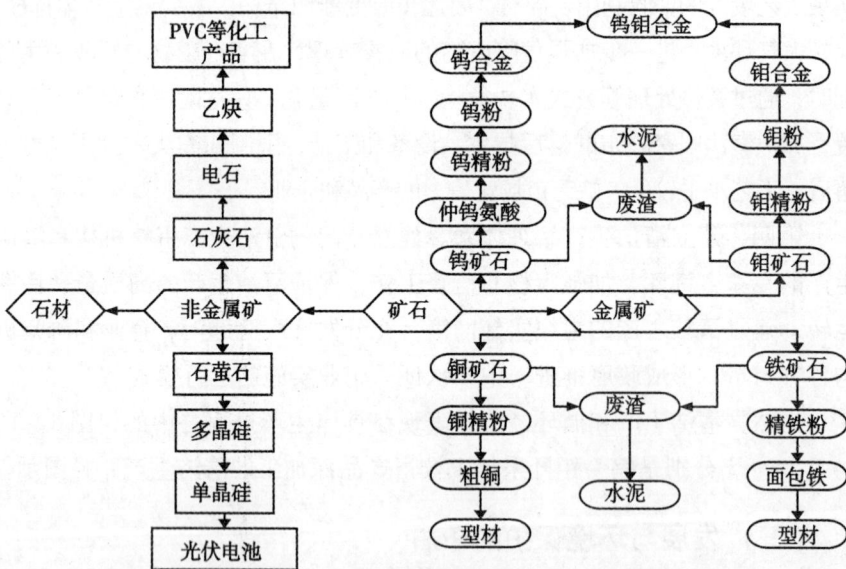

图 8-2　钨、钼开采及深加工循环经济模式图二

好五个方面的产业化：一是城市水污染防治。重点保护城市饮用水源。加强饮用水源保护区管理，严禁在一、二级保护区内建设影响水质的各类项目，并建立饮用水源环境质量报告制度。积极引进消化吸收和开发适应中

沼渣、沼液　　　　　　　　　　沼气池

青贮氨化

农作物秸秆　　　　　　饲料　　供电　　粪便污水

酶分解发酵

养殖基地

牧草种植　　　　　　　肉、肉牛　　屠宰加工

肉、绒羊

提取　　　　　　　　　蛋肉鸡

草捆草粉草块草颗粒饲料　　马鹿

叶绿素叶蛋白

肉制品　　优质冷却肉　分割肉　火腿系列产品　熏肉系列产品　烤肉系列产品

乳制品　　高温杀菌纯牛奶　保险酸奶　干酪素　奶粉

保健品　　马鹿系列保健品

副产品加工

皮　　畜禽血　　毛　　内脏　　骨头

高档皮革　　血红素凝血酶SOD　　胱氨酸　　蛋白胨肝浸粉　　骨油骨胶骨粉

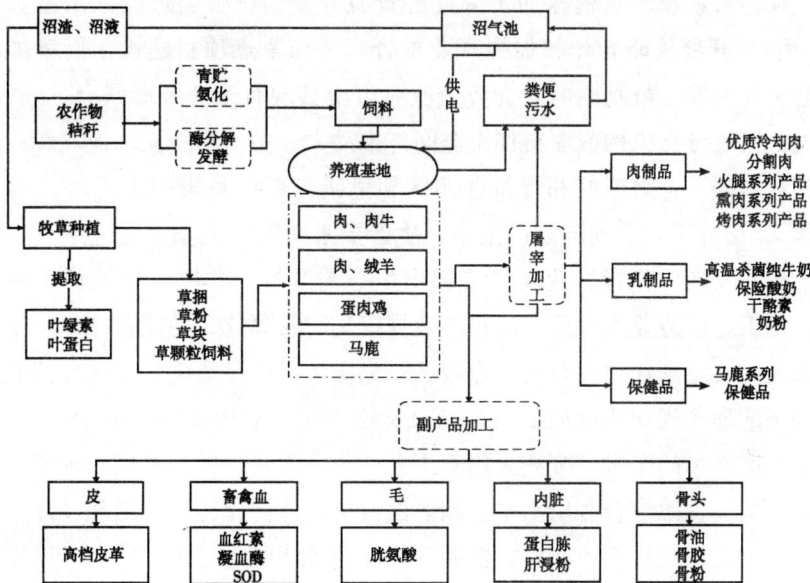

图8-3　畜产品精深加工循环经济产业链

小城市和生活小区的污水处理、净化成套设备，加快大型污水处理厂建设步伐。二是城市大气污染防治。提高城市清洁能源比例，改善能源结构，使县城烟尘控制区覆盖率达到95%。提高集中供热率，逐步取代分散的小锅炉房。扩大县城集中供暖锅炉容量，拆除环保设施不达标的所有供暖锅炉。按照生态要求进行城市绿化、美化、硬化，加强建筑施工环境管理，有效控制二次扬尘。三是城市固体废弃物污染防治。加快城市生活垃圾处理、综合利用、危险废物安全处置等城市环保基础设施建设。建立垃圾分类收集、储运和处理系统，在优先进行垃圾、固体废物的减量化和资源化的基础上，推行垃圾无害化与危险废弃物集中安全处置。医疗废物应全面实现安全集中处理。四是治理城市噪声污染。加强区域环境噪声的污染防治，建设城镇噪声功能区和控制区。加强城区道路交通噪声防治，限制或禁止机动车在城区鸣笛。加强建筑施工噪声管理，严格控制夜间作业。加强社会生活噪声管理，重点解决噪声扰民问题。五是城镇生态环境保护。在城镇化进程中，切实保护各类重要生态用地，确保一定比例的公共绿地。抓好县城山地绿化等重点生态工程，加强各乡、镇及各旅游区景区生态环境建设力度，并取得明显成效。

他们提出培育大企业集团，加强生态工业园区建设。围绕煤炭、钨

矿、绿色畜牧农产品精深加工等优势资源开发，积极引进国家大型企业（集团），开展战略合作，加强产业整合，参与重点项目建设，借势加速全县工业发展。鼓励国内外优势企业对肃南县现有工业开展联合、兼并、重组，发展分支机构或原料加工车间。推动大、中、小企业均衡发展，形成产业集群。全力抓好祁青工业园区和皂矾沟矿产品集中加工区"两大园区"，引导工业企业向园区集中，生产要素向园区流动，促进产业集群的形成和发展。祁青工业园区要突出生态园区特点，以发展无污染的生产、加工、制造业为主体，建设产业规模化、集聚化、功能秩序化、环境生态化、设施现代化的新型工业园区；皂矾沟矿产品集中加工区要按照循环经济的理念规划建设加工区，着眼长远发展，合理布局各类生产企业，对加工区产生的废水、废渣采用新工艺、新技术进行循环利用，延伸产业链条，提高资源综合利用水平。园区建设应注意深化园区规划和设计，加强综合配套，优化产业布局，使园区内企业形成稳定的供求关系，逐步实现区域企业、行业的匹配，对园区内现有的工业企业进行适当的技术改造，在园区内企业间建立起废物和能量的交换关系，形成能量、物流再循环的互利共生网络，最终建设成为生态型的先进工业集聚基地，使工业园区真正成为经济活跃、功能齐全、环境优美、管理科学、运转规范的经济发展示范区，为全县工业结构调整起到示范带动作用。

总之，肃南县正努力遵循生态规律和经济发展规律，把环境保护、资源合理开发和高效生态产业发展有机结合起来，促进全县国民经济持续、快速、健康发展和社会文明进步，为城乡居民创造健康、安全、殷实的生活环境，逐步走上经济、社会、生态相互协调和相互促进的发展道路。

然而，肃南县的这些发展设想尽管已经贯彻了兼顾生态保护的精神，但在具体实施中将面临很大的困难。国家更严格的生态保护政策目前却仍然陷入无法实施的困境。

肃南经济发展的产业主要依赖于资源，资源依赖性的特征非常明显，肃南县生产总值主要来自工业，占70%，剩下的主要是畜牧业、农业和第三产业。肃南虽然是牧区，但实际上是工业经济成分比较大的县域。工业构成主要是水电开发，其次便是矿山企业。煤矿、水电、金属矿三大板块构成了肃南工业的主体。但这些工业企业大都位于祁连山北麓，而祁连山目前又被国家列为重点生态保护区。国家制定了祁连山保护的范围，有核心区、缓冲区、试验区、外围保护，等等。这样肃南的工业除了水电部分能够保留外，所有的矿山企业都需要退出来。这对肃南的工业是一个极大的制约。肃南县政府部门一直在研究这件事，认为保护生态肃南县义不容辞，也有很高的积极性，但是这个政策可能太严格了，没有灵活性。肃南县提出在生态保护区的试验区或外围保护地带，在不会形成大范围破坏或局部破坏的情况下，是否可以适当设置一些矿点进行开发，支持地方经济发展。但是甘肃省执行政策很严苛，所以到目前为止肃南县没有经批准得到任何一个采矿权、探矿权。

> 肃南的资源比较丰富，有矿山资源、水电资源、草原资源和旅游资源。但是在资源开发的办证等方面是相当困难的，尤其是近十年之内，特别是一些重要的金属矿都在国家部委办，还有一些在省上办，基本上可以说在县一级没有办任何资源的开矿权和探矿权，一点点这样的权力都没有，所以我认为民族区域自治法和地方性法规支持民族地区发展上落实的还是不够好的。
>
> 在祁连山自然保护区的划定上，国家把肃南的大部分地方都划进自然保护区，这就严重制约了我们经济社会的发展。有些地方保护起来什么意义也没有，既没有植被也没有别的，保护起来反而制约了当地经济的发展。这些问题我们县上也向省上、国家相关部委反映了，但迟迟没有得到解决。
>
> ——肃南县相关部门座谈会发言片段

一方面要发展经济，另一方面要保护环境，这是现代化进程中普遍的两难选择。肃南县提出的建议是否合理、是否行得通，需要相关部门着意研究和解决。

五 政府指导下的防灾减灾

（一）主要自然灾害及成因

裕固族聚居区处于西北内陆地区，干旱少雨，生态脆弱，再加上人们在经济利益的驱使下，长期以来进行了不合理的开发利用，造成植被覆盖率下降，地下水位下降，冰川积雪减少，生物种群减少，导致洪水、冰雹、泥石流、虫鼠害、沙尘暴等自然灾害频繁发生。如 1998 年 8 月连降暴雨 20 多天，造成山洪暴发，冲毁入境公路 25 处 80 多公里。

由于草原荒漠化的加剧，沙源分布面积逐步增大，扬沙和沙尘暴危害加剧。据统计，1992—2000 年全县年均发生大风 12 次，沙尘暴 8 次，扬沙天气 50 天左右，并呈逐年增长的趋势。

毒草危害是该区最为主要的自然灾害之一。由于毒草在草原上的分布和大量滋生蔓延，使得其生长的地方及周围牧草无法生长，优良牧草大量减少，牧草产量、品质下降，载畜能力越来越低。同时牲畜如果误食而中毒也可带来巨大的经济损失。在肃南，毒草主要是狼毒、黄花棘豆、甘肃臭草、醉马草 4 种，受这些毒草严重危害的草原面积很大。在毒草的危害下，草地生产能力每年可下降 15 万个羊单位。

地质灾害，包括自然因素和人为活动引发的危害人民生命和财产安全的山体崩塌、滑坡、泥石流、地面塌陷、地裂缝、地面沉降等，也是肃南的常发自然灾害。祁连山地处青藏高原、黄土高原、蒙新高原交会地带，在地质构造上属祁连加里东地槽，是一组饱经褶皱和断裂作用、新生代又大幅度上升的高大山系。由于地质构造运动，特别是新构造运动的强烈影响，整个山地属高山峡谷地貌。山区气候寒冷，气温变化大，降水较为充沛，地表岩石土壤物理风化强烈，并且是多年冻土、季节性冻土、高山积雪和冰川发育的地区。由于地形复杂，易产生强烈的暴雨，形成强度很大的降水。山区植被覆盖率较高，但集中分布于海拔 2300—3800 米的森林草原带，其他广大地域植被稀疏，地表裸露。祁连山处于我国西北祁连山地震带，地震频繁。这些地质、地貌、气候和生物因素的组合及相互作用，使祁连山区成为我国地质灾害多发地区之一。这些灾害对当地的工农业生产和人民群众生命财产都造成了很大损害和威胁。

黄泥堡乡的自然灾害在天气方面主要表现为大风、沙尘暴、霜冻、干热风、暴雨、冰雹等。形成这些灾害的原因主要是该乡地处祁连山麓的蒙新荒漠过渡带东部，地理位置独特，生态环境脆弱，地域平坦，属大陆干旱地区，易形成干旱、干热风、大风、沙尘天气。此外，该乡地处祁连山脉边缘，因气候变化频繁，偶有霜冻、冰雹等天气。

现阶段与历史上的自然灾害相比较，人为诱发的灾害所占比重加大。杂草毒草蔓延，沙尘暴和扬沙天气的增多，泥石流、滑坡、崩塌等地质灾害的频发，都明显比以往要多，而这些灾害都是与生态遭到破坏、大气候发生改变以及过度开发有直接或间接关系的。

20 世纪末和21 世纪的一段时间，野狼猖獗，经常偷袭羊群，成为草原畜牧业发展的一大祸害。最近几年政府采取了一定的灭狼措施，牧民积极响应，灭狼卓有成效，减少了牧区损失。现每户每年可能也会有三四只羊被狼吃掉，但考虑到狼在维护生物平衡中的重要作用，牧民对畜牧经济不足以构成威胁的野狼一般也不再猎杀。

（二）"群测群防、群专结合"的防灾救灾体系建设

肃南县政府十分重视当地自然灾害，尤其是地质灾害的预防和救治工作。近年来不断加强防灾救灾体系建设，严格按照"群测群防、群专结合"的防治方针，坚持"以防为主，避让与治理相结合"的原则，逐步建立健全了群测群防体系，不断提高地质灾害防治能力和水平，使该县的地质灾害防治工作步入了制度化、科学化、规范化轨道。

第一是领导重视、组织健全。肃南县成立了以政府主管领导为组长，各乡镇、相关部门负责人为成员的地质灾害防治领导小组，负责全县地质灾害防治的组织、领导、协调和督查工作，切实做到领导到位、组织到位、措施到位、投入到位，为地质灾害防治工作提供了有力的组织保障。

第二是宣传到位。肃南县国土资源局等部门结合防灾重点工作，扎实开展地质灾害防治"五到位"宣传培训活动，充分利用"4·22 地球日"、"5·12 防灾减灾日"、"6·25 全国土地日"、"8·29 测绘法宣传日"以及各乡镇组织的文化艺术节等活动，深入乡镇、企业、学校及农牧民群众中广泛宣传《地质灾害防治条例》及防灾知识。广泛利用现代传媒，在县电视台开辟了地质灾害防治宣传专栏，制作了《防灾治灾——树起安全屏障》专题片，编印发放了《地质灾害防治"五到位"宣传培训手册》，采取多种方式对全县 8 个乡（镇）、101 个行政村负责人以及地质灾害隐患点监测人进行了专题培训。[①]

第三是工作落实严格。肃南县为防灾减灾方面建立了主管领导和重点地质灾害区专人负责等为内容的目标管理负责制，层层签订责任书，完善了县、乡、村三级群测群防网络。在此基础上与气象部门配合开展了地质灾害监测预警预报工作，签订了《关于联合开展地质灾害气象预报工作的协议》，组织开展了以有组织、有经费、有规划、有预案、有制度、有

---

① 《肃南县切实加强地质灾害防治工作》，甘肃国土资源网，2011 年 8 月 9 日。

宣传、有预报、有监测、有手段、有警示等为主要内容的地质灾害群测群防"十有县"建设。有关部门编制下发了全县年度地质灾害防治方案和突发性地质灾害应急预案，开展了地质灾害险情巡查、排查。几年来累计补充划定了灾害易发区（点）108 处，更新、增设了警示牌，开展了地质灾害险情巡查、排查。进一步落实明确各地质灾害隐患点的"防、抢、撤"措施与责任，落实地质灾害易发区群众避险转移安置工作。每年进入汛期，都要强调严明汛期纪律，强化地质灾害隐患点的巡查核查、汛期24 小时值班制度等相关制度。同时，加大力度衔接地质灾害防治治理项目，将估算总投资为 3.078 亿元的全县 12 处重点地质灾害隐患点治理项目进行申报，并列入了国家级规划目录。启动实施城乡地质灾害防治工作，将祁丰乡观山河脑（南沟）泥石流地质灾害治理、县城喇嘛湾山体滑坡治理、天桥湾村于家坡砂石崖渗水滑坡治理工程作为重点，抓好落实。同时注重利用现代信息技术，建立地质环境与地质灾害的信息系统、危险性分析评价系统和防灾减灾决策支持系统，并通过网络传输的手段，实现信息的全社会服务体系，为地质灾害防治决策提供科学依据。

第四是坚持综合防治，预防为主的原则。肃南县在防灾减灾工作中重视各部门各地方的协调，强调认真学习贯彻《地质灾害防治条例》，在地方政府的领导下，国土资源、水利、气象、交通、农牧、环保等部门紧密协作，开展群防群治，共同做好地质灾害防治工作。比如县国土资源局与县气象局协商，达成了《关于联合开展地质灾害气象预报工作的协议》，共同承担灾害性天气的预报工作。进入主汛期后，县国土资源局每天及时将市、县发布的气象预报和预警信息下发各国土资源分局、所（中心），再由各国土基层单位通过电话、短信等方式通知到各乡（镇）、村负责人、地质灾害隐患点监测人和住户手中，从而使地质灾害隐患点住户及相关负责人、责任人在第一时间进行预警，有效防范了灾害的发生。

黄泥堡乡也为防灾减灾做了大量的工作。乡政府积极制定了各类自然灾害应急预案，成立了政府乡长任组长的防灾减灾工作领导小组，建立了民兵连救灾中心，负责自然灾害防护及财产抢运工作。市区民政部门也根据灾情大小予以人力、物力、财力上最大限度的支持。有效确保了自然灾害无人员伤亡、经济损失最小化。

参考文献

《裕固族简史》修订本编写组：《裕固族简史》，民族出版社 2008 年版。

《肃南裕固族自治县概况》修订本编写组：《肃南裕固族自治县概况》，民族出版社 2009 年版。

《中国少数民族社会历史调查资料丛刊》修订编辑委员会甘肃省编辑组编：《裕固族、东乡族、保安族社会历史调查》，民族出版社 2009 年版。

中国科学院民族研究所甘肃少数民族社会历史调查组：《裕固族专题调查报告汇集》，内部发行，1963 年版。

甘肃省肃南裕固族自治县地方志编纂委员会：《肃南裕固族自治县志》，甘肃民族出版社 1994 年版。

钟敬文、郭梅编：《中国裕固族》，宁夏人民出版社 2012 年版。

高自厚、贺红梅：《裕固族通史》，甘肃人民出版社 2003 年版。

贺卫光、钟福祖：《裕固族民俗文化研究》，民族出版社 2000 年版。

范玉梅：《裕固族》，民族出版社 1986 年版。

钟敬文主编：《中国裕固族研究集成》，民族出版社 2002 年版。

钟敬文：《裕固族文化研究》，中国民航出版社 1995 年版。

钟敬文：《中国裕固族研究》，第 1 辑，中央民族大学出版社 2011 年版。

钟敬文编：《中国裕固族研究》，第 2 辑，中央民族大学出版社 2013 年版。

王希恩主编：《20 世纪中国的民族问题》，中国社会科学出版社 2012 年版。

国家民委、中央文献研究室编：《民族工作文献选编》，中央文献出版社 2003 年版。

黄光学主编：《当代中国的民族工作》，当代中国出版社 1993 年版。

郝时远、王希恩主编：《中国民族发展报告》（2001—2006），社会科学文献出版社 2006 年版。

郝时远、王希恩主编：《中国民族区域自治发展报告》（2010），社会科学文献出版社 2010 年版。

费孝通著：《中华民族多元一体格局》，中央民族学院出版社 1999 年版。

杨圣敏主编：《中国民族志》，中央民族大学出版社 2003 年版。

贺卫光：《裕固族文化形态与古籍文存》，甘肃人民出版社 2002 年版。

贺卫光：《中国古代游牧民族经济社会文化研究》，甘肃人民出版社 2001 年版。

贺卫光：《多民族关系中的裕固族及其当代社会研究》，民族出版社 2011 年版。

杨进智主编：《裕固族研究论文集》，兰州大学出版社 1996 年版。

田自成、多红斌编著：《裕固族风情》，甘肃文化出版社 1994 年版。

钟敬文：《西部裕固语描写研究》，民族出版社 2009 年版。

钟敬文主编：《国外裕固族研究文集中》，中央民族大学出版社 2008 年版。

安建均等选编：《裕固族民间文学作品选》，民族出版社 1984 年版。

秋娜编：《彩绘本中国民间故事裕固族》，浙江少年儿童出版社 1992 年版。

郝苏民编：《东乡族、保安族、裕固族民间故事选》，上海文艺出版社 1987 年版。

肃南裕固族自治县《裕固文艺作品选》编委会编：《裕固文艺作品选·诗歌卷》，甘肃文化出版社 2007 年版。

贺青松主编：《肃南纵横》，甘肃人民出版社 1994 年版。

王海飞：《文化传播与人口较少民族文化变迁·裕固族 30 年来文化变迁的民族志阐释》，民族出版社 2010 年版。

戴艳华编著：《中国文化知识读本·裕固族》，吉林出版集团公司 2010 年版。

李天雪：《裕固族民族过程研究》，民族出版社 2009 年版。

赞丹卓尔：《裕固族研究论文续集（上）》，兰州大学出版社 2002 年版。

赞丹卓尔：《裕固族研究论文续集（下）》，兰州大学出版社 2002 年版。

钟声：《戈壁人家·裕固族》，云南人民出版社 2003 年版。

张公瑾主编：《中国少数民族古籍总目提要·东乡族卷 裕固族卷 保安族卷》，中国大百科全书出版社 2006 年版。

中国人民政治协商会议甘肃省委员会文史资料和学习委员会等编：《甘肃文史资料选辑》，第 46 辑，《中国裕固族》，甘肃人民出版社 1997 年版。

郑筱筠、高子厚主编：《中国民族村寨调查·裕固族·甘肃肃南县大草滩村调查》，云南大学出版社 2004 年版。

韩效文、杨建新主编，马建春著：《各民族共创中华·西北卷下》，《回族、东乡族、保安族、撒拉族、裕固族、土族的贡献》，甘肃文化出版社 1999 年版。

张志纯主编：《甘肃裕固族史话》，甘肃文化出版社 2009 年版。

才让丹珍：《裕固族风俗志》，天津古籍出版社 1993 年版。

王钟健主编：《裕固族》，新疆美术摄影出版社 2010 年版。

安维武主编：《裕固家园》，甘肃文化出版社 2008 年版。

铁穆尔：《裕固民族尧熬尔千年史》，民族出版社 1999 年版。

安维武、蔡世宏：《裕固族聚居区学校教育特色研究》，民族出版社 2014 年版。

高林俊主编：《中国裕固族·传统文化图鉴》，民族出版社 2010 年版。

贺敬农主编：《肃南裕固族自治县标准地名录》，民族出版社 2010 年版。

白振声编：《中国民族百科全书 维吾尔族、乌孜别克族、裕固族、俄罗斯族卷》，北方妇女儿童出版社 2004 年版。

武文：《裕固族文学研究》，甘肃人民出版社 1998 年版。

武文主编，王静等撰稿：《甘肃民俗》，甘肃人民出版社 2004 年版。

关键词索引

后　记

　　本书是由王希恩主持的《21世纪初裕固族聚居区经济社会发展综合调查》课题的最终成果。全书提纲及内容由王希恩设计、统稿及修改。各章的具体写作分工是：

　　概论：王希恩

　　第一、第二章：杨须爱

　　第三、第四章：郑信哲、刘玲

　　第五章：赵健君、王淑兰

　　第六、第七章：贺卫光、安慧娟

　　第八章：贺卫光、赵永珍

　　上述作者作为课题组成员参与了2013年7月在甘肃省肃南裕固族自治县及酒泉市黄泥堡裕固族乡的调研，分工协作完成了课题的资料收集、问卷调查、访谈和座谈等任务。作为当地的裕固族学者，贺卫光教授和安慧娟博士在调研的路线设计和联络沟通方面发挥了重要作用。杨须爱和刘玲博士为调研的前期准备和调研期间的杂务处理、后勤保障付出了很大努力。

　　甘肃省有关方面给予了本次调研全力的支持和帮助。甘肃省民委和肃南县委县政府曾分别就协助调研专门发出通知，在课题组的座谈、资料收集、问卷调查、访谈等方面给予了全面协助。肃南县有关部门以及各乡镇、酒泉市黄泥堡乡给予了实际的配合，提供了全面的帮助。肃南县民宗局的安吉祥副局长全程协助调查，为课题组的具体日程安排和协调联络发挥了关键性作用。

　　对于这些支持和帮助，我们在此表示诚挚的感谢！

　　本书使用数据除作出注释外均取自本次调研材料，因多为非出版物和实际所获，故并未一一注出。特此说明。

《21 世纪初裕固族聚居区经济社会综合调查》课题组

2014 年 1 月 30 日（马年除夕）